El Apocalipsis

Un estudio cronológico de los eventos finales de la Era Cristiana

R. Alberto Altina

Copyright © 2015 Por R. Alberto Altina

Copyright © 2015 Editorial Imagen.
Córdoba, Argentina

Editorialimagen.com
All rights reserved.
Edición Corregida y Revisada, Abril 2015

Todos los derechos reservados. Ninguna parte de este libro puede ser reproducida por cualquier medio (incluido electrónico, mecánico u otro, como ser fotocopia, grabación o cualquier sistema de almacenamiento o reproducción de información) sin el permiso escrito del autor, a excepción de porciones breves citadas con fines de revisión.

Todas las referencias bíblicas son de la versión Reina-Valera 1960, Copyright © 1960 by American Bible Society excepto donde se indica: TLA - Traducción Lenguaje Actual, Copyright © 2000 by United Bible Societies. NVI - Nueva Versión Internacional, Copyright © 1999 by Biblica. DHH - Biblia Dios Habla Hoy, Tercera edición © Sociedades Bíblicas Unidas, 1966, 1970, 1979, 1983, 1996. Usada con permiso. NTV - Santa Biblia, Nueva Traducción Viviente, © Tyndale House Foundation, 2010. Usado con permiso de Tyndale House Publishers, Inc., 351 Executive Dr., Carol Stream, IL 60188, Estados Unidos de América. Todos los derechos reservados.

CATEGORÍA: Estudio Bíblico

Impreso en los Estados Unidos de América

PRINT ISBN-13: 9781681859583
ISBN-10: 1681859580
EISBN: 9781681859590

ÍNDICE

ÍNDICE III
INTRODUCCIÓN 1
    Conocimientos previos al inicio de Apocalipsis 1
    ¿Por qué estudiar APOCALIPSIS? 3
    Esquema de estudio; El plan profético de Dios y su cumplimiento 8

1 UNA PRESENCIA DISTINTA 21
    Una breve síntesis del Cap. 1 31

2 LO QUE SUCEDE AHORA - LAS COSAS QUE SON . 33
    Los mensajes a las 7 Iglesias 33

3 CONTINÚA... LO QUE SUCEDE AHORA 49
    Una breve síntesis de los Caps. 2 y 3 60

4 LO QUE SUCEDE AHORA (INVISIBLE) 61
    La adoración celestial 61
    Una breve síntesis del Cap. 4 67

5 LO QUE SUCEDERÁ LAS COSAS QUE SERÁN 69
    El rollo y el cordero 69
    Una breve síntesis del Cap. 5 75
    Algunos estudios previos al siguiente capítulo 76

6 LOS SELLOS 83
    Los sellos 83
    Resumen de eventos que ocurren con la apertura del 4º sello 93
    Un preámbulo inquietante 101
    El acontecimiento tan esperado, sucede 106
    Resumimos 108

7 DOS EVENTOS MUY IMPORTANTES 115

Una breve síntesis de los Cap. 6 y 7 116

8 UN ENFOQUE PRÁCTICO 119
9 CONTINÚAN EVENTOS DEL CAP. 8 127

Una breve síntesis de los Cap. 8 y 9 135

10 CRISTO Y LA REDENCIÓN DEL REMANENTE DE ISRAEL 137
11 CONTINÚA EL PROCESO DEL CAP. 10 143

El tribunal de Cristo 147
Una breve síntesis de los Cap. 10 y 11 153

12 REVELACIONES CONTENIDAS EN EL LIBRITO QUE TOMO JUAN DEL ÁNGEL 155
13 CONTINÚAN LAS REVELACIONES CONTENIDAS EN EL LIBRITO 167
14 APARICIÓN DEL CORDERO EN EL MONTE SIÓN 177
15 SE CONSUMA LA IRA DE DIOS: UN PREÁMBULO 187
16 SE CONSUMA LA IRA DE DIOS: EJECUCIÓN.....191

Breve estudio sobre los demonios 197
Una breve síntesis de los Caps. 12, 13, 14, 15 y 16 202

17 LAS RELIGIONES 203
18 OTRO ENFOQUE SOBRE LAS RELIGIONES 215

Otro enfoque de la Babilonia del cap. 17 215
Razones de la caída de Babilonia 216
Una breve síntesis de los Cap. 17 y 18 223

19 UNA GRAN CELEBRACIÓN 225

Eventos del periodo de 45 días 235

  Una breve síntesis del Cap. 19 237
20 Y 21 SE INICIA EL REINO MILENIAL 239
  Eventos que siguen...239
22 267
EPÍLOGO..275
AGRADECIMIENTO 285
MÁS LIBROS DE INTERÉS..291

INTRODUCCIÓN

Conocimientos previos al inicio de Apocalipsis

Un asunto importante de aclarar es que en la Biblia encontramos a la humanidad clasificada en tres Grupos de personas o gentes:

1Co. 10:32 NO SEAIS TROPIEZO NI A JUDIOS (ISRAELITAS) NI A GENTILES, NI A LA IGLESIA DE DIOS.

La nación judía es el centro de todas las promesas terrenales, la Iglesia es un elemento extraño en la Tierra, UN MISTERIO DE DIOS SOLO REVELADO EN LOS TIEMPOS DEL NUEVO PACTO CELEBRADO POR JESUCRISTO, llamada a testificar del amor de Dios y del sacrificio redentor de Jesucristo, siendo extranjeros y peregrinos, embajadores de Dios con ciudadanía en el cielo y finalmente las demás personas, los gentiles, integrantes de las naciones, llamados a ser salvos y siendo también posibles instrumentos en las manos de Dios, para castigar los pecados de su propio pueblo, aunque a su tiempo habrán de ser invariablemente juzgados

El ser humano, desde que existe, tiene curiosidad (dada su finitud) por conocer acerca del futuro, y si bien Dios le prohibió indagar más allá de lo revelado (leemos en Deut. 29:29) LAS COSAS SECRETAS PERTENECEN A JEHOVÁ NUESTRO DIOS; MÁS LAS REVELADAS SON PARA NOSOTROS Y PARA NUESTROS HIJOS PARA SIEMPRE, PARA QUE CUMPLAMOS TODAS LAS PALABRAS DE ESTA LEY) así y todo La Palabra tiene mucho para enseñarnos acerca del futuro de la humanidad, a través de las profecías en ella contenidas.

Percibimos que estamos a las puertas de los eventos finales del Gran conflicto Cósmico (hay demasiados indicios para aseverar esta afirmación) y es importante entonces, conocer en detalle los sucesos, los eventos que ocurrirán cuando Dios decida poner fin al conflicto entre el bien y el mal.

Un paso previo necesario

Estimado lector para ser entendido en una especialidad es necesario el conocimiento científico propio de esa materia, así también Dios nos enseña en su Palabra (La Biblia) que para entender sus cosas es necesario tener el Espíritu Santo (1 Co. 2:10-14)

Como hago para tener el Espíritu Santo?

El mundo (la humanidad) esta bajo condenación a causa de la desobediencia de Adán y Eva que se transmite de generación a generación, pero Dios envió a su Hijo Jesucristo para hacernos saber que es posible salir de esa condenación con solo creer en él (Jn 3:16-18)

Necesitamos aceptar a Jesucristo como nuestro Salvador (de

esa condenación) y entonces Dios produce en nuestro ser Un Cambio, un Renacer a una nueva vida, ahora en comunión con él, por medio de su Espíritu Santo que habitará en nuestro ser (1 Co. 2:12; Jn. 1: 12-13) y permitirá que comprendamos sus propósitos de bien para nosotros.

Todo esto es posible si, como mencioné, aceptamos a Jesucristo como nuestro Salvador, acompáñame, entonces, en esta sencilla oración con una actitud humilde, honesta, sincera:

"Querido Dios necesito me aceptes como tu hijo/a para ello reconozco a Jesucristo como Mi Salvador, te pido perdón por mis desobediencias, hazme un nuevo ser y provéeme de tu Espíritu Santo para que me ayude y me guíe de aquí en más, especialmente a comprender Tu Palabra que será luz en mi camino. Gracias"

Ahora podemos iniciar el estudio del Libro de Apocalipsis con la seguridad que el Espíritu Santo nos dará una comprensión aún mayor al texto escrito.

¿Por qué estudiar APOCALIPSIS?

Todo lo que tiene un comienzo aún siendo perdurable en algún momento tendrá su fin.

Esta es la razón por la que debemos conocer El Apocalipsis, que no solo es el último libro de la Biblia sino que contiene los detalles del final previsto para la humanidad tal como la conocemos hoy y cuyos orígenes se remontan al Génesis

Sí, es un final, pero que dará lugar a nuevos comienzos (de esto se hablará más adelante)

Es la culminación de todo un plan o del programa de Dios, es como una gran obra que se estuvo preparando por tiempos y cuyo final esta velado y ahora con estas revelaciones podemos correr el velo y ante nuestros ojos asombrados ver que nos espera.

Muchos son los escritos sobre este tema de modo que no será fácil ser original, lo que se pretende es exponer en orden CRONOLÓGICO los eventos que ya ocurrieron, los que ocurren y los que tienen que ocurrir prontamente.

Muchas son las oportunidades en que el hombre ha establecido la fecha propicia para que se cumplan los eventos finales previstos en este libro (más modernamente se habló del año 2012) por ello es muy importante tener un conocimiento claro de estas profecías y si bien es cierto que Dios no ha dado a conocer fechas sí nos da "pistas" para conocer los tiempos que se avecinan y saber cuándo será el fin.

Con este libro que cierra el canon bíblico vemos que culminan todos los procesos del plan de Dios iniciado en el Génesis.

Apocalipsis significa "correr o quitar el velo" también se le conoce como el libro de las revelaciones.

El lenguaje con el que fue escrito utiliza simbología y se inicia como la continuación de los eventos descriptos en el Libro de los Hechos y completa la visión y futuro que Jesús anunció para su Iglesia Es la consumación de la historia de la Iglesia y la concreción de las promesas para ella, el cumplimiento de las promesas de Dios para su pueblo (Israel) dadas desde el comienzo mismo de la historia de la humanidad y el destino final de los incrédulos.

Si bien es cierto que TODA la Escritura es inspirada por Dios y útil para enseñar, para redargüir (reprender), para corregir, para instruir en justicia a fin de que el hombre de Dios sea perfecto (cabal, completo) enteramente preparado para toda buena obra (2ª Tim.3:16-17), APOCALIPSIS es el único libro que se pide que la Iglesia lea y sea oído (aprenda su contenido) pese a ello, es poco difundido por considerarse incomprensible. Porque entonces habría Jesús de dar un mensaje a la Iglesia que esta no pudiera entender?; no es así, solo se requiere una dedicación más intensa..

Es evidente que con el correr del tiempo, estas revelaciones se han ido clarificando; nosotros estamos en ventaja respecto de quienes vivieron en el siglo pasado ya que tenemos las señales del cumplimiento profético acompañándonos.

Procuraremos la interpretación integral siguiendo una estructura que nos tendrá presente todo el libro y el resto de la Palabra de Dios, en forma constante, aun cuando nos introduzcamos en los detalles particulares. Si dominamos la estructura, los detalles no nos desconcertarán, al contrario enriquecerán la visión integral.

Tendremos en cuenta algunas normas de interpretación para nuestro estudio:

1. en el lenguaje simbólico (aquellas expresiones que tienen un significado determinado, ej. La levadura = pecado o el mal; candelabros = iglesias etc.) la acción es siempre literal, solo el tema es simbólico. O sea que una vez que hemos conocido o entendido el significado del símbolo este concepto se aplicará a la acción en forma literal.

2. Los eventos enumerados ocurren en sucesión y en el orden dado. Cuando se lo menciona a Cristo en el desarrollo del libro se hace referencia a algunas de todas las características mencionadas de él ya descriptas en el Cap. 1; o sea que aunque se le llame de otro modo sabemos que se trata de él.

3. Cristo asume diversos nombres según su obra Cordero, León, Ángel.

4. A los santos se los puede identificar por sus ropas, coronas, tronos, obras y especialmente su cántico Solo ellos tienen el cántico de los Redimidos. De los ángeles no se nos dice que canten y menos acerca de la redención

Dijimos que seguiremos una estructura integral para este libro Es como un edificio bien diseñado, debemos conocer el plano de este armonioso edificio para saber recorrerlo. En dicho edificio nos encontraremos permanentemente con salidas y entradas auxiliares que serán las citas de los profetas del Antiguo Testamento y aún las revelaciones de Jesús en su ministerio terrenal advirtiendo acerca de estos tiempos futuros

Este libro fue escrito a la Iglesia, para la Iglesia y con respecto a la Iglesia (aunque como se verá también incluye todo lo relativo al cumplimiento de promesas al pueblo de Dios (Israel). La historia de la iglesia comenzó con los anuncios de Jesucristo en los Evangelios, siguió en el Libro de los Hechos (considerando el inicio de la Iglesia con la venida del Espíritu Santo en Pentecostés) y ahora en Apocalipsis continúa lo que abruptamente se interrumpió y nos completa el programa.

A Juan (el apóstol) estando desterrado en la Isla de Patmos, (como castigo por su esforzado ministerio de difusión de la obra de Dios y de Jesucristo), por el Emperador romano Domiciano hacia el año 96 DC le fueron confiadas estas revelaciones para que las escribiera y diera a conocer a las Iglesias.

Escribió en arameo (idioma que tiene una sintaxis muy distinta a la del griego idioma al que luego fueron pasados los escritos) y Dios veló siempre para que su mensaje fuese preservado

El autor (e igualmente todos los que escribieron los demás libros de la Biblia) fue inspirado por el Espíritu Santo, pero no necesariamente los copistas, esto dio lugar a la Ciencia de la Crítica Textual que hace las comparaciones entre las distintas copias (o versiones) de estos escritos, a fin de verificar cambios de expresión en los distintos pasajes (el Instituto Mûnster es uno de los que ha trabajado en el cuidado de los textos bíblicos). Esta búsqueda de perfeccionar el sentido o la expresión de los textos conlleva cuidar de no caer en las maldiciones señaladas por Dios para quien añada o quite parte de los textos revelados.

A este respecto, resultará muy enriquecedor utilizar simultáneamente los textos de dos distintas versiones: la Versión Reina Valera 1960 (VRV) posiblemente la versión más difundida entre el pueblo de habla hispana, y la Nueva Versión Internacional (NVI) que nos resultará esclarecedora en muchos pasajes en que la primera versión tuvo una traducción poco feliz, y excepcionalmente se podrá mencionar otras versiones para su comparación.

En Mat. 28:18 Jesús declaró "Toda potestad me es dada en el cielo y en la tierra"

Toda la creación es un regalo del Padre al Hijo (incluida en él, la Iglesia)

La revelación central del Apocalipsis es el Hijo (1 Co. 15:27-28)

A partir de la ascensión (Hch.1:9) Cristo inició un trabajo en el mundo invisible que se expresa con el tiempo en el mundo visible, por eso después de la introducción (Cap. 1), y mencionar los destinatarios de la revelación (la iglesia) (Caps. 2 y 3), se describe el Trono de Dios y sus jerarquías para iniciar el programa para ejercer su reinado (Caps. 4 y 5) y a partir del Cap.

6 hasta el final se cumple el desarrollo del programa (aun cuando en el mismo haya paréntesis históricos)

Así como Dios le reveló a Abraham todo lo relacionado con la destrucción de Sodoma y Gomorra (Ge. 18:16-19) (un pre-apocalipsis), también ahora nos revela los juicios por venir (Amos 3: 7-8). Esa es la razón porque la revelación está destinada a sus siervos (Apoc. 22:6; 16)

La razón de esta revelación es doble:
a) para que estemos alertas de lo por venir
b) para que seamos portadores de la revelación acerca de lo que ha de venir sobre el mundo, así como Noé mientras construía el arca era el testimonio de Dios sobre el juicio que vendría (diluvio) así ahora nosotros somos el testimonio ante la humanidad para advertirles.

Esquema de estudio; El plan profético de Dios y su cumplimiento

Esquema de estudio:

1) Las cosas que has visto Cap. 1
2) Las cosas que son Caps. 2 a 4
3) Las cosas que serán Caps. 5 a 22

Aclaración Importante

(Se utilizarán en forma comparativa en todos los textos las versiones: NUEVA VERSION INTERNACIONAL (NVI) y VERSION REINA VALERA 1960 (VRV) y solamente se mencionará otra versión cuando fuere necesario comparar textos con diferente expresión)

Para comprender el final de cualquier relato no es

imprescindible tener noción de todos los acontecimientos previos, por ello debemos conocer

El plan profético de Dios

Debemos mencionar la existencia de un gran conflicto entre el bien y el mal; esto último surgido por la rebeldía de Lucifer a sujetarse a Dios al pretender él, ser como Dios. (Isa. 14:12-15; Eze. 28:12-17)

La estrategia desarrollada por Dios respecto del hombre, surgió, a partir de Abraham y el pacto librado por Dios con él y su descendencia, un pueblo escogido por Dios para mostrar al mundo todo lo que Dios deseaba para la humanidad y que se pervirtió en la rebelión del Edén.

Un resumen de lo que sucedió:

A partir de Ge. 3:15 Dios mismo anticipa un conflicto que habría de desarrollarse a través de todos los tiempos: "Y pondré enemistad entre ti (la serpiente antigua = satanás) y la mujer (Israel), entre tu simiente y su simiente (Cristo), él te herirá en la cabeza y tu le herirás en el calcañar"

Dios le estaba adelantando a satanás lo temporal de su dominio sobre el hombre (adquirido al momento de hacer pecar a Eva y Adán) y que su reino sería destruido de acuerdo al calendario divino ("solo el Padre conoce los tiempos")

En otras palabras, le estaba anunciando que Un varón descendiente de mujer produciría su caída y destrucción, ese varón procedería de la línea de Abraham (Ge.12:2,3) (Gal. 3:16)

Se puede resumir el plan profético de Dios en los siguientes puntos:

a) Dios escogería un reino de hombres y mujeres y estos

habrían de ser descendientes espirituales de Abraham (Ge. 12:2,3) (Ef.1:4,5)(Gal.3:29)

b) Dios escogió al Mesías (Cristo) para redimir su pueblo del reino de las tinieblas (el dominio de satanás) para que formasen el reino de Dios (Isa. 53:4-6,11) (Col.1:13) (1 Pe. 1:18-20)

c) Dios escogió a la nación de Israel (línea natural de Abraham, de la que saldría el Mesías y Rey (Cristo) y se les dieron advertencias de cómo debían actuar en relación a Dios, para ser partes de su reino y conforme a esto tendrían bendiciones o maldiciones; a pesar de esto nunca obedecieron y pudieron formar parte del reino espiritual, solo serían protegidos especialmente porque de ellos procedería el mesías

d) Dios estableció en su calendario divino cuando destruir a satanás, sería un tiempo futuro llamado el Día del Señor o el Día de la Ira de Dios (Sof. 1:14-18)

e) Dios estableció cuando completaría su reino espiritual que se integraría por los redimidos por Cristo (según el punto b) tiempo conocido como "el tiempo de la plenitud de los gentiles" y además por un remanente fiel de descendientes de Abraham (Ro. 11:25-26) hacia el final del cumplimiento de la profecía de las 70 semanas dada al profeta Daniel y antes de que se iniciase el Día de la Ira

f) Dios escogió cuando hacer Rey a Cristo no ya tan solo de un reino espiritual sino también de un reino

g) físico sobre la tierra.

Satanás teniendo muy claro su futuro desarrollaría básicamente tres acciones contra el propósito de Dios

a) Destruir o inhabilitar la línea descendiente de Abraham

(provocando a constante rebelión, desobediencia etc. al pueblo de Israel; y aunque a lo largo de la historia de la humanidad hubo 8 grandes imperios que tuvieron a maltraer al pueblo de Israel – como parte de los castigos o maldiciones anunciadas por Dios por su desobediencia- no obstante siempre se preservó un remanente fiel que permitiría el cumplimiento del propósito de Dios (el nacimiento del Mesías)

b) Habiendo fracasado con el pueblo, procuró atacar directamente al Mesías una vez nacido (matanza de niños del Rey Herodes), queriendo quitar su obediencia absoluta del Padre (tentaciones del desierto) o finalmente vía Judas hacer que le quitaran la vida (sin entender que esa era su misión) que quedó anulada al resucitar al tercer día

c) Fracasado los intentos anteriores solo le queda perseguir y/o hacer pecar a los súbditos del reino de Cristo (Iglesia y los del remanente fiel de Israel) propósito que continuará hasta el final de los tiempos hasta que Dios finalmente le anule con su poder en el Día de la Ira.

El Cumplimiento del plan

El Libro de Apocalipsis es una descripción viva de la confrontación final del conflicto entre Satanás y Dios, con resultado ya predeterminado que tiene su concreción hacia el final de la Semana 70 de la profecía de Daniel y aún hasta 30 y 45 días después de finalizada;

El punto de partida de este final es cuando el Arcángel Miguel y sus ángeles arrojen a Satanás y sus ángeles caídos que le siguen, fuera del cielo de Dios y a la tierra (Apoc. 12:7-9) quitándose en la tierra la protección sobre el pueblo de Israel, que hasta ese momento venía cumpliendo el mismo Arcángel Miguel, permitiendo de este modo que Satanás les persiga con gran furor debido a que se resistirán a la adoración del Anticristo quien por entonces será su gobernante.

Esa protección que Dios vino realizando sobre su pueblo (Israel) fue el cumplimiento de su promesa cuando les llamó a ser su pueblo, hizo un pacto con ellos cuando les liberó de la esclavitud en Egipto y les dio preceptos (La Ley) para que le obedecieran de modo que Dios les bendeciría en todo.

DEUT. 7: 6-8a) 6. PORQUE TU ERES (ISRAEL) PUEBLO SANTO PARA JEHOVÁ TU DIOS. JEHOVÁ TU DIOS TE HA ESCOGIDO PARA SERLE UN PUEBLO ESPECIAL, MAS QUE TODOS LOS PUEBLOS QUE ESTAN SOBRE LA TIERRA.

7. NO POR SER VOSOTROS MAS QUE TODOS LOS PUEBLOS, OS HA QUERIDO JEHOVÁ Y OS HA ESCOGIDO, PUES VOSOTROS ERAIS EL MAS INSIGNIFICANTE DE TODOS LOS PUEBLOS.

8. SINÓ POR CUANTO JEHOVÁ OS AMÓ Y QUISO GUARDAR EL JURAMENTO QUE JURÓ A VUESTROS PADRES.

La Ley dada por medio de Moisés procuraba:

a) Guiar al pueblo a una vida de santidad espiritual y rectitud moral
b) Preservar la descendencia de la cual nacería un Redentor Rey
c) Protegerles de las influencias malignas de un mundo hostil controlado por satanás

Junto a la ley Dios les anunció su compromiso de bendecirles en todo lo que hicieran si guardaban la Ley pero también les advirtió que tendrían severas consecuencias si no lo hacían.

En el libro de Levíticos en el capítulo 26 se describen las bendiciones y maldiciones que le seguirían a Israel conforme fuera su modo de obrar respecto de Dios; allí se les describe un hermoso cuadro de abundancia, paz y comunión íntima con Dios o ...las consecuencias trágicas que se generarían sobre ellos por desobedecerle, las que serían progresivamente mas severas conforme a su rebeldía. Encontramos un detalle de los padecimientos que serían consecuencia de:

a) Aflicciones naturales
b) Aflicciones humanas (causadas por otros pueblos)
c) Aflicción Divina
d) Sus trabajos serían en vano
e) Muerte de sus familiares y del ganado
f) Morirían a mano de sus enemigos
g) Aún entre ellos mismos se causarían daños
h) Serían destruidas sus ciudades y aún el templo
i) Serían esparcidos entre las naciones

No obstante en el corazón de Dios y sabiendo de antemano cual sería el comportamiento de su pueblo, siempre guardó un remanente fiel de la línea natural de Abraham (como lo será de su iglesia (descendientes espirituales del patriarca) a fin de que se cumpliera la promesa de la llegada de un Redentor y también para confirmar que los planes de satanás sobre la humanidad nunca pudieran cumplirse.

Quien pensó que ante semejantes advertencias el pueblo obedecería a Dios, se equivocó ya que ocurrió todo lo previsto y uno a uno le sobrevinieron los castigos antes descriptos. Una y otra vez fueron sometidos por pueblos paganos (Así por ejemplo en el tiempo de los Jueces, Dios permitía que su pueblo cayera cautivo de los pueblos vecinos y todas las promesas se interrumpían por el tiempo del cautiverio.) hasta culminar en cautiverio y desaparición como pueblo (Israel reino del Norte en 722-721 aC a manos de Asiria quien repobló Samaria con su gente deportando a todo israelita) y cautiverio para el pueblo de Judá, reino del Sur en 606 aC a manos de Babilonia (fueron guardados de desaparecer porque de la descendencia de ellos nacería el Mesías), pero el castigo continuaría ya que pese a que pudieron volver a Jerusalén, luego en el año 70 dC el General romano Tito destruiría totalmente la ciudad generando el gran "escape" conocido como la Diáspora de los judíos

EL TIEMPO PROFÉTICO

Ya mencionamos que Israel por su desobediencia cayó en reiteradas oportunidades bajo la dominación gentil (naciones paganas) podremos ver que estuvieron cautivos bajo 7 imperios.

Daniel conociendo las Escrituras comenzó (estando cautivo en Babilonia) a orar a Dios y a reconocer en nombre del pueblo el pecado de Israel y rogando conocer cuando Dios les libraría de la opresión babilónica.

La revelación que Dios envía a Daniel es CLAVE para nuestro conocimiento profético de los últimos tiempos.

DEUT. 28:15, 36 (NVI) Deut. 28:15 "Pero debes saber que, si no obedeces al Señor tu Dios ni cumples fielmente todos sus mandamientos y preceptos que hoy te ordeno, vendrán sobre ti y te alcanzarán todas estas maldiciones:

Deut. 28:36 "El Señor hará que tú y el rey que hayas elegido para gobernarte sean deportados a un país que ni tú ni tus antepasados conocieron. Allí adorarás a otros dioses, dioses de madera y de piedra.

(VRV60) Deut.28:15 Pero acontecerá, si no oyeres la voz de Jehová tu Dios, para procurar cumplir todos sus mandamientos y sus estatutos que yo te intimo hoy, que vendrán sobre ti todas estas maldiciones, y te alcanzarán.

Deut.28:36 Jehová te llevará a ti, y al rey que hubieres puesto sobre ti, a nación que no conociste ni tú ni tus padres; y allá servirás a dioses ajenos, al palo y a la piedra.

DAN. 9:24-27 (NVI) Dan. 9:24 "Setenta semanas han sido decretadas para que tu pueblo y tu santa ciudad pongan fin a sus transgresiones y pecados, pidan perdón por su maldad, establezcan para siempre la justicia, sellen la visión y la profecía, y consagren el lugar santísimo.

Dan. 9:25 "Entiende bien lo siguiente: Habrá siete semanas desde la promulgación del decreto que ordena la reconstrucción de Jerusalén hasta la llegada del príncipe elegido. Después de eso, habrá sesenta y dos semanas más. Entonces será reconstruida Jerusalén, con sus calles y murallas Pero cuando los tiempos apremien,

Dan. 9:26 después de las sesenta y dos semanas, se le quitará la vida al príncipe elegido. Éste se quedará sin ciudad y sin santuario, porque un futuro gobernante los destruirá. El fin vendrá como una inundación, y la destrucción no cesará hasta que termine la guerra.

Dan. 9:27 Durante una semana ese gobernante hará un pacto con muchos, pero a media semana pondrá fin a los sacrificios y ofrendas. Sobre una de las alas del templo cometerá horribles sacrilegios, hasta que le sobrevenga el desastroso fin que le ha sido decretado. "

(VRV60) Dan. 9:24 Setenta semanas están determinadas sobre tu pueblo y sobre tu santa ciudad, para terminar la prevaricación, y poner fin al pecado, y expiar la iniquidad, para traer la justicia perdurable, y sellar la visión y la profecía, y ungir al Santo de los santos. Dan. 9:25 Sabe, pues, y entiende, que desde la salida de la orden para restaurar y edificar a Jerusalén hasta el Mesías Príncipe, habrá siete semanas, y sesenta y dos semanas; se volverá a edificar la plaza y el muro en tiempos angustiosos. Dan.9:26 Y después de las sesenta y dos semanas se quitará la vida al Mesías, mas no por sí; y el pueblo de un príncipe que ha de venir destruirá la ciudad y el santuario; y su fin será con inundación, y hasta el fin de la guerra durarán las devastaciones. Dan. 9:27 Y por otra semana confirmará el pacto con muchos; a la mitad de la semana hará cesar el sacrificio y la ofrenda. Después con la muchedumbre de las abominaciones vendrá el desolador hasta que venga la consumación, y lo que está determinado se derrame sobre el desolador.

En Dan. 9:20-27 Dios estableció el tiempo de absolución de condenas y perdón de iniquidades culminando en el Santo entre los Santos. Se cumplió hasta la muerte del Mesías, pero Israel al rechazar al Mesías interrumpió el conteo de la visión.

Algunas referencias necesarias:
Año bíblico profético = 360 días.
n° 7 = plenitud; n° 10 número del poder humano 7 x 10 = 70 la plenitud de los tiempos humanos moldeados por Dios.
Semanas de 7 (significa 7 años) Setenta semanas = 7 x 70 = 490 años de 360 días c/u (Núm.14:34) (Ez 4: 6)

Es decir según la revelación a Daniel Israel padecería 490 años de dominación gentil y solo después volverían a una relación plena con Dios

a) Desde la fecha del decreto de reedificación de la ciudad (Neh. 2: 1-9) hasta el año de la muerte del Señor transcurrieron 7 y 62 semanas = 69 semanas = 483 años (Dan. 9:25-26) (14/03/445 aC fecha del decreto de Artajerjes en su 20° año de gobierno hasta la manifestación del Mesías Príncipe (Zac. 9:9) (Luc. 19:30-40) el domingo 06/04/32 dC (domingo que la cristiandad celebra como el Domingo de Ramos.

b) Después se inicia un intervalo que interrumpe el conteo de los tiempos de la profecía Leemos en Dan. 9:26 "después se quitará la vida al Mesías" y se señalan una serie de calamidades que sobrevendrán a Israel, mencionamos:

La destrucción de la ciudad de Jerusalén y del santuario (año 70 dC) (Gral. Tito)

Sufrimientos sobre el pueblo: dispersión guerras (en el 132 dC Jerusalén fue arrasada transformándose en tierras para cultivo) y persecuciones de la edad media, sufrimientos bajo el nazismo y comunismo y los constantes impedimentos de los árabes para regresar a sus tierras hasta que los tiempos de Dios se cumplan y tenga vigencia la profecía dada en Amos 9:14-15

Por otro lado se conoce que están establecidos tres tiempos de 490 años sobre Israel, los dos primeros ya se completaron:

a) De Canaán al reino (Desde que guiados por Josué llegaron a Canaán hasta que pidieron tener un rey como los demás pueblos (1586 aC hasta 1096 aC));

b) Desde el reino hasta la servidumbre (De Saúl hasta la caída de Judá en manos babilónicas (1096 aC hasta 606 aC)) siempre se toman solo los tiempos de Israel Judá y no se incluyen los tiempos durante dominaciones paganas sobre Israel por lo que el período entre 606 aC y 445 aC no se incluye en la cuenta;

c) Tiempo de las revelaciones a Daniel (70 semanas) Al nuevo período de 483 años ya mencionado (fecha de la manifestación de Jesús en la pascua Judía) le faltan 7 años para completar el tercer período de 490 años, es el de la semana 70 de la profecía dada a Daniel.

Muchas fueron las advertencias de Dios a Israel durante su

cautiverio recordándoles su triple relación de pactos: a) respecto a la tierra, b) su relación con Dios y c) en relación al Mesías prometido; veamos una síntesis del primero de los pactos, el de la tierra.

Con relación a la tierra: 3 promesas: Ge.12:1-3; Ge. 15:18; Ge. 17:4-8 Dios los hará una nación en un lugar a perpetuidad. Palestina pertenece a los judíos la poseerán a perpetuidad haciendo de sus habitantes una nación justa, Dios castigará a aquellas naciones que actúen contra del cumplimiento del pacto y en cambio bendecirá a quienes colaboren con los judíos

1ª gran crisis:

Después de la diáspora (dispersión de los judíos por el mundo) y pese al constante hostigamiento de los demás pueblos los judíos se las arreglaron para progresar al punto que poco interés tenían en volver a su tierra desértica rodeada de enemigos. Fueron necesarias grandes crisis como la 1ª y 2ª guerras mundiales con el martirio de millones de ellos para que el sueño de Teodoro Hertz comenzara a transformarse en realidad, la idea de reunirse y formar un país independiente con un territorio propio para vivir y defender (Dios estaba detrás de la idea, sus profetas ya se lo habían anunciado, Eze. 34:11-13 es un ejemplo) Y comenzaron a volver (hay algunos datos extraordinarios como el conocido cono Operación Alfombra Mágica por medio del cual 70000 judíos regresaron del Yemen en aproximadamente 450 vuelos comerciales, Desde el 14/05/1948 por una resolución de las Naciones Unidas se declaró a la nación de Israel estado libre e independiente en un territorio que se les asignó ubicado dentro del ex territorio que fuera el reino (antiguo) de Judá cumpliéndose la profecía de Ez. 36:8 El tiempo transcurrido desde entonces cuando inicialmente eran unos 800000 hasta el presente con unos 7,8 millones (año 2011) cumple parcialmente lo anunciado en Ez. 36:6-11 marca un retorno en sus propias fuerzas, tienen que haber nuevas y mayores crisis para que entonces se vuelvan a Dios y al Señor y sea El quien los lleve a la tierra prometida para siempre .

(En la votación realizada en la ONU (29/11/47 hubo 33 países con votos favorables, 10 países se abstuvieron y 13 votaron en contra de la creación de la nación de Israel: Afganistán, Arabia Saudita, Cuba, Egipto, Grecia, India Irak, Irán, Líbano, Pakistán, Siria, Turquía y Yemen)

2ª crisis:

En Deut. 28:63-68 se predice otra salida desde la Palestina (actual tierra) en base al terrorismo creado por las naciones leales al Anticristo, hacia la tierra de Egipto (Abd. 10-15, Ez. 37 :11) donde prácticamente habrá un retorno a la esclavitud de la que los liberó Moisés, pero desde donde Dios los sacará con más milagros que los del 1r Éxodo y entonces será quebrantado el poder del Anticristo (Isa. 11:15-18; Zac. 10:9-12 Ez. 36:12-38 y Ez. 37: 1-28) .Este retorno hará que los árabes que aparentemente se apropiarían de esas tierras sean definitivamente derrotados, destruida la Cúpula de la Roca y será posible la reconstrucción del templo, todo esto para poder crear el escenario de la 3ª y última crisis durante de la Semana 70.

Tienen la tierra, han vuelto a Dios, tienen el templo porque esta nueva crisis? Igual que en la época de los jueces y reyes Israel se volverá a la idolatría y hará convenios con la gran Ramera, La Babilonia Antigua será como en los días de Noé. El Anticristo no ejercerá una acción directa por la maravillosa acción de Dios en la vuelta de los judíos, mas bien hará como Balam (Dan. 11:21-35; 36-45) Finalmente procurará destruirlos convocando a los ejércitos del mundo en el Armagedón (Zac. 14; Joel 19:11-21; Dan. 11:40-45.

La redención de Israel y la destrucción del Anticristo son conceptos sinónimos

La semana restante conocida como la de la semana 70 aún pendiente de concreción requiere de la aparición de un personaje que la Palabra designa con varios nombres tales como El Inicuo, El gran desolador o también llamado El Anticristo

Porque este intervalo extenso entre las 69 semanas y la semana70?

Pese a las serias advertencias de Dios, se mencionó que Dios igualmente les seguiría amando y prepararía el corazón de un remanente fiel, pero además en sus planes estaba la idea de reunir a otro pueblo como suyo, de entre los gentiles, de paso para provocar a celos a Israel, o sea que en este intervalo la misericordia de Dios alcanzó con salvación a otros y solo una vez completado el número de estos, habrá acabado ese intervalo, o "el tiempo de los gentiles" cuando su cumpla su plenitud (Ro. 11:25), para entonces continuar con su relación profética con su pueblo

A modo de continuar la idea de un análisis CRONOLÓGICO del tema vemos a continuación lo que el Libro de Apocalipsis nos muestra en relación al referido INTERVALO entre la semana 69 y 70 de la profecía dada a Daniel.

1
Una presencia distinta

Ahora ya no veremos a Jesucristo como el enviado a salvar las almas, dispuesto a morir en la cruz, lleno de amor y perdón, ahora se nos mostrará como Quien venció a la muerte, en su función de Juez, Rey y Sacerdote, (aunque no dejará de ser todo aquello que le vimos en los evangelios), solo que el tiempo ya concluye y Dios Padre hará que su Hijo asuma el rol de Justiciero ante la maldad del mundo (Apoc. 1:7 vers. clave de este capítulo)

Lo que has visto (Juan)

(NVI)Apoc. 1:1 Ésta es la revelación de Jesucristo, que Dios le dio para mostrar a sus siervos lo que sin demora tiene que suceder. Jesucristo envió a su ángel para dar a conocer la revelación a su siervo Juan,

(VRV60)Apoc. 1:1 La revelación de Jesucristo, que Dios le dio, para manifestar a sus siervos las cosas que deben suceder pronto; y la declaró enviándola por medio de su ángel a su siervo Juan,

Apocalipsis: la manifestación de lo que estaba oculto, la revelación, correr el velo

Revelación de Jesucristo acerca de:

Las cosas que deben suceder pronto (la eternidad es a-temporal, el elemento temporal a menudo está ausente en la profecía y es relativo. Dios habla de cosas futuras como si ya estuvieran sucediendo

Hacia el 96 dC fecha en que se escribe el libro algunas cosas ya habían sucedido, otras estaban sucediendo y otras habrían de suceder

Y la declaró: (semeión en gr.) con señales (figuras, signos etc.)

Ídem: Dan. 8:16; 9:21; Zac. 1:9 etc.

(NVI)Apoc. 1:2 quien por su parte da fe de la verdad, escribiendo todo lo que vio, a saber, la palabra de Dios y el testimonio de Jesucristo.

(VRV60) Apoc. 1:2 que ha dado testimonio de la palabra de Dios, y del testimonio de Jesucristo, y de todas las cosas que ha visto.

a) testimonio de la palabra = su evangelio
b) testimonio de Jesucristo = sus epístolas

(NVI)Apoc. 1:3 Dichoso el que lee y dichosos los que escuchan las palabras de este mensaje profético y hacen caso de lo que aquí está escrito, porque el tiempo de su cumplimiento está cerca.

(VRV60) Apoc. 1:3 Bienaventurado el que lee, y los que oyen las palabras de esta profecía, y guardan las cosas en ella escritas; porque el tiempo está cerca

a) el tiempo está cerca = yo vengo pronto = cosas que deben suceder pronto = ciertamente vengo en breve (Apoc. 3:11; Apoc. 22:6-7; 12; 20) debe entenderse según los tiempos de Dios y no de los hombres.

b) bienaventurado el que lee y los que oyen y guardan estas revelaciones porque el tiempo está cerca (necesidad de lectura pública en las iglesias, idea similar a Col. 4:16)

Tema: la redención. Restauración de todo lo que se perdió por el pecado

El alma del hombre
El cuerpo
La raza humana (pueblos, naciones)
La tierra

La Iglesia trabaja hoy en la redención de las almas en pecado. Aún no ha llegado el tiempo de las demás redenciones (el cuerpo, será en el rapto, las naciones, después de ser juzgadas posterior al Armagedón y simultáneamente la tierra.

(NVI)Apoc. 1:4 Yo, Juan, escribo a las siete iglesias que están en la provincia de Asia: Gracia y paz a ustedes de parte de aquel que es y que era y que ha de venir; y de parte de los siete espíritus que están delante de su trono;

(VRV60) Apoc. 1:4 Juan, a las siete iglesias que están en Asia: Gracia y paz a vosotros, del que es y que era y que ha de venir, y de los siete espíritus que están delante de su trono;

a) El número 7 es el número de la integridad, de la totalidad, ej.: 7 días en la creación

Noé 7 pares de animales de cada especie
Faraón: sueño de 7 vacas flacas y 7 vacas gordas
Jericó: 7 vueltas a la ciudad
Naamán: 7 zambullidas
En este libro: 7 iglesias, 7 espíritus, 7 candelabros, 7 estrellas, 7 sellos, 7 trompetas, 7 copas, 7 bienaventuranzas

b) La salutación: De Padre Del que era, es y ha de venir (Mat. 16:27)

Si bien ambos, El Padre y el Hijo son Dios, cuando el Señor se despojó de su gloria y se hizo hombre declaró que el Padre era mayor que él (no en su divinidad sino en su posición de hijo (Mar.13:32; Hch. 1:6-7) Ahora Jesucristo toma la actitud de Hijo, ambos son Dios pero en las actividades existe la referida sujeción.

c) Espíritu Santo: 7 Espíritus que están delante de su trono (Isa. 11:1) espíritu de sabiduría, de inteligencia, de consejo, de poder, de conocimiento, de temor y de Jehová

d) siete iglesias= había más iglesias en Asia, pero estas representan todos los tipos de la época y de todos los tiempos

e) del que era, es y ha de venir: El Padre (Mat. 16:27)

(NVI)Apoc. 1:5 y de parte de Jesucristo, el testigo fiel, el primogénito de la resurrección, el soberano de los reyes de la tierra. Al que nos ama y por cuya sangre nos ha librado de nuestros pecados,

(VRV60) Apoc. 1:5 y de Jesucristo el testigo fiel, el primogénito de los muertos, y el soberano de los reyes de la tierra. Al que nos amó, y nos lavó de nuestros pecados con su sangre,

Y de Jesucristo:

a) testigo fiel (PROFETA) (Jn. 1:1-6,12)

b) primogénito de los muertos. El Cordero de Dios (SACERDOTE) (Col. 1:18)

c) soberano de los reyes de la tierra El León de la tribu de Judá (REY) (Salm.22:28) el que nos amó y lavó nuestros pecados con su sangre (nos libertó de...)

(NVI)Apoc. 1:6 al que ha hecho de nosotros un reino, sacerdotes al servicio de Dios su Padre, ¡a él sea la gloria y el poder por los siglos de los siglos! Amén.

(VRV60) Apoc. 1:6 y nos hizo reyes y sacerdotes para Dios, su Padre; a él sea gloria e imperio por los siglos de los siglos. Amén.

Jesús nos convirtió en reyes y sacerdotes (Ex. 19:6) "Y vosotros me seréis un reino de sacerdotes y gente santa. Somos hijos de Dios y al ser Jesucristo el Rey de Reyes y estando destinados a reinar con él sobre el pecado y sobre el mundo (Apoc. 5:10) (Mat. 19:28) (1 Pe. 2:9) (Apoc. 2:26-27) (2 Ti. 2:12) Formamos una familia de reyes y sacerdotes. Tenemos libre acceso al lugar santísimo, al trono de la gracia. Todos los redimidos al igual que Jesucristo (por los méritos de Él) pueden acercarse a Dios ofreciendo sacrificios espirituales (en sacrificios vivos y agradables (Hebr. 4:16) (Hebr. 13:15) (Isa. 61:6) (Hebr. 10:19-22)

(NVI)Apoc. 1:7 ¡Miren que viene en las nubes! Y todos lo verán con sus propios ojos, incluso quienes lo traspasaron; y por él harán lamentación todos los pueblos de la tierra. ¡Así será! Amén.

(VRV60) Apoc. 1:7 He aquí que viene con las nubes, y todo ojo le verá, y los que le traspasaron; y todos los linajes de la tierra harán lamentación por él. Sí, amén

Versículo clave: HE AQUÍ UE VIENE CON LAS NUBES Y TODO OJO LE VERÁ Y LOS QUE LE TRASPASARON Y TODOS LOS LINAJES DE LA TIERRA HARAN LAMENTACION POR ÉL, SI, AMEN

(NVI)Apoc. 1:8 "Yo soy el Alfa y la Omega --dice el Señor Dios--, el que es y que era y que ha de venir, el Todopoderoso."

(NVI)Apoc.1:9 Yo, Juan, hermano de ustedes y compañero en el sufrimiento, en el reino y en la perseverancia que tenemos en unión con Jesús, estaba en la isla de Patmos por causa de la palabra de Dios y del testimonio de Jesús.

(VRV60) Apoc. 1:8 Yo soy el Alfa y la Omega, principio y fin, dice el Señor, el que es y que era y que ha de venir, el Todopoderoso. Apoc.1:9 Yo Juan, vuestro hermano, y copartícipe vuestro en la tribulación, en el reino y en la paciencia de Jesucristo, estaba en la isla llamada Patmos, por causa de la palabra de Dios y el testimonio de Jesucristo.

Copartícipe en

a) Las tribulaciones
b) En el reino
c) En la paciencia de Jesucristo

En la Isla de Patmos (Jn. 21:22) en las islas del Dodecaneso el archipiélago del Mar Egeo enfrente de Mileto a unos 35 Km. de Éfeso en la costa de la actual Turquía

(NVI)Apoc 1:10 En el día del Señor vino sobre mí el Espíritu, y oí detrás de mí una voz fuerte, como de trompeta,

(VRV60) Apoc. 1:10 Yo estaba en el Espíritu en el día del Señor, y oí detrás de mí una gran voz como de trompeta,

(Otra versión: BLS (*) dice: Apoc. 1:10 Pero un domingo, quedé bajo el poder del Espíritu Santo. Entonces escuché detrás de mí una voz muy fuerte, que sonaba como una trompeta.)

(*) Biblia en Lenguaje Sencillo

Además de referirse al domingo podemos leer también como: "fui transportado en el espíritu al Día del Señor (Isa. 2:12; Joel 1:15; 1Co. 1:8; 2 Col. 1:14; 1Tes. 5:2) y oí y vi

(NVI) Apoc. 1:11 que decía: Escribe en un libro lo que veas y envíalo a las siete iglesias: a Éfeso, a Esmirna, a Pérgamo, a Tiatira, a Sardis, a Filadelfia y a Laodicea.

(NVI) Apoc. 1:12 Me volví para ver de quién era la voz que me hablaba y, al volverme, vi siete candelabros de oro.

(NVI) Apoc. 1:13 En medio de los candelabros estaba alguien "semejante al Hijo del hombre",* vestido con una túnica que le llegaba hasta los pies y ceñido con una banda de oro a la altura del pecho. (* Dan. 7:13)

(VRV60) Apoc. 1:11 que decía: Yo soy el Alfa y la Omega, el primero y el último. Escribe en un libro lo que ves, y envíalo a las siete iglesias que están en Asia: a Éfeso, Esmirna, Pérgamo, Tiatira, Sardis, Filadelfia y Laodicea. Apoc. 1:12 Y me volví para ver la voz que hablaba conmigo; y vuelto, vi siete candeleros de oro, Apoc. 1:13 y en medio de los siete candeleros, a uno semejante al Hijo del Hombre, vestido de una ropa que llegaba hasta los pies, y ceñido por el pecho con un cinto de oro.

a) 7 candeleros (las 7 iglesias) y en medio al Hijo del Hombre, nombre descriptivo como León, Cordero, etc.

(Mat. 18:20) (Mat. 28:20) los líderes no son representantes sino siervos, uno semejante al Hijo del Hombre (Dan. 7:13) (Dios encarnado distinguiéndose del término Hijo de Dios (Jn. 5:24-27) En el AT se utiliza como sinónimo de humano u hombre.

b) vestido con ropas hasta los pies y (Ex. 28:4; Ex. 29:5; Lev. 16:4) vestimenta del sumo sacerdote, también símbolo de autoridad (príncipes y reyes) como Jonatán (1 Sa. 18:24) Saúl (1 Sa. 24:5, 12) Se lo ve a Jesucristo como Sacerdote y Rey

(NVI)Apoc. 1:14 Su cabellera lucía blanca como la lana, como la nieve; y sus ojos resplandecían como llama de fuego.

(VRV60) Apoc. 1:14 Y su cabeza y sus cabellos eran blancos como la lana blanca, como la nieve; y sus ojos como llama de fuego;

a) Cabeza y cabellos blancos (Dan. 7:9) 1) eternidad de Cristo 2) pureza divina (Isa. 1:18)

b) ojos como llamas de fuego (Dan. 10:6) su mirada penetrante que todo los ve (Mar. 3:34) (Mar. 10:23) (Mar. 11:11) con enojo (Mar. 3:5) con amor (Mar. 10:21), con tristeza (Luc. 22:61). El escudriña los corazones.

(NVI)Apoc. 1:15 Sus pies parecían bronce al rojo vivo en un horno, y su voz era tan fuerte como el estruendo de una catarata.

(VRV60) Apoc. 1:15 Y sus pies semejantes al latón fino, ardientes como en un horno; y su voz como ruido de muchas aguas.

a) sus pies semejantes al bronce (Dan. 10:6)(Ez. 1:7) La inconmovible fidelidad y fuerza y b) poder... refulgente: la velocidad para actuar;

c) su voz como estruendo de muchas aguas (Ez. 43:2) autoridad para efectuar juicios

(NVI)Apoc. 1:16 En su mano derecha tenía siete estrellas, y de su boca salía una aguda espada de dos filos. Su rostro era como el sol cuando brilla en todo su esplendor.

(VRV60) Apoc. 1:16 Y tenía en su diestra siete estrellas: y de su boca salía una espada aguda de dos filos. Y su rostro era como el sol cuando resplandece en su fuerza

a) la mano poderosa que sostiene el universo es suave para sostenernos (Jn. 10:27-28) de su boca salía... no es larga como la usada en esgrima, sino corta y ancha (para la lucha cuerpo a cuerpo) (Isa. 4:11) (Isa. 49:2) La penetración de la Palabra de Dios. Es una espada sin mango: corta primero al que la usa. Y su rostro era como... (Mat. 17:2)

Como profeta: es el testigo fiel y autor de las palabras de la profecía

Como sacerdote: por su ropa sacerdotal y cinto al pecho

Como Juez: ojos como llama de fuego y pies como bronce bruñido

Como rey: su voz y espada

(NVI)Apoc. 1:17 Al verlo, caí a sus pies como muerto; pero él, poniendo su mano derecha sobre mí, me dijo: No tengas miedo. Yo soy el Primero y el Último,

(VRV60)Apoc. 1:17 Y cuando yo le vi, caí como muerto a sus pies. Y él puso su diestra sobre mí, diciéndome: No temas: yo soy el primero y el último;

a) Isa. 44:6 Mat. 17:2 Si Juan fue impactado así, qué de los incrédulos .Si en el Monte de los Olivos al decir "Yo SOY" todos cayeron, cuanto más ahora ya glorificado. Si nosotros le viéramos no resistiríamos el susto. (Job. Caps. .38 al 41) Gracias que siempre hay un... "no temas"

(NVI)Apoc. 1:18 y el que vive. Estuve muerto, pero ahora vivo por los siglos de los siglos, y tengo las llaves de la muerte y del infierno.

(VRV60) Apoc. 1:18 y el que vivo, y he sido muerto; y he aquí que vivo por siglos de siglos, Amén. Y tengo las llaves del infierno y de la muerte.

Varias llaves:

1) la de la ciencia Luc. 11:52
2) la del reino Mat. 16:19, Mat. 18:17-18
3) la de la muerte y el hades (Sal. 9:13, Sal. 107:18,

Isa.38:10; Cristo venció a la muerte y tiene las llaves 2 Tim. 1:10; Ro. 6:9 De Dios depende cada vida en su absoluta soberanía

(NVI)Apoc. 1:19 "Escribe, pues, lo que has visto, lo que sucede ahora y lo que sucederá después.

(VRV60)Apoc. 1:19 Escribe las cosas que has visto, y las que son, y las que han de ser después de estas.

a) que has visto Cap. 1: 10-20 La revelación del Cristo glorificado (Cristología)

b) las que son (que ves) Caps. 2 y 3, las iglesias (Eclesiología) y que son pero no se ven, pero nos serán reveladas Caps. 4 y 5

c) las que han de ser después de estas (o verás después)

Caps. 6 al 22 el futuro o la consumación de todas las cosas (Escatología)

(NVI)Apoc. 1:20 Ésta es la explicación del misterio de las siete estrellas que viste en mi mano derecha, y de los siete candelabros de oro: las siete estrellas son los ángeles de las siete iglesias, y los siete candelabros son las siete iglesias.

(VRV60) Apoc. 1:20 El misterio de las siete estrellas que has visto en mi diestra, y los siete candeleros de oro. Las siete estrellas son los ángeles de las siete iglesias; y los siete candeleros que has visto, son las siete iglesias.

a) Ángeles: líderes, pastores o ancianos de las iglesias, como estrellas, brillan, disipan las tinieblas, proclama la gloria de Dios, traen los hombres a Cristo (Sal. 136:9; Sal. 8: 4, Sal. 19:2; Mat. 2:9)

b) El Señor en medio de los candeleros, la gente llega al Señor por vía de la iglesia (Pablo en su encuentro con el Señor en camino a Damasco debió primero buscar a Ananías (la Iglesia) El Señor habla en la iglesia. Inversamente la responsabilidad de la iglesia es atraer a los pecadores para que se encuentren con Cristo

Una breve síntesis del Cap. 1

Después de su ascensión al cielo (Hch. 1:9) Jesucristo vuelve a mostrarse, ahora al Apóstol Juan (igual que lo hará en el futuro ante todo su pueblo) no ya con apariencia del Cristo sufriente sino con todos los atributos adquiridos: como Juez, Rey y Sacerdote (caracterizados en su vestimenta y detalles en su apariencia) a fin de revelarle a él a fin de que sea transmitido a su iglesia, las cosas que han de suceder hasta el momento de su segunda venida para estar para siempre con sus amados.

Imaginemos que nos sucedería a nosotros si tuviéramos semejante aparición como tuvo Juan

2

Lo que sucede ahora - Las cosas que son

Los mensajes a las 7 Iglesias

Comprende el tiempo de la iglesia, básicamente el tiempo para arrepentimiento

Deben interpretarse tanto como una descripción de 7 características que identifican a las distintas iglesias existentes en el mundo (7 da idea de plenitud = todas las características posibles dentro de la iglesia de Cristo) como también características que identificarían la evolución de la iglesia en el tiempo, desde sus orígenes hasta su fin, en este sentido las relacionaremos con acontecimientos que marcaron hitos en la historia de la iglesia

Dios ve a su iglesia como un todo, pero identifica sus particularidades

La apertura de la iglesia a los gentiles a partir de Pedro en casa de Cornelio continuó fuertemente con el ministerio de Pablo en Asia. Permaneció 3 años en Éfeso dejando luego a Aquilas y Priscila, también estuvieron allí Timoteo y Juan (una vez liberado) que llevó consigo a María (la madre de Jesucristo) (Hch. 18:18 -19:41)

Capítulo 2: 1-7 el mensaje a la Iglesia de Éfeso

(NVI)Apoc. 2:1 "Escribe al ángel de la iglesia de Éfeso: Esto dice el que tiene las siete estrellas en su mano derecha y se pasea en medio de los siete candelabros de oro:

Apoc. 2:2 Conozco tus obras, tu duro trabajo y tu perseverancia. Sé que no puedes soportar a los malvados, y que has puesto a prueba a los que dicen ser apóstoles pero no lo son; y has descubierto que son falsos.

Apoc. 2:3 Has perseverado y sufrido por mi nombre, sin desanimarte.

Apoc. 2:4 Sin embargo, tengo en tu contra que has abandonado tu primer amor.

Apoc. 2:5 ¡Recuerda de dónde has caído! Arrepiéntete y vuelve a practicar las obras que hacías al principio. Si no te arrepientes, iré y quitaré de su lugar tu candelabro.

Apoc. 2:6 Pero tienes a tu favor que aborreces las prácticas de los nicolaítas, las cuales yo también aborrezco.

Apoc. 2:7 El que tenga oídos, que oiga lo que el Espíritu dice a las iglesias. Al que salga vencedor le daré derecho a comer del árbol de la vida, que está en el paraíso de Dios.

(VRV60)Apoc. 2:1 Escribe al ángel de la iglesia en Éfeso: El que tiene las siete estrellas en su diestra, el que anda en medio de los siete candeleros de oro, dice esto: Apoc. 2:2 Yo conozco tus obras, y tu arduo trabajo y paciencia; y que no puedes soportar a los malos, y has probado a los que se dicen ser apóstoles, y no lo son, y los has hallado mentirosos; Apoc.2:3 y has sufrido, y has tenido paciencia, y has trabajado arduamente por amor de mi nombre, y no has desmayado. Apoc. 2:4 Pero tengo contra ti, que has dejado tu primer amor. Apoc. 2:5 Recuerda, por tanto, de dónde has caído, y arrepiéntete, y haz las primeras obras; pues si no, vendré pronto a ti, y quitaré tu candelero de su lugar, si no te hubieres arrepentido. Apoc.2:6 Pero tienes esto, que aborreces las obras de los nicolaítas, las cuales yo también aborrezco. Apoc. 2:7 El que tiene oído, oiga lo que el Espíritu dice a las iglesias. Al que venciere, le daré a comer del árbol de la vida, el cual está en medio del paraíso de Dios.

El juicio debe comenzar por la casa de Dios. Estas siete cartas son espejos donde debe purificarse las iglesias

Al ángel de: el mensajero o pastor de la iglesia

ÉFESO significa deseo ardiente (eran fervorosos en sus comienzos Hch. 19:34)

Descripción de circunstancias: Fundada por el hijo de un rey ateniense, estuvo bajo varios dominios hasta ser romana. Puerto, centro comercial, cultural y popular; se rendía culto activo a Artemisa (griego) o Diana (latín) diosa de la fertilidad. Diosa madre. Su templo es considerado una de las maravillas del mundo de la construcción

Esta iglesia surgió por viajes misioneros de Pablo y Apolos (Hch. 18:18-21; 23-26; 19:1-20; 24-25) Allí se habría radicado Juan una vez liberado de Patmos, donde finalmente murió. La madre de Jesús habría sido sepultada allí

Características del juez: tiene control de la vida de los responsables de cada iglesia y se pasea en medio de las iglesias (Mat. 18:20; 28:20)

Alabanzas: en servicio y fe

Aborrece la obra de los nicolaítas (Sal. 97:10) (nicolaítas: poder sacerdotal estableciendo una clase separada sobre el laicado)

Represión: Abandonó el primer amor (Jn. 13:35; 1Co.13:1-3) Amar al prójimo así como se ama al Señor (No es lo que hacemos sino como somos) La pérdida del primer amor produce un gradual enfriamiento y se limitaron a mantener discusiones doctrinales puramente intelectuales que apartaron a los miembros del crecimiento espiritual (Pablo le advierte esto en su carta a Timoteo 1Ti. 1:3-11)

Mandamiento y consecuencia: Recuerda, arrepiéntete y haz...sino quitaré el candelero de su lugar

Promesa: a los que obedezcan... comer del árbol de la vida, recuperar lo primero que perdió el hombre, por ahora Cristo es nuestro árbol de vida

Período profético: Período apostólico. Desde Pentecostés, (nacimiento de la iglesia) hasta el año 64 dC (primera gran persecución por el Emperador Nerón)

Esta iglesia no recibió el mensaje del Señor, no se arrepintió y con el tiempo desapareció como iglesia (geográficamente hablando)

Algunos aspectos puntuales de la carta:

Vers. 2 no se trata de soportar a nuestros enemigos sino combatir a quienes dentro de la iglesia actúan falsamente, negando toda verdad y disciplina Aquí el malo debe ser reprendido y si se resiste debe ser apartado (Sal. 139:21; 1Co. 5: 9-13)

Y has probado a los que se dicen ser... (1Jn. 4:1; 1 Tes. 5: 19-21; 2Co. 11: 4-5; 13; 15)

Vers. 4 que has dejado tu primer amor...despareció el entusiasmo de la conversión, desapareció el amor fraternal (1Jn. 3:14-19) La organización comenzó a superar la obra del E.S.

Vers. 6 las obras de los nicolaítas Nicon = triunfador o guía, laos = laitanes =laicos= pueblo. Comienzo de divisiones entre el sacerdocio como clase superior y el pueblo o laicado (3 Jn. 9-10; 1Pe. 5:2-3)

Vers. 7 al que venciere...al que retenga el primer amor... comer del árbol de la vida: a causa de la caída el hombre perdió

1) el acceso al árbol de la vida
2) comenzó a morir
3) la tierra fue maldecida y el hombre fue separado de Dios
4) el hombre perdió el dominio sobre la tierra y demás creación.

Las promesas restauran en orden progresivo todo lo que el hombre perdió:

Aquí Dios promete: le daré a comer el árbol de la vida

En las próximas cartas veremos las siguientes promesas:

No sufrirá daño en la segunda muerte

Comerá del maná escondido y le daré una piedrecita blanca con un nombre escondido

Tendrá autoridad sobre las naciones y le daré la estrella de la mañana

Será vestido de vestiduras blancas, figurará en el libro de la vida y su nombre confesado ante el Padre y los ángeles

Será columna en el templo

Le daré que se siente con Jesús en el trono (junto al Padre)

Capítulo 2:8-11 el mensaje a la Iglesia de Esmirna

(NVI)Apoc. 2:8 "Escribe al ángel de la iglesia de Esmirna: Esto dice el Primero y el 'Ultimo, el que murió y volvió a vivir:

Apoc. 2:9 Conozco tus sufrimientos y tu pobreza. ¡Sin embargo, eres rico! Sé cómo te calumnian los que dicen ser judíos pero que, en realidad, no son más que una sinagoga de Satanás.

Apoc. 2:10 No tengas miedo de lo que estás por sufrir. Te advierto que a algunos de ustedes el diablo los meterá en la cárcel para ponerlos a prueba, y sufrirán persecución durante diez días. Sé fiel hasta la muerte, y yo te daré la corona de la vida.

Apoc. 2:11 El que tenga oídos, que oiga lo que el Espíritu dice a las iglesias. El que salga vencedor no sufrirá daño alguno de la segunda muerte.

(VRV60)Apoc.2:8 Y escribe al ángel de la iglesia en ESMIRNA: El primero y postrero, que fue muerto, y vivió, dice estas cosas: Apoc. 2:9 Yo sé tus obras, y tu tribulación, y tu pobreza (pero tú eres rico), y la blasfemia de los que se dicen ser Judíos, y no lo son, mas son sinagoga de Satanás. Apoc. 2:10 No tengas ningún temor de las cosas que has de padecer. He aquí, el diablo ha de enviar algunos de vosotros a la cárcel, para que seáis probados, y tendréis tribulación de diez días. Sé fiel hasta la muerte, y yo te daré la corona de la vida. Apoc. 2:11 El que tiene oído, oiga lo que el Espíritu dice a las iglesias. El que venciere, no recibirá daño de la muerte segunda.

Esmirna significa= mirra =ungüento = amargura (el destino de los cristianos)

Una hermosa ciudad del Asia menor que aún existe con el nombre de Izmir (en turco) y con unos 250000 habitantes, ubicada entre Éfeso y Pérgamo a unos 60 kms. de ambas. En ella fue martirizado Policarpo (23/02/155). Se le intentó quemar vivo como no se quemaba fue muerto a espada. Irineo y Piono (discípulo de Juan) también vivieron allí

Características del juez: El primero y el último el que estuvo muerto y vivió (Isa. 44:6; 48:12) Aliento para una iglesia que habría de padecer persecuciones y muertes por la causa del Señor

Alabanzas: Fiel en la persecución, pobre en bienes personales, pero rica espiritualmente (Mat 6:20) (en las persecuciones eras desposeídos de toda pertenencia) (Hebr. 10:34)

Vers. 9 Sinagoga de Satanás: Los hombres alejados de la verdad de Dios se vuelven insensibles Los judíos decían ser los únicos capaces de adorar a Dios y por ello contribuían a violar las leyes de Dios persiguiendo a los cristianos. Hay creyentes insensibles que se vuelven "judíos en su comportamiento. (Hch. 13:50; 14: 2,5; 14:19 y 17:5)

Vers. 10 Período de grandes persecuciones Bajo diez emperadores romanos, desde Nerón hasta Diocleciano concluyendo con Constantino en el 313 dC.

(La última persecución, la más cruel, duró cerca de 10 años, desde el decreto de Diocleciano y hasta el edicto de Constantino en el 313 dC. dando por suspendidas las persecuciones e incorporada la iglesia cristiana al estado de Roma.

Vers. 11 Reprensión. No tiene Es extraordinario que ante tanta persecución el fervor de la causa se mantuvo firme y aún la iglesia crecía. Tan pronto cesaron las persecuciones comenzó un relajamiento en la iglesia (se verá en el próximo período)

Segunda venida: se le promete a esta iglesia "la corona de vida" (1 Co. 9:25; Stgo. 1:12)

Promesa: No sufrirá daño en la muerte segunda (Apoc. 20:6, 14; 21:8) separación completa y definitiva de Dios

Período profético Desde 64 dC (Nerón) hasta 313 dC (Constantino) Período de mártires

Capítulo 2:12-17 el mensaje a la Iglesia de Pérgamo

(NVI)Apoc. 2:12 "Escribe al ángel de la iglesia de Pérgamo: Esto dice el que tiene la aguda espada de dos filos:

Apoc. 2:13 Sé dónde vives: allí donde Satanás tiene su trono. Sin embargo, sigues fiel a mi nombre. No renegaste de tu fe en mí, ni siquiera en los días en que Antipas, mi testigo fiel, sufrió la muerte en esa ciudad donde vive Satanás.

Apoc. 2:14 No obstante, tengo unas cuantas cosas en tu contra: que toleras ahí a los que se aferran a la doctrina de Balaam, el que enseñó a Balac a poner tropiezos a los israelitas, incitándolos a comer alimentos sacrificados a los ídolos y a cometer inmoralidades sexuales.

Apoc. 2:15 Toleras así mismo a los que sostienen la doctrina de los nicolaítas.

Apoc. 2:16 Por lo tanto, ¡arrepiéntete! De otra manera, iré

pronto a ti para pelear contra ellos con la espada que sale de mi boca.

Apoc. 2:17 El que tenga oídos, que oiga lo que el Espíritu dice a las iglesias. Al que salga vencedor le daré del maná escondido, y le daré también una piedrecita blanca en la que está escrito un nombre nuevo que sólo conoce el que lo recibe.

(VRV60) Apoc. 2:12 Y escribe al ángel de la iglesia en PÉRGAMO: El que tiene la espada aguda de dos filos, dice estas cosas: Apoc. 2:13 Yo sé tus obras, y dónde moras, donde está la silla de Satanás; y retienes mi nombre, y no has negado mi fe, aun en los días en que fue Antipas mi testigo fiel, el cual ha sido muerto entre vosotros, donde Satanás mora. Apoc. 2:14 Pero tengo unas pocas cosas contra ti: porque tú tienes ahí los que tienen la doctrina de Balaam, el cual enseñaba a Balac a poner escándalo delante de los hijos de Israel, a comer de cosas sacrificadas a los ídolos, y a cometer fornicación. Apoc.2:15 Así también tú tienes a los que tienen la doctrina de los Nicolaítas, lo cual yo aborrezco. Apoc.2: 16 Arrepiéntete, porque de otra manera vendré a ti presto, y pelearé contra ellos con la espada de mi boca. Apoc. 2:17 El que tiene oído, oiga lo que el Espíritu dice a las iglesias. Al que venciere, daré a comer del maná escondido, y le daré una piedrecita blanca, y en la piedrecita un nombre nuevo escrito, el cual ninguno conoce sino aquel que lo recibe.

Pérgamo: ciudad ubicada a 12 Km. de Esmirna Actualmente es un pobre poblado de griegos y turcos

Vers. 12 Pérgamo significa= compromiso matrimonial

Vers. 13 El culto principal de esta ciudad era a Esculapio, dios de la medicina, representado por una persona con una serpiente enrollada. Se adoraba a la serpiente a que se le atribuían poderes curativos.

Características del juez: El que tiene la espada aguda de dos filos (para castigo) (Ro. 13:4) Es una iglesia bajo amenaza del Señor por su condición

Alabanza: Fiel en la fe a pesar de Satanás

Antipas llamado "mi testigo fiel" o también "mi mártir fiel" Una leyenda dice que fue colocado dentro de un toro de bronce y luego se le prendió fuego para asarle vivo

Represión: 1) donde mora Satanás. Al dios Esculapio y su culto a la serpiente se le llamaba "el salvador

2) doctrina de los nicolaítas. En Éfeso solo eran aborrecidas sus obras aquí ya se constituyeron en un peligro teniendo doctrinas erróneas La curia gobernando al pueblo atribuyéndose jerarquías (1Pe. 5:2-3)

3) doctrina de Balaam (Balaam, desviador del pueblo, quien por amor al dinero y conveniencias personales se desvió de la verdad) (2Pe. 2:15; Jud.1:11) (Núm. 25:1-3,9; 31:15) Constantino vino a ser el nuevo Balac que procuraba con los Balaam desviar a la iglesia de su sana doctrina.

Segunda venida: Pelearé contra ellos con la espada de mi boca

Vers. 16 no es un enojo contra toda la iglesia sino contra quienes desvían al pueblo con falsas doctrinas (Mat. 15:14) (Hebr. 4:12) (Efe. 6:17)

Promesa: Al que venciere daré a comer maná escondido y una piedrecita blanca con un nombre nuevo

Maná = pan del cielo = comunión con Dios

Las elecciones se hacían entregando al votante dos piedras, una blanca y otra negra. La blanca = admisión; la negra = rechazo. Dios, a los que vencieren, los admitiría eternamente con Él.

Dios cambió el nombre de su elegidos conforme al plan para ellos en su nueva vida: Abram por Abraham

Saraí por Sara

Saulo por Pablo

Simón por Cefas o Pedro etc.

Período profético Desde el 313 dC hasta el 606 dC Desde el Edicto de Constantino hasta el establecimiento del papado de Roma

Capítulo 2:18-29 el mensaje a la Iglesia de Tiatira

(NVI) Apoc. 2:18 "Escribe al ángel de la iglesia de Tiatira: Esto dice el Hijo de Dios, el que tiene ojos que resplandecen como llamas de fuego y pies que parecen bronce al rojo vivo:

Apoc. 2:19 Conozco tus obras, tu amor y tu fe, tu servicio y tu perseverancia, y sé que tus últimas obras son más abundantes que las primeras.

Apoc. 2:20 Sin embargo, tengo en tu contra que toleras a Jezabel, esa mujer que dice ser profetisa. Con su enseñanza engaña a mis siervos, pues los induce a cometer inmoralidades sexuales y a comer alimentos sacrificados a los ídolos.

Apoc. 2:21 Le he dado tiempo para que se arrepienta de su inmoralidad, pero no quiere hacerlo.

Apoc. 2:22 Por eso la voy a postrar en un lecho de dolor, y a los que cometen adulterio con ella los haré sufrir terriblemente, a menos que se arrepientan de lo que aprendieron de ella.

Apoc. 2:23 A los hijos de esa mujer los heriré de muerte. Así sabrán todas las iglesias que yo soy el que escudriña la mente y el corazón; y a cada uno de ustedes lo trataré de acuerdo con sus obras.

Apoc. 2:24 Ahora, al resto de los que están en Tiatira, es decir, a ustedes que no siguen esa enseñanza ni han aprendido los mal llamados 'profundos secretos de Satanás', les digo que ya no les impondré ninguna otra carga.

Apoc. 2:25 Eso sí, retengan con firmeza lo que ya tienen, hasta que yo venga.

Apoc. 2:26 Al que salga vencedor y cumpla mi voluntad hasta el fin, le daré autoridad sobre las naciones

Apoc. 2:27 --así como yo la he recibido de mi Padre-- y 'él las gobernará con puño de hierro; las hará pedazos como a vasijas de barro'.

Apoc. 2:28 También le daré la estrella de la mañana.

Apoc. 2:29 El que tenga oídos, que oiga lo que el Espíritu dice a las iglesias.

(VRV60)Apoc 2: 18-29 Y escribe al ángel de la iglesia en TIATIRA: El Hijo de Dios, que tiene sus ojos como llama de fuego, y sus pies semejantes al latón fino, dice estas cosas: Apoc. 2: 19 Yo he conocido tus obras, y caridad, y servicio, y fe, y tu paciencia, y que tus obras postreras son más que las primeras. Apoc.2:20 Mas tengo unas pocas cosas contra ti: porque permites aquella mujer Jezabel (que se dice profetisa) enseñar, y engañar a mis siervos, a fornicar, y a comer cosas ofrecidas a los ídolos. Apoc.2:21 Y le he dado tiempo para que se arrepienta de la fornicación; y no se ha arrepentido. Apoc. 2:22 He aquí, yo la echo en cama, y a los que adulteran con ella, en muy grande tribulación, si no se arrepintieren de sus obras: Apoc. 2:23 Y mataré a sus hijos con muerte; y todas las iglesias sabrán que yo soy el que escudriño los riñones y los corazones: y daré a cada uno de vosotros según sus obras. Apoc.2:24 Pero yo digo a vosotros, y a los demás que estáis en Tiatira, cualesquiera que no tienen esta doctrina, y que no han conocido las profundidades de Satanás, como dicen: Yo no enviaré sobre vosotros otra carga. Apoc. 2: 25 Empero la que tenéis, tenedla hasta que yo venga. Apoc. 2:26 Y al que hubiere vencido, y hubiere guardado mis obras hasta el fin, yo le daré potestad sobre las gentes; Apoc.2:27 Y las regirá con vara de hierro, y serán quebrantados como vaso de alfarero, como también yo he recibido de mi Padre: Apoc. 2:28 Y le daré la estrella de la mañana. Apoc. 2:29 El que tiene oído, oiga lo que el Espíritu dice a las iglesias.

Tiatira fue fundada por Celeuco Nicanor uno de los cuatro generales de Alejandro Magno (que luego dividirían el imperio a su muerte) actualmente se denomina Akhissar con unos 35000 habitantes.

Tiatira significa = ofrecimiento de víctimas

Características del Juez: El Hijo de Dios, con ojos como llamas de fuego y pies semejantes al bronce bruñido: omnividencia e ira = todo lo ve y juzga, sus pies hablan de firmeza y severidad en los juicios

Alabanzas: hay obras, servicios, amor, paciencia y fe

Reprensión: tolerar a Jezabel (profetiza del diablo) La Jezabel del AT

1) hija de rey pagano de Sidón casada con Acab, rey de

Israel (1 Re. 16:31)

2) prostituta y hechicera (2Re. 9:22) su nombre = deshonesta perjura

3) ella inducía a su esposo y allegados al mal (1 Re. 21:25) y a los profetas de Dios (1 Re. 18:4, 13) y mantenía a profetas paganos (1 Re. 18:19)

4) espíritu de Jezabel = espíritu de dominación, causó más daño que Balaam ya que este solo aconsejaba, ella como esposa del rey podía mandar

En Tiatira se ve que había alguien con características similares y que tenía gran influencia. El pecado de la iglesia fue tolerarla en lugar de reprenderla y atacarla desde su misma raíz (hubo pecado de permisión) Recibiría el mismo castigo que su antecesora del AT (2 Re. 9:30-37 y 10:7, 11-17), le heriría a ella con enfermedad, mortandad a sus hijos y desgracias a sus seguidores

Mandamiento: Y a los demás se les pedía que se mantuvieran en las enseñanzas de la palabra sin imponerles otra carga adicional que abstenerse de las falsas doctrinas a las que se le llaman "las profundidades de Satanás"

Se les pide: lo que tenéis retenedlo. Las enseñanzas apostólicas eran suficientes y lo son para nuestros días hasta el regreso del Señor (solo se les pedía que respetaran lo resuelto en el Concilio de Jerusalén (Hch. 15:19-20)

Segunda Venida: Al que venciere yo les daré autoridad sobre las naciones y las regirá con vara de hierro (Mat. 19:28) (1Co. 6:2) y tendrá la Estrella de la Mañana (ambas indican la autoridad del rey (Núm. 24:17) (2Pe. 1:19) (Dan. 12:3) y también la eterna compañía de Cristo

Período Profético: Desde el 606 dC hasta el año 1517 dC. Desde la instalación del papado hasta la Reforma. La iglesia ortodoxa recién nació en el 1054 aunque su comportamiento no difiere en mucho del papado romano.

La iglesia adúltera y la verdadera convivieron en este período, (ya que la Jezabel no fue separada) El papado se ajusta a las desviaciones de la Jezabel del AT, así como aquel matrimonio era ilegal ante Dios (entre una pagana y un judío) así también lo fue el papado con su relación iglesia- estado.

Jezabel era adúltera. Roma decía amar al esposo Cristo pero convivía con el paganismo del estado oficial.

Jezabel era profetisa: Roma se atribuye el derecho de erigirse en determinante de las revelaciones de Dios

Jezabel introduce la idolatría: igual hicieron en Roma y Constantinopla, incluso hubo un período en que una mujer haciéndose pasar por varón fue elegida entre los obispos como papa

Jezabel destruía a los profetas de Dios: basta recordar la Inquisición y el Feudalismo Papal para encontrar perfectas similitudes

(Dios castigó a la familia de Jezabel y ella misma sufrió una muerte horrible. Desde la reforma la iglesia de Roma ha ido gradualmente debilitándose)

Además de la papisa Juana (Juan VIII) este período se conoce como el de la pornocracia (Gobierno de papas corruptos) incluye a los Borgia, a obispos de 8 años de edad que se designaban por grandes beneficios para sus familias

También hubo vencedores que no se contaminaron y trabajaron para sostener la pureza de la iglesia, se mencionan a

Francisco de Asís, Jerónimo Savanarola, Juan Hus, Juan Wicleff Pedro Valdo, todos precursores o iniciadores de las reformadores que siguieron a ellos.

3

Continúa... Lo que sucede ahora

Capítulo 3: 1-6 el mensaje a la Iglesia de Sardis

(NVI)Apoc. 3:1 "Escribe al ángel de la iglesia de Sardis: Esto dice el que tiene los siete espíritus de Dios y las siete estrellas: Conozco tus obras; tienes fama de estar vivo, pero en realidad estás muerto.

Apoc. 3:2 ¡Despierta! Reaviva lo que aún es rescatable, pues no he encontrado que tus obras sean perfectas delante de mi Dios.

Apoc. 3:3 Así que recuerda lo que has recibido y oído; obedécelo y arrepiéntete. Si no te mantienes despierto, cuando menos lo esperes caeré sobre ti como un ladrón.

Apoc. 3:4 Sin embargo, tienes en Sardis a unos cuantos que no se han manchado la ropa. Ellos, por ser dignos, andarán conmigo vestidos de blanco.

Apoc. 3:5 El que salga vencedor se vestirá de blanco. Jamás borraré su nombre del libro de la vida, sino que reconoceré su nombre delante de mi Padre y delante de sus ángeles.

Apoc. 3:6 El que tenga oídos, que oiga lo que el Espíritu dice a las iglesias.

(VRV60) Apoc. 3:1 Escribe al ángel de la iglesia en Sardis: El que tiene los siete espíritus de Dios, y las siete estrellas, dice esto: Yo conozco tus obras, que tienes nombre de que vives, y estás muerto. Apoc. 3:2 Sé vigilante, y afirma las otras cosas que están para morir; porque no he hallado tus obras perfectas delante de Dios. Apoc. 3:3 Acuérdate, pues, de lo que has recibido y oído; y guárdalo, y arrepiéntete. Pues si no velas, vendré sobre ti como ladrón, y no sabrás a qué hora vendré sobre ti. Apoc.3:4 Pero tienes unas pocas personas en Sardis que no han manchado sus vestiduras; y andarán conmigo en vestiduras blancas, porque son dignas. Apoc.3:5 El que venciere será vestido de vestiduras blancas; y no borraré su nombre del libro de la vida, y confesaré su nombre delante de mi Padre, y delante de sus ángeles. Apoc.3:6 El que tiene oído, oiga lo que el Espíritu dice a las iglesias.

Sardis: Cuando Lidia era un país independiente, Sardis era su capital, después fue anexado al imperio persa. Hacia el siglo IV un guerrero asiático (Temur) la convirtió en ruinas

Sardis significa = los que salieron fuera

Características del Juez: Aquel que tiene los 7 Espíritus de Dios y las 7 Estrellas, es decir aquel que controla las siete iglesias y les da vida (tienen al Espíritu Santo)

Alabanza: tienes unas pocas personas que no han manchado sus vestiduras y andarán conmigo (con el Señor)

Represión: 1) tienes nombre de que vives y estas muerto: tenían apariencia de piedad, pero carecían de amor sincero y se enfrió rápidamente. Había entusiastas, no convertidos.

2) acuérdate de lo que has recibido y oído y guárdalo y arrepiéntete, sino vendré a ti como ladrón. (Es comprobable que no hubo tal arrepentimiento, ya que esta iglesia históricamente desapareció, su tipología no por supuesto)

Promesa y Segunda venida: Si no velas vendré a ti como ladrón

1) El que venciere será vestido con vestiduras blancas (como señal de santidad y pureza)

2) Y no borraré su nombre del Libro de la Vida (solo los que mueren espiritualmente hablando, son borrados -los que no son salvos Ef.2:1; Gal. 5:19-

3) Y confesaré su nombre delante del Padre y los ángeles (Luc. 12:8-9)

Período profético: abarca los tiempos de la Reforma (1517 a 1750) dC. con todas sus consecuencias:

1) volvieron la Biblia al pueblo, pero no todos la leían

2) declararon la justificación por la fe y al no hacer obras demostraron tener una fe nula y se alejaron de Dios (perdieron la salvación)

3) proclamaron a Cristo como único Salvador y Cabeza de la Iglesia (Cristo resucitado) y único mediador èntre Dios y los hombres (Cristo glorificado)

4) proclamaron la adoración a Dios fuera de todo rito o liturgia legalista, en Espíritu y Verdad. El riesgo fue que muchos

al no tener una religión en que apoyarse (rituales) tampoco adoraron a Dios.

El espíritu protestante de este período se asemejó a una lucha por libertades políticas, con interminables altercados, viéndose toda predicación elocuente como un modo de rivalizar más que procurar que el mensaje produjera cambios de vida.

La reforma a los ojos de Dios fue considerada muerta, no condujo a su fin verdadero, no obstante, la Reforma dio hombres no corruptos y dignos que dieron sus vidas por la causa que seguían y a los que Dios dará vestiduras blancas. (Hus, Wiclief, Savanarola, Lutero, Zwuinglio, Melanchton, Knox, Calvino, etc. Dieron sus vidas por Dios)

En este período lo sintético y artificial reemplaza la obra del E.S.

Capítulo 3: 7-13 el mensaje a la Iglesia de Filadelfia

(NVI)Apoc. 3:7 "Escribe al ángel de la iglesia de Filadelfia: Esto dice el Santo, el Verdadero, el que tiene la llave de David, el que abre y nadie puede cerrar, el que cierra y nadie puede abrir:

Apoc. 3:8 Conozco tus obras. Mira que delante de ti he dejado abierta una puerta que nadie puede cerrar. Ya sé que tus fuerzas son pocas, pero has obedecido mi palabra y no has renegado de mi nombre.

Apoc. 3:9 Voy a hacer que los de la sinagoga de Satanás, que dicen ser judíos pero que en realidad mienten, vayan y se postren a tus pies, y reconozcan que yo te he amado.

Apoc. 3:10 Ya que has guardado mi mandato de ser constante, yo por mi parte te guardaré de la hora de tentación, que vendrá sobre el mundo entero para poner a prueba a los que viven en la tierra.

Apoc. 3:11 Vengo pronto. Aférrate a lo que tienes, para que nadie te quite la corona.

Apoc. 3:12 Al que salga vencedor lo haré columna del templo de mi Dios, y ya no saldrá jamás de allí. Sobre él grabaré el nombre de mi Dios y el nombre de la nueva Jerusalén, ciudad de mi Dios, la que baja del cielo de parte de mi Dios; y también grabaré sobre él mi nombre nuevo.

Apoc. 3:13 El que tenga oídos, que oiga lo que el Espíritu dice a las iglesias.

(VRV60)Apoc. 3:7 Escribe al ángel de la iglesia en Filadelfia: Esto dice el Santo, el Verdadero, el que tiene la llave de David, el que abre y ninguno cierra, y cierra y ninguno abre: Apoc.3:8 Yo conozco tus obras; he aquí, he puesto delante de ti una puerta abierta, la cual nadie puede cerrar; porque aunque tienes poca fuerza, has guardado mi palabra, y no has negado mi nombre. Apoc.3:9 He aquí, yo entrego de la sinagoga de Satanás a los que se dicen ser judíos y no lo son, sino que mienten; he aquí, yo haré que vengan y se postren a tus pies, y reconozcan que yo te he amado. Apoc. 3:10 Por cuanto has guardado la palabra de mi paciencia, yo también te guardaré de la hora de la prueba que ha de venir sobre el mundo entero, para probar a los que moran sobre la tierra. Apoc.3:11 He aquí, yo vengo pronto; retén lo que tienes, para que ninguno tome tu corona. Apoc.3:12 Al que venciere, yo lo haré columna en el templo de mi Dios, y nunca más saldrá de allí; y escribiré sobre él el nombre de mi Dios, y el nombre de la ciudad de mi Dios, la nueva Jerusalén, la cual desciende del cielo, de mi Dios, y mi nombre nuevo. Apoc.3:13 El que tiene oído, oiga lo que el Espíritu dice a las iglesias.

Filadelfia: fundada en el 150 aC por Eumenes hermano de Atalao Filadelfo –rey persa- y en homenaje a él fue el nombre asignado; aún subsiste, siendo bastante grande en la actualidad bajo el nombre de Ala Ser (Casa de Dios)

Filadelfia significa= amor fraternal

Características del Juez

El Santo y Verdadero (santidad y verdad son necesarias para alcanzar a Dios)

El que tiene la llave de David (Isa. 22: 12-22 con posterioridad a este pasaje aquel que era tesorero del templo obtenía simbólicamente la llave de David –símbolo del gobierno del tesoro-) Él es el que abre la puerta de acceso a Dios

Alabanza: buenas obras, práctica de la Palabra, no se apartó del nombre de Dios, tenía paciencia

Pocas fuerzas= creyentes carentes de bienes y poder del mundo, pero poderosos en Dios (2Co. 12: 9-10)

Puerta abierta = evangelización (1Co. 16:19; 2Co. 2:12) más adelante en comentarios a Apoc 4:1 veremos otras clases de puertas)

Represión: no tiene. (al igual que en Esmirna) Es la única iglesia activa para la que no hay críticas

Sinagoga de Satanás: ya estaban en Esmirna. Son cizaña que el propio Señor apartará a la hora de la cosecha (Isa. 60:14) (Mat. 13: 24-30)

Segunda venida:

Te libraré (guardaré) de la tribulación (2 Tes 1:7-9) Fue guardada de las tremendas persecuciones de los mahometanos que exterminaron las iglesias cristianas de Asia (idéntica a la época de los tártaros)

Yo vengo pronto, retén lo que tienes; obediencia, fidelidad y paciencia, para que ninguno tome tu corona, símbolo de la gloria

Al Señor le interesa la fidelidad por encima de lo que se tiene

Promesa:

Columna en el templo: honra, reconocimiento, estabilidad, sostén, fuerza (Gal. 2:9)

Período: Desde 1750dC a 1900dC Desde el comienzo de los avivamientos espirituales y obras misioneras hasta su enfriamiento.

Este período marca algunas características distintivas:

a. La era de la piedad: época del gran movimiento luterano en Alemania donde se impuso la práctica del amor por sobre los ritualismos ceremoniales

b. La era del puritanismo: donde la pureza y la humildad eran virtudes anheladas

c. La era del metodismo: procuraba un método de vida estricto o rígido dentro de la moral (predominó en Inglaterra, Francia, Suiza y EEUU)

La predicación del evangelio salió de los templos hacia las casas, las calles y plataformas.

Se comenzó con la traducción de la Biblia a los distintos idiomas

Brillaron hombres de Dios llenos del poder del ES. (William

Carey, primer misionero a la India, David Livingston en América, Hudson Taylor, Patton, Zinzendorf, y otros) También misiones evangelizadoras a África y China

Capítulo 3: 14-22 el mensaje a la Iglesia de Laodicea

(NVI)Apoc. 3:14 "Escribe al ángel de la iglesia de Laodicea: Esto dice el Amén, el testigo fiel y veraz, el soberano* de la creación de Dios:

Apoc. 3:15 Conozco tus obras; sé que no eres ni frío ni caliente. ¡Ojalá fueras lo uno o lo otro!

Apoc. 3:16 Por tanto, como no eres ni frío ni caliente, sino tibio, estoy por vomitarte de mi boca.

Apoc. 3:17 Dices: 'Soy rico; me he enriquecido y no me hace falta nada'; pero no te das cuenta de que el infeliz y miserable, el pobre, ciego y desnudo eres tú.

Apoc. 3:18 Por eso te aconsejo que de mí compres oro refinado por el fuego, para que te hagas rico; ropas blancas para que te vistas y cubras tu vergonzosa desnudez; y colirio para que te lo pongas en los ojos y recobres la vista.

Apoc. 3:19 Yo reprendo y disciplino a todos los que amo. Por lo tanto, sé fervoroso y arrepiéntete.

Apoc. 3:20 Mira que estoy a la puerta y llamo. Si alguno oye mi voz y abre la puerta, entraré, y cenaré con él, y él conmigo.

Apoc. 3:21 Al que salga vencedor le daré el derecho de sentarse conmigo en mi trono, como también yo vencí y me senté con mi Padre en su trono.

Apoc. 3:22 El que tenga oídos, que oiga lo que el Espíritu

dice a las iglesias."

(VRV60)Apoc. 3:14 Y escribe al ángel de la iglesia en Laodicea: He aquí el Amén, el testigo fiel y verdadero, el principio de la creación de Dios, dice esto: Apoc.3:15 Yo conozco tus obras, que ni eres frío ni caliente. ¡Ojalá fueses frío o caliente! Apoc.3:16 Pero por cuanto eres tibio, y no frío ni caliente, te vomitaré de mi boca. Apoc. 3:17 Porque tú dices: Yo soy rico, y me he enriquecido, y de ninguna cosa tengo necesidad; y no sabes que tú eres un desventurado, miserable, pobre, ciego y desnudo. Apoc.3:18 Por tanto, yo te aconsejo que de mí compres oro refinado en fuego, para que seas rico, y vestiduras blancas para vestirte, y que no se descubra la vergüenza de tu desnudez; y unge tus ojos con colirio, para que veas. Apoc.3:19 Yo reprendo y castigo a todos los que amo; sé, pues, celoso, y arrepiéntete. Apoc. 3:20 He aquí, yo estoy a la puerta y llamo; si alguno oye mi voz y abre la puerta, entraré a él, y cenaré con él, y él conmigo. Apoc.3:21 Al que venciere, le daré que se siente conmigo en mi trono, así como yo he vencido, y me he sentado con mi Padre en su trono. Apoc.3:22 El que tiene oído, oiga lo que el Espíritu dice a las iglesias.

Laodicea fundada en el año 250 aC por Antíoco II en honor a su esposa Laodice, (quien después le envenenaría), sufrió varios terremotos hasta que uno de ellos terminó por destruirla. Actualmente no existen más que ruinas. Como había cinco ciudades con este nombre se le conocía también por Laodicea de Lico por estar al sur del río Lico en una posición estratégica en relación a las rutas comerciales

Laodicea significa = juicio de las naciones ; también derechos humanos

Características del Juez.

El Amen, el Testigo fiel y verdadero, el principio de la creación; (en esta iglesia

Había dudas acerca de la veracidad de las promesas de Dios (2Co. 1:19-20) (hasta Balaam lo reconoció (Núm. 23:19)

En las cartas anteriores se cuestionaba a algunos dentro de la iglesia, aquí se cuestiona a la iglesia toda (nadie es rescatable según el Señor)

Alabanza: no tiene (en varios pasajes del NT ya se nos enseña y advierte que en los últimos tiempos se apostataría de la fe)

Reprensión: ser tibia, creerse rica y en cambio ante sus ojos era pobre, ciega y desnuda

Tibia: indiferente, perezosa, negligente. Las obras se hacían por obligación y no por amor (se toma como referencia una fuente con salida de agua fría y caliente y ante desperfectos la salida del agua tibia (mezcla de fría y caliente) era vomitada por los usuarios)

Se espera de la iglesia que sea parte del mundo pero sin integrarse a él, sin embargo en los últimos tiempos nos acostumbraremos a la mundanalidad en lugar de cuestionarla (por dentro templos de Dios por fuera mundanos ej.: mujer de Lot) se creía rica = autosuficiente, amadores de si mismos (2 Ti. 3:1-9)

y no sabes... ignorancia de la verdadera condición, por ver desde una mira equivocada

pobre: carecía de sabiduría, poder y presencia de Dios

ciega: no veía su propia condición

desnuda: Col. 3:12-14

Consejos: que de mí (Jesucristo) compres oro refinado a fuego (Fe = 1Pe. 1:7) el precio de esta compra: arrepentimiento por el oír la Palabra de Dios (Ro. 10:17), por la oración (Luc. 17:5) por el E.S. (1 Co. 12:9) poseer el oro de la fe, aunque pobre te hace rico y heredero del trono de Dios (Stgo. 2:5)

En Laodicea había importantes industrias destacándose la textil y la

Farmacopea. En la escuela de medicina se había popularizado un exitoso colirio para la vista

Vestiduras blancas: la justicia de Dios, para nosotros la vida exterior limpia acorde con la limpieza interior

Y que no se descubra la vergüenza de tu desnudez = por sus frutos los conoceréis

(2 Pe. 2: 18-22)

Y unge tus ojos con colirio para que veas. La presencia del E.S. revelando las cosas de Dios en nosotros (Ef. 1:17-18)

La orden: arrepiéntete. (Prov. 3:12)

Segunda venida:

La iglesia es rechazada Cristo está afuera... "entraré y cenaré con él"...los griegos desayunaban pan mojado con vino, su almuerzo era al paso (tipo picnic) y la principal comida era la cena, larga con abundantes pláticas. El viene a individuos que le acepten, habla de una unión fraterna sin apuros. Cristo no nos invade, Él espera que le abramos (Luc. 24:28) "El corazón es una puerta con pasador solo de adentro".

Promesa: Haré que se siente en mi trono. Es la mayor

recompensa para quienes pueden vencer los deseos carnales, el mundo y las obras de la atractiva y engañosa hermosura del diablo (Efe. 2:6-7)

Período profético: Desde 1900 dC en adelante y hasta la segunda venida de Cristo. Al completarse el tiempo de la Iglesia de Laodicea, también se completará el tiempo de la Iglesia de Cristo en la tierra

Mientras transcurren los últimos años de la iglesia de Cristo en la tierra, veremos a partir del Cap. 4, los acontecimientos que se desarrollan en el cielo y que indican la preparación entorno al Trono de Dios, de todos los eventos señalados proféticamente en la relación de Dios y su pueblo, las naciones y las huestes de maldad; estamos por iniciar la profética semana 70 de Daniel.

Una breve síntesis de los Caps. 2 y 3

Cristo comienza con las revelaciones; le indica a Juan que envíe 7 cartas a 7 iglesias existentes en ese tiempo en Asia Menor (hoy Turquía). Estos mensajes son a la vez representativos de los distintos tipos de iglesias que coexisten en ese y en todo tiempo de la historia de la Iglesia de Cristo en la tierra y a la vez estos mensajes son un claro anuncio, según el orden en que fueron dados, de las características predominantes de la Iglesia a través del tiempo

4
Lo que sucede ahora (invisible)

La adoración celestial

Veremos como el cielo gobierna la tierra. La administración celestial del reino de Dios y de la ejecución de los juicios (posteriormente)

(en mi opinión lo que se revela en este capítulo no es futuro, es decir el Trono de Dios no se constituye para los eventos por venir, sino que se le permite a Juan ver lo que ya está constituido y en pleno ejercicio de sus funciones, solo que ahora se nos permite visualizarlo)

(NVI)Apoc. 4:1 Después de esto miré, y allí en el cielo había una puerta abierta. Y la voz que me había hablado antes con sonido como de trompeta me dijo: Sube acá: voy a mostrarte lo que tiene que suceder después de esto.

(VRV60)Apoc. 4:1 Después de esto miré, y he aquí una

puerta abierta en el cielo; y la primera voz que oí, como de trompeta, hablando conmigo, dijo: Sube acá, y yo te mostraré las cosas que sucederán después de estas.

Después de los mensajes a la Iglesia a Juan se le lleva en espíritu a fin de que observe lo que está sucediendo en el tercer cielo, el de Dios. En el Apocalipsis se mencionan tres distintas puertas:

1) Apoc. 3:8 la puerta de la oportunidad, para evangelizar

2) Apoc. 3:20 la puerta del corazón, para dejar entrar a Jesús

3) Apoc. 4:1 la puerta de la revelación, para acceder al conocimiento de Dios, en visiones (Eze. 1:1), para dejar actuar al ES (Mar. 1:10), para ver la Gloria de Dios (Jn. 1:51)

Jacob, Isaías, Ezequiel, Esteban, Pablo y ahora Juan mencionan puertas en el cielo.

(NVI)Apoc. 4:2 Al instante vino sobre mí el Espíritu y vi un trono en el cielo, y a alguien sentado en el trono.

(VRV60)Apoc. 4:2 Y al instante yo estaba en el Espíritu; y he aquí, un trono establecido en el cielo, y en el trono, uno sentado.

Juan continúa en el espíritu o tal vez en un grado superior al anterior. Puede observar el trono de Dios

(NVI)Apoc. 4:3 El que estaba sentado tenía un aspecto semejante a una piedra de jaspe y de cornalina. Alrededor del trono había un arco iris que se asemejaba a una esmeralda.

(VRV60)Apoc. 4:3 Y el aspecto del que estaba sentado era semejante a piedra de jaspe y de cornalina; y había alrededor del trono un arco iris, semejante en aspecto a la esmeralda.

Semejante a...le muestra la gloria de Dios (1 Ti. 6:16)

Las piedras preciosas hablan de: jaspe = diamante; cornalina (sardio, ágata) = rubí; esmeralda, predominando el verde recordando el pacto de la Gracia (Ge.9:12-13)

Alrededor: un arco iris completo (no parcial como lo vemos los humanos) que recuerda que Dios es fiel

(NVI)Apoc. 4:4 Y en cerco del trono, tronos veinticuatro; y en los tronos, veinticuatro ancianos sentados cubiertos de vestiduras albas y sobre sus cabezas, coronas áureas

(VRV60)Apoc. 4:4 Y alrededor del trono había veinticuatro tronos; y vi sentados en los tronos a veinticuatro ancianos, vestidos de ropas blancas, con coronas de oro en sus cabezas.

Hay diversas interpretaciones respecto a los 24 ancianos, unos dicen que representan a los 12 patriarcas y a los 12 apóstoles, sin embargo Juan esta fuera del grupo observando y no reconoce a ninguno de sus compañeros, además aún no se produjo la resurrección de los muertos, por lo que debe descartarse esta posición. Sus ropas blancas hablan de justicia y santidad y las coronas de oro, indican autoridad delegada por Dios , debemos entender que mucho de lo creado por Dios nos será revelado gradualmente, aquí podemos entender que se trata de un tribunal cósmico dispuesto por Dios como sus colaboradores para impartir la justicia de Dios hacia la creación (Col. 1:16 porque por medio de él fueron creadas todas las cosas en el cielo y en la tierra, visibles e invisibles, sean tronos, poderes, principados o autoridades: todo ha sido creado por medio de él y para él.)

Porque 24? Tal vez es el anticipo de las jerarquías que después sí les sea asignada en parte a la iglesia y otra a los líderes del AT, también alude a las 24 hs del día como de gobierno continuo, lo que fielmente David supo interpretar cuando dispuso los turnos sacerdotales: había 24000 sacerdotes que trabajaban en la Casa de Dios cubriendo las 24 horas del día (1Cro. 23:3-4, 24:7-18 y 25:9-31)

(NVI)Apoc. 4:5 Del trono salían relámpagos, estruendos y truenos. Delante del trono ardían siete antorchas de fuego, que son los siete espíritus de Dios,

(VRV60)Apoc. 4:5 Y del trono salían relámpagos y truenos y voces; y delante del trono ardían siete lámparas de fuego, las cuales son los siete espíritus de Dios.

El Trono de Dios es un trono de Gracia (reflejado por el arco iris) pero también lo es de juicio (Su santidad frente al pecado)

En esta escena no se observan precisamente un ambiente de paz, sino una intensa actividad preparatoria de juicios (ya se vio en Ex. 9:28; Ex.19:16 como se estremeció el pueblo ante los truenos y relámpagos que salían del monte, otro tanto veremos en Apoc. 8:5) (Hebr. 10:29-31) Dios juzgará al mundo en respuesta a las oraciones de los santos. También se observan estos efectos en el curso de la séptima trompeta (Apoc. 11:5) y durante el desarrollo de la séptima copa (Apoc. 18) El trono arde de ira y enfrente 7 lámparas = 7 espíritus de Dios (7 manifestaciones del Espíritu Santo -Isa. 11:2)

Candeleros= luz portátil; un candelero tiene 7 brazos (3 a izquierda y 3 a derecha representan el 6 humanidad, el brazo central representa a Cristo, solo con Cristo se llega a la perfección (siete) Además son las iglesias con Cristo como centro de sus vidas

En el bautismo de Jesús el ES se manifestó como una suave paloma (paz) ahora serán teas o antorchas ardientes que guerrearan

(NVI)Apoc. 4:6 y había algo parecido a un mar de vidrio, como de cristal transparente. En el centro, alrededor del trono, había cuatro seres vivientes cubiertos de ojos por delante y por detrás.

VRV60) Apoc. 4:6 Y delante del trono había como un mar de vidrio semejante al cristal y junto al trono, y alrededor del trono, cuatro seres vivientes llenos de ojos delante y detrás.

Mar de cristal el vidrio transparente en la antigüedad casi no existía por lo que era muy preciado, como el oro, pureza de Dios, inmensidad de la visión. En la nueva tierra (Isa. 65:17, Apoc. 21) no habrá mares, tampoco los hay en el cielo, de lo primero no habrá memoria. La nueva tierra no será del sistema solar, no habrá sol Dios mismo será quien nos ilumine (2da Pe.3:11 donde elementos = átomos)

(NVI)Apoc. 4:7 El primero de los seres vivientes era semejante a un león; el segundo, a un toro; el tercero tenía rostro como de hombre; el cuarto era semejante a un águila en vuelo.

Apoc. 4:8 Cada uno de ellos tenía seis alas y estaba cubierto de ojos, por arriba y por debajo de las alas. Y día y noche repetían sin cesar: Santo, santo, santo es el Señor Dios Todopoderoso, el que era y que es y que ha de venir.

Apoc. 4:9 Cada vez que estos seres vivientes daban gloria, honra y acción de gracias al que estaba sentado en el trono, al que vive por los siglos de los siglos,

Apoc. 4:10 los veinticuatro ancianos se postraban ante él y adoraban al que vive por los siglos de los siglos. Y rendían sus coronas delante del trono exclamando:

Apoc. 4:11 "Digno eres, Señor y Dios nuestro, de recibir la

gloria, la honra y el poder, porque tú creaste todas las cosas; por tu voluntad existen y fueron creadas."

(VRV60Apoc. 4:7 El primer ser viviente era semejante a un león; el segundo era semejante a un becerro; el tercero tenía rostro como de hombre; y el cuarto era semejante a un águila volando. Apoc.4:8 Y los cuatro seres vivientes tenían cada uno seis alas, y alrededor y por dentro estaban llenos de ojos; y no cesaban día y noche de decir: Santo, santo, santo es el Señor Dios Todopoderoso, el que era, el que es, y el que ha de venir. Apoc. 4:9 Y siempre que aquellos seres vivientes dan gloria y honra y acción de gracias al que está sentado en el trono, al que vive por los siglos de los siglos, Apoc.4:10 los veinticuatro ancianos se postran delante del que está sentado en el trono, y adoran al que vive por los siglos de los siglos, y echan sus coronas delante del trono, diciendo: Apoc. 4:11 Señor, digno eres de recibir la gloria y la honra y el poder; porque tú creaste todas las cosas, y por tu voluntad existen y fueron creadas.

Son los seres más cercanos a Dios (cuanto más cercano a Dios mayor conocimiento a la inversa cuanto más lejos de Dios tendremos menos revelaciones de Él)(Sal 36.9) siempre están adorando y su actividad está asociada a los juicios de Dios (en el original zoon = criaturas vivas, aquí dice terión = bestias) No son ángeles, porque tienen alas y sus misiones son de ser enviados a la tierra en actividades relacionadas con los creyentes, no son serafines porque estos siempre sobrevuelan el trono de Dios como seres apasionados y ardientes por Dios, Quienes son estos?. En Eze. 1:4 y Eze. 10:20 se los identifica con todas sus características como Querubines, recordar que en el arca estaban sobre el propiciatorio cubriendo la presencia de Dios De sus características vemos: llenos de ojos = conocimiento sobrenatural, su semejanza en caras de león, becerro, hombre y águila identifican toda la creación (grandeza, poder, hermosura, celeridad, poder etc.) En Eze.1 y Eze. 10 se describe a los querubines como portadores del trono de Dios, así como terrenalmente los hombres cargaban sobre sus hombros el arca del pacto. Luzbel pasó de querubín protector a ser satanás (presuntamente su rostro era de becerro, por eso los satanistas le adoran con una estrella de 5 puntas y en su interior la imagen de un becerro)

(hay querubines con uno o más rostros y dos o más alas)

Ellos proclaman la santidad de Dios, (para que lo sepa Dios?), para que toda la creación siempre este consciente de este especial atributo que al igual que los demás atributos son tan distintos de lo que los humanos imaginamos, ej. El amor de Dios está en su naturaleza, en nosotros solo si nos esforzamos.

Una breve síntesis del Cap. 4

Se nos revela el Trono de Dios y en derredor en círculos y en orden de jerarquías, alrededor de Dios mismo se describen a 4 seres vivientes (querubines) y luego 24 tronos y 24 ancianos en ellos (tribunal para impartir justicia en colaboración con Dios) todos en plena adoración al que está sentado en el Trono. Un espacio como mar de vidrio separa el Trono mismo del resto de la creación, y se observan relámpagos, truenos y voces que parten del Trono mientras arden 7 lámparas de fuego representando la acción del Espíritu Santo y sus atributos. Se nos muestra que se está gestando la toma de decisiones importantes para el resto de la creación.

5

Lo que sucederá Las cosas que serán

El rollo y el cordero

(NVI)Apoc. 5:1 En la mano derecha del que estaba sentado en el trono vi un rollo escrito por ambos lados y sellado con siete sellos.

(VRV60) Apoc. 5:1 Y vi en la mano derecha del que estaba sentado en el trono un libro escrito por dentro y por fuera, sellado con siete sellos.

Por causa del pecado el hombre:

Perdió su alma (Ge. 2:17 - Eze. 18:4)

Perdió su cuerpo (comenzó a enfermarse. Envejecer, morir.) (Ge. 3:19)

Perdió la tierra, el control de ella pasó a Satanás (Ge. 3:17-19)

La redención cumple tres pasos

Con la conversión el hombre salva su alma

Con la resurrección redime su cuerpo

Con los juicios apocalípticos y la segunda venida del Señor se redime la tierra

(y simultáneamente se redimirán los cuerpos de los creyentes)

En el desarrollo del Apocalipsis hasta el cap. 3 el primero de los tres aspectos vistos de la redención ya se cumplió y se está a punto de iniciar el proceso de la definitiva redención del hombre y de la tierra. (Cap. 6 en adelante)

ESTABA DISPUESTO QUE

En el AT se disponía que si un israelita vendía o perdía la tenencia de la tierra (por malos negocios, deudas etc.) esto funcionaba como una entrega en arrendamiento que expiraba en el año del jubileo (año siguiente al 7º año sabático = año 50) en ese tiempo las tierras eran restituidas a sus dueños originales o a sus herederos si aquellos habían muerto.

En el caso que por la venta o entrega de la tierra se dejara a los herederos sin nada, podía un pariente cercano recomprar la tierra en cualquier momento (sin esperar a que se cumpliera el año del jubileo) y así reintegrársela a su anterior dueño, esta operación se llamaba REDENCION de la tierra y el pariente cercano se llamaba REDENTOR (Lev. 25:23-25)

Cuando se realizaba la redención se labraba un documento constando en su interior los términos de la operación siendo sellado y por fuera firmado por testigos. Este título se enrollaba (modo de guardar los documentos en esa época) y era entregado al dueño original de la tierra o a sus herederos en caso que aquel hubiera muerto a fin de que estos pudieran en el tiempo establecido (en el acuerdo) reclamar la posesión de la tierra, aún ejerciendo la fuerza (Jer. 32:6-15) En el momento del reclamo el documento debía ser abierto

La tierra pertenece al hombre como herencia de Dios (Ge. 1:26-28) le fue entregada a Adán y Eva y estos por su mal manejo la perdieron a manos de Satanás (Ge.3:17-24) Jesús nuestro pariente cercano (hermano mayor) y a la vez heredero junto a nosotros de todas las cosas redimió la tierra mediante compra (pagando a precio de sangre) existiendo como prueba el título o libro sellado en manos del dueño original que vemos en la escena sentado en el trono. El actual poseedor de la tierra se resiste a devolverla (no reconoce la autoridad del redentor, ya que él no respeta ninguna ley), por ello será necesaria la apertura del rollo con la ruptura de los sellos y el ejercicio de la fuerza (juicios) para el cumplimiento de los establecido en el rollo.

Hay una diferencia entre una posesión adquirida (por compra) y una posesión por herencia. Ambas implican propiedad, la primera es de carácter transitorio (ya que admite la redención), la segunda es firme, definitiva (Lev. 25:23-28) La tierra ahora es propiedad adquirida por Satanás, el propietario original es Dios y los herederos los santos, coherederos con Cristo.

Todo Apocalipsis nos lleva al tema de la redención de la tierra, la acción de desatar los sellos indica ejercer la autoridad por la fuerza ya que el comprador (usurpador) no la quiere restituir al aparecer el Redentor, la acción que continúa en el cap. 6 es el inicio de las acciones legales por la fuerza (juicios de Dios).

(NVI)Apoc. 5:2 También vi a un ángel poderoso que

proclamaba a gran voz:

"¿Quién es digno de romper los sellos y de abrir el rollo?"

Apoc. 5:3 Pero ni en el cielo ni en la tierra, ni debajo de la tierra, hubo nadie capaz de abrirlo ni de examinar su contenido.

Apoc. 5:4 Y lloraba yo mucho porque no se había encontrado a nadie que fuera digno de abrir el rollo ni de examinar su contenido.

Apoc.5:5 Uno de los ancianos me dijo: "¡Deja de llorar, que ya el León de la tribu de Judá, la Raíz de David, ha vencido! Él sí puede abrir el rollo y sus siete sellos."

(VRV60)Apoc. 5:2 Y vi a un ángel fuerte que pregonaba a gran voz: ¿Quién es digno de abrir el libro y desatar sus sellos? 5:3 Y ninguno, ni en el cielo ni en la tierra ni debajo de la tierra, podía abrir el libro, ni aun mirarlo. Apoc.5:4 Y lloraba yo mucho, porque no se había hallado a ninguno digno de abrir el libro, ni de leerlo, ni de mirarlo. Apoc.5:5 Y uno de los ancianos me dijo: No llores. He aquí que el León de la tribu de Judá, la raíz de David, ha vencido para abrir el libro y desatar sus siete sellos.

Mat. 1:2, 3, 16; Hch. 7:14; Mat. 22:41-45; Isa. 11:1

(NVI)Apoc. 5:6 Entonces vi, en medio de los cuatro seres vivientes y del trono y los ancianos, a un Cordero que estaba de pie y parecía haber sido sacrificado. Tenía siete cuernos y siete ojos, que son los siete espíritus de Dios enviados por toda la tierra.

Apoc. 5:7 Se acercó y recibió el rollo de la mano derecha del que estaba sentado en el trono

(VRV60)Apoc. 5:6 Y miré, y vi que en medio del trono y de los cuatro seres vivientes, y en medio de los ancianos, estaba en pie un Cordero como inmolado, que tenía siete cuernos, y siete ojos, los cuales son los siete espíritus de Dios enviados por toda la tierra. Apoc.5:7 Y vino, y tomó el libro de la mano derecha del que estaba sentado en el trono.

Después de su ascensión vemos a Jesucristo en su verdadera dimensión divina

Dan.7:13 "En esa visión nocturna, vi que alguien con aspecto humano venía entre las nubes del cielo. Se acercó al venerable Anciano y fue llevado a su presencia, Dan. 7:14 y se le dio autoridad, poder y majestad. ¡Todos los pueblos, naciones y lenguas lo adoraron! ¡Su dominio es un dominio eterno, que no pasará, y su reino jamás será destruido!

Sal. 24:7 Eleven, puertas, sus dinteles; levántense, puertas antiguas, que va a entrar el Rey de la gloria. Sal. 24:10 ¿Quién es este Rey de la gloria? Es el Señor Todopoderoso; ¡él es el Rey de la gloria!

(NVI)Apoc 5:8 Cuando lo tomó, los cuatro seres vivientes y los veinticuatro ancianos se postraron delante del Cordero. Cada uno tenía un arpa y copas de oro llenas de incienso, que son las oraciones del pueblo de Dios.

Apoc. 5:9 Y entonaban este nuevo cántico: "Digno eres de recibir el rollo escrito y de romper sus sellos, porque fuiste sacrificado, y con tu sangre compraste para Dios gente de toda raza, lengua, pueblo y nación.

Apoc. 5:10 De ellos hiciste un reino; los hiciste sacerdotes al servicio de nuestro Dios, y reinarán sobre la tierra."

Obsérvese la importancia y diferente interpretación en la versión Reina Valera 60

(VRV60)Apoc. 5:8 Y cuando hubo tomado el libro, los

cuatro seres vivientes y los veinticuatro ancianos se postraron delante del Cordero; todos tenían arpas, y copas de oro llenas de incienso, que son las oraciones de los santos; Apoc.5:9 y cantaban un nuevo cántico, diciendo: Digno eres de tomar el libro y de abrir sus sellos; porque tú fuiste inmolado, y con tu sangre nos has redimido para Dios, de todo linaje y lengua y pueblo y nación; Apoc.5:10 y nos has hecho para nuestro Dios reyes y sacerdotes, y reinaremos sobre la tierra.

De acuerdo al texto son los seres vivientes y los 24 ancianos quienes efectúan un cántico nuevo... hay un ERROR de traducción en esta versión. Ya que los 24 ancianos y los seres vivientes no fueron redimidos sino aquellos por los que el Cordero de Dios dio su vida en la Cruz

(NVI)Apoc. 5:11 Luego miré, y oí la voz de muchos ángeles que estaban alrededor del trono, de los seres vivientes y de los ancianos. El número de ellos era millares de millares y millones de millones.

Apoc. 5:12 Cantaban con todas sus fuerzas: "¡Digno es el Cordero, que ha sido sacrificado, de recibir el poder, la riqueza y la sabiduría, la fortaleza y la honra, la gloria y la alabanza!"

Apoc. 5:13 Y oí a cuanta criatura hay en el cielo, y en la tierra, y debajo de la tierra y en el mar, a todos en la creación, que cantaban: "¡Al que está sentado en el trono y al Cordero, sean la alabanza y la honra, la gloria y el poder, por los siglos de los siglos!"

(VRV60)Apoc. 5:11 Y miré, y oí la voz de muchos ángeles alrededor del trono, y de los seres vivientes, y de los ancianos; y su número era millones de millones, Apoc.5:12 que decían a gran voz: El Cordero que fue inmolado es digno de tomar el poder, las riquezas, la sabiduría, la fortaleza, la honra, la gloria y la alabanza. Apoc. 5:13 Y a todo lo creado que está en el cielo, y sobre la tierra, y debajo de la tierra, y en el mar, y a todas las cosas que en ellos hay, oí decir: Al que está sentado en el trono, y al Cordero, sea la alabanza, la honra, la gloria y el poder, por los siglos de los siglos.

En el Cap. 4 se ve la adoración al Padre, en el Cap. 5 se lo incorpora al Hijo y ahora ambos son adorados

(NVI)Apoc. 5:14 Los cuatro seres vivientes decían: Amén; y los veinticuatro ancianos se postraron sobre sus rostros y adoraron al que vive por los siglos de los siglos.

(VRV60)Apoc. 5:14 Los cuatro seres vivientes decían: Amén; y los veinticuatro ancianos se postraron sobre sus rostros y adoraron al que vive por los siglos de los siglos.

Los siete sellos son las condiciones previas a la apertura del libro y no parte del contenido del libro mismo. Los juicios del mundo comienzan a ejecutarse y solo el Redentor esta capacitado o es digno de iniciarlos con la rotura de los sellos.

Debemos entender que el Libro en sí contiene la quita de la autoridad adquirida por Satanás y la restitución a sus verdaderos dueños dado que se cumplió el proceso de REDENCIÓN sobre el hombre y la tierra

Una breve síntesis del Cap. 5

Se nos ofrece una nueva visión del Trono de Dios, ahora se ve al que estaba sentado con un Libro en su mano derecha y además aparece delante de los seres que rodean al Trono y en medio de ellos un Cordero como inmolado a quien se le llama también El León de la Tribu de Judá, La Raíz de David, a quien se reconoce como el único capaz de tomar el Libro, romper sus sellos y ver su contenido.

Al tomar el Libro se genera entre quienes rodean al Trono una actitud de adoración no ya solo al que está sentado sino también al Cordero.

Esta acción de tomar el Libro marca el inicio de los acontecimientos que tendrán efecto directo sobre la tierra y sus pobladores.

Algunos estudios previos al siguiente capítulo

Los imperios de la bestia

Ya se mencionó como el pueblo de Israel fue presa de sucesivos imperios paganos que hicieron historia en el tiempo, esto por la rebeldía del pueblo de Israel y la voluntad permanente de satanás de destruirles.

En Apoc. 17:3,9-12 se refleja una visión integral de los imperios de la bestia (satanás en lo espiritual influyendo a las cabezas de los imperios con su espíritu de anticristo) En este pasaje se mencionan 7 cabezas o 7 reyes, 5 de los cuales al momento de la revelación ya habían caído, el sexto estaba vigente y el restante aún por venir, aunque de corta duración para dar lugar al octavo y definitivo imperio encabezado por el propio Anticristo

Los 10 cuernos aluden a 10 reyes que serán la base del octavo imperio (provienen del 7° imperio) siendo el Anticristo el 11° rey que derrocará a 3 de los 10.

A partir de la referencia de Daniel 2, en la revelación del sueño de Nabucodonosor deducimos los últimos cinco imperios siendo los dos primeros precedentes del tiempo de Daniel; resumimos:

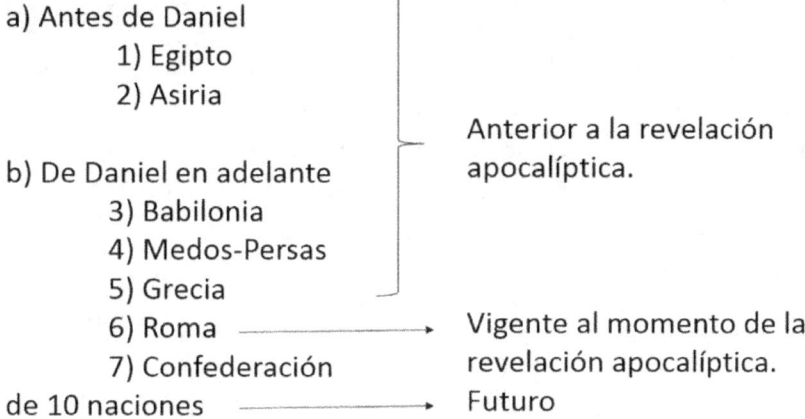

a) Antes de Daniel
    1) Egipto
    2) Asiria

b) De Daniel en adelante
    3) Babilonia
    4) Medos-Persas
    5) Grecia
    6) Roma ⟶ Vigente al momento de la revelación apocalíptica.
    7) Confederación de 10 naciones ⟶ Futuro

Anterior a la revelación apocalíptica.

Analizando los orígenes de los pueblos que dieron las bases para la posterior aparición del imperio romano formado en su etapa final por la parte occidental y oriental (las dos piernas de la estatua del sueño de Nabucodonosor) se confirma la prevalencia del origen jafetita (descendientes de Jafet) igual que en los anteriores 3 imperios que sojuzgaron a Israel.

En Eze. 38:1 en adelante Dios nos revela a tres naciones que serán conquistadas por el Anticristo (denominado allí Gog) y son Ros, Mesec y Tubal todas en la tierra de Magog y aunque hay algunas dudas respecto a Ros, (tal vez Magog mismo) se puede confirmar que todas son de origen jafetita y responden a pobladores de origen germánico procedentes del norte de la antigua URSS

Se completa la revelación en el Vers. 15 del mismo Cap. 38 de Ezequiel al referirse a las 7 naciones restantes que junto a la confederación de Gog integrarán el 8° y final imperio reinante durante la semana 70. (...tú y mucha gente contigo...) De esa mucha gente Dios anuncia juicios sobre Etiopía, Libia (Fut),

Ucrania (Gomer) y Armenia (Bet-togarma) además de Persia (Irán) que también la menciona Daniel.

Nos restan tres naciones que se mencionan en Daniel 2

Hay una coincidencia entre la revelación de Dan. 2:32 y la bestia de Apo. 13:1 Y el dragón se plantó a la orilla del mar. Entonces vi que del mar subía una bestia, la cual tenía diez cuernos y siete cabezas. En cada cuerno tenía una diadema, y en cada cabeza un nombre blasfemo contra Dios. Apo. 13:2 La bestia parecía un leopardo, pero tenía patas como de oso y fauces como de león. El dragón le confirió a la bestia su poder, su trono y gran autoridad.

O sea que Griegos (leopardo), Irán (medo-persas: pies de oso), Irak (Babilonia: boca de león)

El anticristo

Estudiemos un poco este personaje:

Tanto desde El Club de Roma, como desde las Naciones Unidas o de los creadores de la Comunidad Económica Europea atendiendo a la problemática que enfrenta el mundo en relación a: 1) sobrepoblación, 2) escasez de alimentos y energía 3) el deterioro del medio ambiente etc. se clama por la aparición de un Plan global, una idea unificadora y de un Líder capaz de ejecutarlo, se están creando las condiciones ideales para la aparición del que la Biblia denomina de muchas maneras pero especialmente el Anticristo.

Debemos distinguir entre los falsos cristos (que veremos inmediatamente) que aparecerán en los últimos tiempos que traerán doctrinas engañosas distorsionando la verdad de la

Palabra y el Anticristo que directamente negará a Cristo y procurará la eliminación de todo aquello que lo recuerde

En la Palabra se le conoce de distintos modos:

En Daniel: es el desolador, la abominación desoladora, el cuerno pequeño, el rey altivo de rostro, el príncipe que ha de venir, el rey que gobernará conforme a su voluntad, el hombre despreciable.

En Isaías: el asirio (Isa. 10.5)

En Habacuc: el caldeo (Hab. 1:6-7)

En Ezequiel: Gog (Eze. 38)

Juan en sus cartas le llama el Anticristo

Pablo en sus cartas lo denomina: El hombre de pecado (2 Tes. 2:3), el hijo de perdición, el inicuo.

En Apocalipsis es la bestia que sube del mar (Apoc. 13:1)

Tres aspectos:

a) en la historia de los tiempos: según le fue revelado a Daniel. En la visión del Cap. 7 de Daniel el cuerno pequeño que surge entre otros diez de la cabeza de la bestia espantosa representa el Anticristo con las siguientes características:

1) será un decidido y elocuente orador (Dan. 7:8-11, Apoc. 13:5), altivo y astuto (Dan. 8:23) Inteligente, sagaz y orgulloso (Dan.8:25)

2) perseguidor y vencedor de los santos del pueblo hebreo (Dan. 7:21,8:10-12,24; Apoc. 13:7)

3) alterador de las leyes divinas (Dan. 7:25)

4) obrará con poder destructor por 1260 días (3 ½ años) Dan. 7:25 Apoc. 12:6, 14

5) su fuerza no será propia sino la que le otorga Satanás Dan. 8:24 Apoc. 3:2

Será, en resumen, la culminación de todo cuanto anhelaron sus predecesores, gobernantes de imperios que procuraron controlar el mundo. Nadie lo logró y tampoco lo hará él.

Su nacionalidad: en la visión del Cap. 7 de Daniel nos dice que el cuerno pequeño surge de entre los diez, o sea que surgirá dentro del imperio romano moderno (confederación de diez naciones. En una visión posterior (la del carnero y el macho cabrío del Cap. 8) vemos que dentro del mismo territorio se circunscribe al área que ocupó el imperio griego antiguo (el macho cabrío de los 4 cuernos del cual surge uno pequeño Dan. 8:9 que creció hasta engrandecerse contra el príncipe de los ejércitos. (aquel imperio ocupó territorios de 4 países Frigia Macedonia Siria y Egipto) A lo largo de la historia hubo personajes que fueron identificados por su modo de ser o actuar con el anticristo (fueron prototipos del definitivo. El más destacado fue Antíoco Epífanes su final es el único dato diferente, ya que fue muerto y el anticristo será echado vivo al lago de fuego al momento de la venida de Jesucristo (Apoc 19:20, 2 Tes 2:8)

El AT siempre ha sido prefigura de lo que habrá de ser en el NT y por ello el origen de Antíoco tiene mucha importancia porque surgió de uno de los países del imperio griego. En Dan. 11:37-38 dice "del dios de sus padres no hará caso" podemos pensar además que será además de Sirio, de nacionalidad hebrea.

b) Como gobernante: La bestia de Dan. 7:7 tenía 10 cuernos En Apoc.13:1 el anticristo surge como líder de 10 naciones (al menos al comienzo) y además tiene 7 cabezas representando la plenitud de la sabiduría para gobernar y viene a ser el 7° de los líderes después de: 1) Asiria, 2) Egipto, 3) Babilonia, 4) Medopersas, 5) Grecia, 6) Roma.

c) como una influencia espiritual satánica: se lo ve como el Hombre de Pecado (2Tes. 2:3) él aborrecerá a Dios porque sabe que Dios es santidad La Biblia usa el término hombre pecador pero hombre de pecado solo para el anticristo. También: hijo de perdición en el mismo pasaje citado, ejercerá el ministerio de la iniquidad (2Tes. 2:7) lo opuesto al ministerio de la piedad (1Tim. 3:16). Dios falso; procurará le acepten como el Mesías esperado ofreciendo paz y un pacto de seguridad a Israel que después alterará y al mostrarse tal cual es exigirá ser adorado como dios. No actuará solo sino que tendrá la colaboración del llamado Falso profeta quien con grandes engaños hará que adoren al anticristo, aceptándole con la marca que le identificará (s/Apoc. 13:16-17 es el 666) de la cual poco se sabe pese a que se la han encontrado muchísimas explicaciones posibles que con el tiempo fueron perdiendo actualidad, solo sabemos que al ser trilogía de 6 (número del hombre) representa la trinidad del poder humano y a la vez identifica al dragón, la serpiente antigua, a satanás, la bestia el anticristo y al falso profeta.

Condiciones para la llegada del Anticristo al poder

El retorno de Israel a su tierra en 1948 puso en marcha el reloj profético de los últimos tiempos, además las condiciones sociales y económicas cada vez mas complicadas sumadas a la total decadencia espiritual y moral y una condición conformista de la iglesia actual crean las condiciones apropiadas para la llegada de un líder en apariencia capaz de encausar la marcha de la humanidad, pero hay un acontecimiento previo que condiciona el comienzo de la semana 70.

La aparición de este líder mundial derrocando a tres gobernantes de otros tantos países formando una confederación y acordando otorgar paz al mundo en especial con la firma de un pacto con Israel (que cada vez se ve mas amenazado por el crecimiento del poderío armamentista en la región) debe ser el hecho detonante del comienzo de la profética semana 70

Se inicia la semana 70

En numerosas circunstancias Dios ha utilizado pueblos paganos para traer juicios sobre Su Pueblo, a partir del inicio del gobierno del Anticristo, Dios permitirá que se produzca la separación entre la cizaña y el trigo en medio de su pueblo, tanto Israel como la Iglesia (cada vez mas transigente con las costumbres paganas) se verán bajo el juicio de las acciones de Satanás vía gobierno del Anticristo, esto permitirá a Dios la limpieza previa, sin que por ello deje de cumplir sus promesas de preservar a sus fieles santos (Mat. 13:30)

El juicio sobre la familia de la fe precede al juicio sobre los inicuos del mundo, solo que los primeros son el resultado de la ira de Satanás que persigue todo lo que sea de Dios, en cambio lo último será la Ira de Dios contra todo lo que se le opone.

Las primeros acontecimientos descriptos en los 4 sellos son el comienzo de los dolores de parto (Mat.24:8), también denominada tilipsis (tribulación) los tres primeros sellos cubren los primeros 3½ años de la Semana 70 y el 4° sello es el inicio de la segunda parte, la mega tilipsis o Gran Tribulación o Ira de Satanás (2Tes.1:4-8)

6

Los sellos

Jesús comienza a desatar los sellos del libro enrollado provocando con cada uno, una acción que impacta en la tierra. Cada sello desatado es un paso más hacia la redención del hombre y de la tierra, nada es improvisado, todo sigue un riguroso orden establecido por Dios.

Juan se expresa con palabras terrenales para describir lo que ve en el cielo, donde Jesús es el comandante, el que está junto a él da la orden, el que sigue la ejecuta hasta transmitirse a la tierra.

Los primeros seis sellos son juicios mezclados con gracia, el propósito: salvar multitudes (ej.: Joel 2:28-32). El evangelio será predicado a toda criatura tanto en la tierra como desde el cielo

Esto frente a la realidad de que al abrirse los sellos y ser juzgado Satanás a fin de serle quitada toda autoridad en el cielo (y posteriormente se echado de allí) Satanás desatará toda su furia hacia los seguidores de Dios en la tierra, en primer lugar

Israel y después la Iglesia.

Una aclaración previa, necesaria

Tradicionalmente se ha enseñado que al momento de iniciarse la apertura de los sellos ya se ha producido el rapto de la iglesia, incluso algunos autores explican como la iglesia participa en los juicios por venir, sin embargo existen demasiados datos como para comprender que esto no es así y que la iglesia aún permanece en la tierra, una de las causas de esta confusión parte de no distinguir claramente los tiempos y los períodos descriptos en la Palabra y además las revelaciones o comprensiones de la Palabra han ido en aumento al acercarse los tiempos finales y es comprensible que pese a toda la buena voluntad de los estudiosos del siglo pasado pudieran confundir estos conceptos.

El término tribulación, (tilipsis, -en hebreo tsar-) también llamado "principio de dolores" por Jesucristo significa angustia, presión, persecución, aflicción (en Juan 16:33 nos dice "en el mundo tendréis tilipsis (aflicción), pero no teman... Igualmente este concepto se ve en Deut. 4:30, esto perdurará hasta la aparición de la abominación desoladora, cuando pretenda el anticristo ser adorado como Dios en el templo. En Mat. 24:21 Jesús habla de "mega tilipsis" es la Gran Tribulación. Las 4 veces que Jesucristo habla de tribulación se refiere a la Gran Tribulación y habla de la persecución de los judíos y de la iglesia.

Más adelante en Apoc. 7:13-14 se habla de mega tilipsis.

Después de la apertura del 6° sello aparecen millones de cristianos que salen de la gran tribulación como resultado del rapto, después de él y con el 7° sello comienza el tiempo de las Trompetas donde se ejecutará el tiempo de la Ira de Dios de la cual siempre se le promete al creyente será librado

Hubo tiempos a lo largo de esta espera de la venida del Señor en que las circunstancias nos pudieron confundir y creer que ya se estaba en alguno de estos períodos mencionados, p.ej. la destrucción de Jerusalén en el 70 dC., en el siglo XIV miles de muertos por peste bubónica, la guerra civil americana etc., en el siglo XX entre los años 1938 y 1945 40 millones de muertos por la 2ª guerra mundial (entre los que se cuentan unos 6 millones de judíos), pero todo esto son solo muestras de lo por venir.

(NVI) 1Ts. 5:9 pues Dios no nos destinó a sufrir el castigo sino a recibir la salvación por medio de nuestro Señor Jesucristo. 1Tes. 1:10 y esperar del cielo a Jesús, su Hijo a quien resucitó, que nos libra del castigo venidero.

(VRV60) 1Tes. 5:9 Porque no nos ha puesto Dios para ira, sino para alcanzar salvación por medio de nuestro Señor Jesucristo, 1Tes. 1:10 y esperar de los cielos a su Hijo, al cual resucitó de los muertos, a Jesús, quien nos libra de la ira venidera.

Los conceptos El día del Señor o El día de Jehová se identifican con el Día de la Ira de Dios (no se refiere a un día de 24 hs. sino a un período)

Otra aclaración importante es que cuando se nos dice que Cristo viene como ladrón en medio de la noche no se lo está diciendo para los creyentes sino para el mundo, ya que a los creyentes se les dice que ellos no están en tinieblas, sino que deben estar alertas y sensibles velando porque son hijos de luz

Tratemos de visualizar esto con un pequeño gráfico:

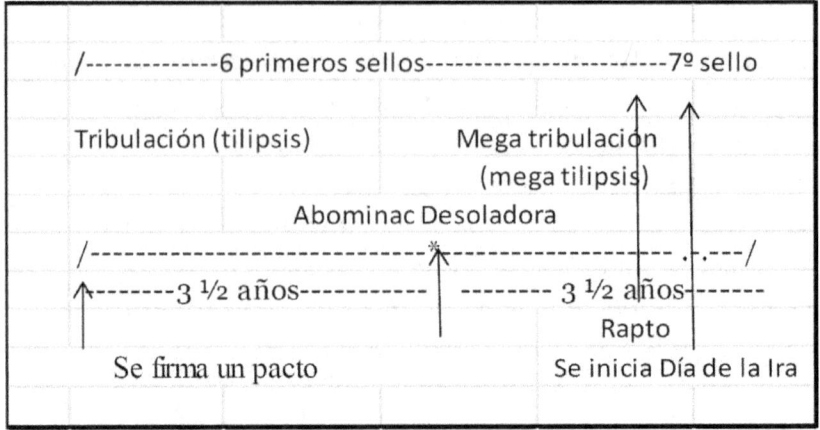

Existe un paralelismo entre los anuncios de Jesucristo en Mat. 24 y la ejecución de los juicios descriptos en este Cap. 6 de Apocalipsis, veamos:

Mat. 24:5 Porque vendrán muchos en mi nombre, diciendo: Yo soy el Cristo; y á muchos engañarán

(NVI)Apoc. 6:1 Vi cuando el Cordero rompió el primero de los siete sellos, y oí a uno de los cuatro seres vivientes, que gritaba con voz de trueno: "¡Ven!"

Apoc. 6:2 Miré, ¡y apareció un caballo blanco! El jinete llevaba un arco; se le dio una corona, y salió como vencedor, para seguir venciendo.

(VRV60) Apoc. 6:1 Vi cuando el Cordero abrió uno de los sellos, y oí a uno de los cuatro seres vivientes decir como con voz de trueno: Ven y mira. Apoc.6:2 Y miré, y he aquí un caballo blanco; y el que lo montaba tenía un arco; y le fue dada una corona, y salió venciendo, y para vencer.

Es la aparición del Anticristo iniciando pacíficamente su gestión de gobierno mundial y al mismo tiempo gran cantidad de falsos cristos engañando con sus enseñanzas

El color del caballo no representa el carácter del jinete sino la obra que ha de realizar, el inicio pacífico de la gestión del anticristo "convenciendo" al mundo de sus capacidades para gobernar en paz

El anticristo comienza autorizado y empujado desde el trono de Dios, por tanto su marcha de victoria no la resiste nadie. (En Apocalipsis 13:14 está escrito "Y engaña a los moradores de la tierra con las señales que se le ha permitido hacer en presencia de la bestia, mandando a los moradores de la tierra que hagan imagen a la bestia que tiene la herida de espada y vivió". Y en el capítulo 13:4 está escrito: " Y adoraron al dragón que había dado autoridad a la bestia, y adoraron a la bestia, diciendo: ¿Quién como la bestia, y quién podrá luchar contra ella".)

En Dios encontramos el poder "dunamis" que tiene la capacidad de convertir almas, de realizar milagros simples o portentosos y también encontramos el poder "exouxia" que es un poder delegado (permiso) para realizar determinados eventos o acciones.

En estos dos versículos está especificado con claridad que el anticristo a quien aquí se le llama la bestia tendrá todo el dominio de la tierra. Todos los problemas políticos, los problemas del medio oriente con sus amenazas de guerra serán resueltos a su manera y según su conveniencia, pues nadie podrá luchar contra él. Pero su corona, su victoria, y también la duración de su poder le son tan solamente dados, está escrito "...y le fue dado una corona...".)

Establecerá un acuerdo de paz con Israel (que los profetas mencionan como el "pacto de la muerte") y es probable que ese acuerdo involucre al Islam cediendo el espacio actualmente ocupado por el Domo de la Roca para la reedificación del templo de Jerusalén (o bien se reconstruya muy próximo a él)

(NVI)Apoc. 6:3 Cuando el Cordero rompió el segundo sello, oí al segundo ser viviente, que gritaba: "¡Ven!"

Apoc. 6:4 En eso salió otro caballo, de color rojo encendido. Al jinete se le entregó una gran espada; se le permitió quitar la paz de la tierra y hacer que sus habitantes se mataran unos a otros.

VRV60) Apoc. 6:3 Cuando abrió el segundo sello, oí al segundo ser viviente, que decía: Ven y mira. Apoc.6:4 Y salió otro caballo, bermejo; y al que lo montaba le fue dado poder de quitar de la tierra la paz, y que se matasen unos a otros; y se le dio una gran espada.

El auge económico y la paz existentes en el sistema moderno laodiceano vigente se interrumpen y aparecen países que se alinearán con el anticristo y otros que no, surge el temor al hambre y hay manifestaciones de la naturaleza que ayudan a crear un desconcierto general.

Ese "le fue dado" subrayado aquí, nos indica que El Señor Jesús, El Cordero de Dios tiene siempre el poder, el control y la iniciativa sobre el anticristo. También tiene siempre cuidado sobre nuestras vidas, pues dice en Juan 10:28 "... ni nadie los arrebatará de mi mano".

La profecía no se contradice nunca, por el contrario, tiene siempre perfecta armonía.. en los libros de Juan y Marcos: los dos hablan primeramente del anticristo, y después de guerras y rumores de guerras.

Mat. 24:6 Y oiréis guerras, y rumores de guerras; mirad que no os turbéis; porque es necesario que todo esto acontezca; mas aún no es el fin.

Mat. 24:7 Porque se levantará nación contra nación, y reino contra reino; y habrá pestilencias, y hambres, y terremotos por los lugares.

(NVI)Apoc. 6:5 Cuando el Cordero rompió el tercer sello, oí al tercero de los seres vivientes, que gritaba: "¡Ven!" Miré, ¡y apareció un caballo negro! El jinete tenía una balanza en la mano.

Apoc. 6:6 Y oí como una voz en medio de los cuatro seres vivientes, que decía: "Un kilo de trigo, o tres kilos de cebada, por el salario de un día; pero no afectes el precio del aceite y del vino."*

(VRV60)Apoc. 6:5 Cuando abrió el tercer sello, oí al tercer ser viviente, que decía: Ven y mira. Y miré, y he aquí un caballo negro; y el que lo montaba tenía una balanza en la mano. Apoc.6:6 Y oí una voz de en medio de los cuatro seres vivientes, que decía: Dos libras de trigo por un denario, y seis libras de cebada por un denario; pero no dañes el aceite ni el vino.

Dentro del desorden que se genera por la aparición del caballo bermejo y la escasez de alimentos que produce hambres y muertes este jinete establece un equilibrio preservando algunos elementos considerados vitales

La descripción del tercer jinete abarca más sentimientos. Este juicio es un castigo directo del Cordero. Es importante saber de que los juicios de los sellos tienen relación el uno con el otro. Y aunque el Apóstol Juan los puede describir solamente uno tras otro, los cuatro jinetes pasan simultáneamente uno tras otro, los cuatro jinetes pasan simultáneamente por el mundo para realizar sus destrucciones. El jinete del caballo negro tiene una balanza en la mano. Esto significa hambre. La "Word Food Conference" (Conferencia mundial de alimentos) en la cumbre mundial sobre alimentación realizada en Roma el 13 de Noviembre de 1996 consideró que existe más de 800 millones de personas de todo el mundo, no disponen de alimentos suficientes para satisfacer sus necesidades nutricionales básicas.

Al concluir la segunda guerra mundial, la tierra contaba con solo 2.300 millones de habitantes, actualmente habitan más de 7000 millones de personas aumentando en un porcentaje considerable el número de nuevas bocas por alimentos. Resumiendo: Hace tiempo ya que el hambre que nos amenaza en el horizonte del futuro próximo constituye el problema #1 de nuestro planeta.

El libro de lamentaciones 4:9 del profeta Jeremías nos explica lo terrible que es un juicio de hambre: "Más dichosos fueron los muertos a espada que los muertos por el hambre; porque éstos murieron poco a poco por falta de los frutos de la tierra".

La balanza en la mano del jinete montado en el caballo negro señala racionamiento de alimentos. Una escasa medida de trigo por un denario para la época del apóstol Juan esto significa que las cosas habían subido hasta ocho o doce veces su precio anterior.

Según el evangelio de Mateo en Cap. 20:2, un denario corresponde a la paga de un jornalero por todo un día de trabajo. Esto significa hambre para una familia, ¡Y que hambre!. Si tres medidas de cebada se pagan por un denario, uno se tiene que concientizar que normalmente este es el forraje para caballos y burros, siendo un alimento sumamente inferior.

"...pero no dañes el aceite ni el vino". El aceite en la Biblia es el símbolo del Espíritu Santo, y el vino es la sangre de la reconciliación vertida por el Señor Jesucristo. Esto nos enseña también que la iglesia del Señor no sufrirá en la gran tribulación. "Al que venciere no sufrirá daño de la segunda muerte" (Apocalipsis 2:11).

Mat. 24:8 Pero todo esto es sólo el comienzo de dolores. Hay guerras, con ellas escasean los alimentos y las dificultades económicas y políticas empeoran progresivamente, los pueblos estarán cada vez más dispuestos a ofrecer su lealtad al nuevo líder, sus fuerzas militares desplegadas en las cercanías de Jerusalén le facilitarán la conquista de ella (primera campaña de Jerusalén) y se manifestará como "el hombre de pecado" exigiendo ser adorado en pleno templo (2Tes. 2:3-4)

(NVI)Apoc. 6:7 Cuando el Cordero rompió el cuarto sello, oí la voz del cuarto ser viviente, que gritaba: "¡Ven!"

Apoc. 6:8 Miré, ¡y apareció un caballo amarillento! El jinete se llamaba Muerte, y el Infierno lo seguía de cerca. Y se les otorgó poder sobre la cuarta parte de la tierra, para matar por medio de la espada, el hambre, las epidemias y las fieras de la tierra.

(VRV60)Apoc. 6:7 Cuando abrió el cuarto sello, oí la voz del cuarto ser viviente, que decía: Ven y mira. Apoc.6:8 Miré, y he aquí un caballo amarillo, y el que lo montaba tenía por nombre Muerte, y el Hades le seguía; y le fue dada potestad sobre la cuarta parte de la tierra, para matar con espada, con hambre, con mortandad, y con las fieras de la tierra.

La paz quitada y la escasez de alimentos generó hambres y guerras lo que deriva en gran mortandad, además la rebelión de los animales también por la falta de alimentos causará mayores muertes. La zona más afectada es la de mayor preeminencia del anticristo (Europa, Palestina) siendo el resto del mundo menos afectado en primera instancia, aunque el actual mundo globalizado hace que los efectos se transmitan de inmediato

No es necesario explicar mucha cosa en cuanto a ese cuarto jinete. Tiene una cosecha grande y terrible. La Biblia da el concepto claro de la muerte en el libro de Romanos 6:23 dice que "la paga del pecado es la muerte". La muerte no es una persona es el salario del pecado. En el mundo espiritual el apodo con que se conoce a la muerte es "el gato pardo" y el libro de proverbios dice que "la muerte nunca se sacia". El anticristo es realmente el sepulturero del mundo. Su último brote, por tanto, es la espada, el hambre y la pestilencia. (Las pestilencias destructoras más conocidas actualmente son el Cáncer con sus más de 70 formas y el Sida.)

Nótese que a este cuarto jinete se le autoriza matar a "la cuarta parte de la tierra" (1.750 millones de personas o más) y que puede utilizar prácticamente toda forma de muerte; la guerra, el hambre, mortandad o pestilencia y si alguien quiere escaparse; las fieras de la tierra lo matarán. Sí, verdaderamente el anticristo es el sepulturero del mundo, pero gracias a Dios El Señor Jesús es la Vida Eterna y la Vida abundante para el hombre.

Mat. 24:9 Entonces os entregarán a tribulación, y os matarán, y seréis odiados de todas las naciones por causa de mi nombre.

En los primeros 3½ años Israel gozó de relativa paz, se restablecieron los ceremoniales en el templo reconstruido, pero sorpresivamente el Anticristo se revela tal cual es, es el momento advertido por Jesús para que los israelitas huyan dejando todo (Mat. 24:15-21) (Zac. 13:8) (Isa. 28:18) (Zac. 14:2) (Jer. 30:5-7)

El Anticristo hará todo lo posible contra el Altísimo y los santos. Espiritualmente se entiende este odio contra los judíos como el resultado del conflicto de satanás con Dios.

Habrá israelitas que antes ya dudaban (especialmente los 144000 escogidos por Dios y sellados para él -12000 de cada tribu- que en el desierto entrarán en una relación salvadora con Cristo para ser las primicias para Dios y El Cordero, de los israelitas que serán salvos- Apoc 14:4) y advertían a los demás del peligro que se les acercaba, estos habrán escapado al desierto especialmente a la zona de Edom (Petra) (Isa. 16:1-4) (Apo. 12:13-14) zona que será preservada por Dios de cualquier acción del Anticristo

Simultáneamente que los israelitas "la mujer" huyen al desierto, satanás está siendo echado del cielo por acción del Arcángel Miguel y sus ángeles y es arrojado a la tierra (Apoc. 12:7-10), y en su permanencia en la tierra será quien se encarne en el Anticristo reviviéndole de una herida recibida y así iniciará la más cruel persecución no ya tan solo contra los israelitas sino "contra los descendientes de la mujer", los creyentes fieles que no hayan podido esconderse y que se opongan a recibir la marca de la bestia.(simultáneamente con la caída de satanás a la tierra, el arcángel Miguel retirará su protección sobre el pueblo de Israel. Al mismo tiempo el mundo adorará a la bestia (Anticristo) y al dragón (satanás) que le devolvió la vida (Apoc. 13:4) (2Tes.2:1-9) (Isa. 5:1-7)

Resumen de eventos que ocurren con la apertura del 4° sello

Jerusalén es atacada militarmente
El Anticristo es revelado como El Gran Desolador y exige adoración
Satanás echado del cielo a la tierra
El Arcángel Miguel retira su protección sobre Israel

El Anticristo revive por acción de satanás de una herida mortal
Comienza una cruel persecución contra israelitas y creyentes

El poder de la bestia se extenderá por toda la tierra sobre toda tribu, pueblo, lengua y nación y hará que todos los que no adoren la imagen de la bestia sean muertos, para ello contará con el aporte diabólico del falso profeta (Apoc. 13)

Es de preguntarse: su poder llegará a América, África, zonas alejadas del centro de acción.? Racionar alimentos para suplir la hambruna reinante, será una de las estrategias para imponer su poder a todo gobernante (Dan. 11:36) (2Tes. 2:4) pero habrá otra estrategia más cruenta. Habrá una segunda bestia tan cruel como la primera, llamada El Falso Profeta que hará grandes señales y a él se le concederá poder para dar aliento (vida) a las imágenes de la bestia de modo que hablen e informen (denuncien) a todos los que no adoren a la bestia. (Todo esto por medio de legiones de demonios liberados por satanás) (Apoc. 9:20) (Apoc. 13:15), esto es posible? Vemos en Mat. 28:32 que:

Los demonios requieren un lugar (o cuerpo) para habitar
Los demonios hablan por medio de las personas u objetos que habitan
Los demonios otorgan fuerzas o capacidades especiales (Mat 8.:28)

Es posible que estas imágenes se difundan entre la gente en tiempos de gran liderazgo del Anticristo unos años antes, sin saber que luego por obra del falso profeta actuaran en contra de sus dueños

Además debe recordarse la limitación de no poder comprar ni vender a quienes no porten la marca de la bestia

En este tiempo la perseverancia y la fe de los santos serán probada como nunca antes y muchos apostatarán de su fe prestando atención a esos espíritus engañadores (1Ti.4:1) y el

Señor les guardará en la hora de la prueba (Apoc. 3:10) (Apoc. 13:10) y para los que no perseveren grande será su tormento (Apoc. 14:10)

Está por comenzar la segunda mitad de la semana 70 y Dios advertirá por 2 formas lo por venir

a) 2 testigos enviados por Dios (Apoc. 11:3-6) permanecerán en Jerusalén los últimos 3½ años (1260 días) realizando grandes milagros y advirtiendo la condenación para quienes obedezcan al Anticristo

(NVI)Apoc. 11:1 Se me dio una caña que servía para medir, y se me ordenó: "Levántate y mide el templo de Dios y el altar, y calcula cuántos pueden adorar allí.

Apoc. 11:2 Pero no incluyas el atrio exterior del templo; no lo midas, porque ha sido entregado a las naciones paganas, las cuales pisotearán la ciudad santa durante cuarenta y dos meses.

Apoc. 11:3 Por mi parte, yo encargaré a mis dos testigos que, vestidos de luto, profeticen durante mil doscientos sesenta días."

Apoc. 11:4 Estos dos testigos son los dos olivos y los dos candelabros que permanecen delante del Señor de la tierra.

Apoc. 11:5 Si alguien quiere hacerles daño, ellos lanzan fuego por la boca y consumen a sus enemigos. Así habrá de morir cualquiera que intente hacerles daño.

Apo 11:6 Estos testigos tienen poder para cerrar el cielo a fin de que no llueva mientras estén profetizando; y tienen poder para convertir las aguas en sangre y para azotar la tierra, cuantas veces quieran, con toda clase de plagas.

(VRV60)Apoc. 11:1 Entonces me fue dada una caña

semejante a una vara de medir, y se me dijo: Levántate, y mide el templo de Dios, y el altar, y a los que adoran en él. Apoc. 11:2 Pero el patio que está fuera del templo déjalo aparte, y no lo midas, porque ha sido entregado a los gentiles; y ellos hollarán la ciudad santa cuarenta y dos meses. Apoc. 11:3 Y daré a mis dos testigos que profeticen por mil doscientos sesenta días, vestidos de cilicio. Apoc. 11:4 Estos testigos son los dos olivos, y los dos candeleros que están en pie delante del Dios de la tierra. Apoc. 11:5 Si alguno quiere dañarlos, sale fuego de la boca de ellos, y devora a sus enemigos; y si alguno quiere hacerles daño, debe morir él de la misma manera. Apoc. 11:6 Estos tienen poder para cerrar el cielo, a fin de que no llueva en los días de su profecía; y tienen poder sobre las aguas para convertirlas en sangre, y para herir la tierra con toda plaga, cuantas veces quieran.

En 2ª Samuel se menciona el Tabernáculo de David, este era una tienda chica solo con el arca, posteriormente Salomón edificaría el Templo que en el 605 aC Nabucodonosor destruyó al conquistar a los judíos. Fue reconstruido en el 435 aC por Zorobabel, después fue destruido por Antíoco Epífanes y reconstruido por Herodes el Grande, finalmente en el 70 dC el General romano Tito lo volvió a destruir. El cuarto y definitivo templo será construido en tiempos previos o simultáneos al ascenso al poder del anticristo, donde se volverán a ofrecer sacrificios (hoy en ese lugar se encuentra La Cúpula de la Roca, la principal mezquita de los musulmanes, construida por Omar) que linda con el muro de los lamentos, lo único que queda del último templo destruido

(El anticristo estará en el gobierno de la ciudad en el mismo período de 42 meses, 3½ años que actuarán los 2 testigos (vestidos de ropa áspera; vestidos cilicio en otras versiones).

Los dos Olivos, quienes serán?

(Zac. 4:1-5 y del 10-14) quiénes son? Se piensa en Moisés y Elías por los milagros que realizarán (similares a los ya realizados por ellos en el AT) (Mal.4:5) (Algunos creen que Elías ya vino con Juan el bautista pero Jesús aclaró que el espíritu de Elías estaba con Juan no que fuera él mismo) Además ya se aparecieron juntos en el monte de la transfiguración (Mat. 17) Otro dato es que Elías no tuvo muerte y a Moisés nadie vio morir ni se encontraron sus cuerpos. Lo de Hebr. 9:27 admite excepciones, un ejemplo es Lázaro que murió y resucitó y luego volvió a morir

b) Con anuncios de 3 ángeles:

1r ángel (Apoc. 14:6-7) proclamará promesa de vida eterna a quienes solo adoren a Dios

2º ángel (Apoc. 14:8) anunciará la caída del falso sistema religioso, La Gran Babilonia, la madre de las rameras (más adelante será también destruida la ciudad donde se asienta)

3r ángel (Apoc. 14:9-11) advertirá para que no se acepte la marca de la bestia ni que se le adore

En este tiempo habrá una persecución sin piedad sobre la iglesia y los que se escondan podrán morir por falta de alimentos al no poder adquirirlos al no tener la marca de la bestia. Estos sufrimientos no perduraran los 3½ años de la segunda parte de la semana 70, serán acortados por Dios ya que sino nadie sobreviviría (morirá ¼ de la población de la tierra de ese tiempo)

Habrá un grupo de mártires mencionados por Jesús en (NVI) Mat. 24:9 "Entonces los entregarán a ustedes para que los persigan y los maten, y los odiarán todas las naciones por causa de mi nombre. Son israelitas que aún sin ser creyentes dudaron del Anticristo y se opusieron a sus decisiones y advirtieron a otros a costa de sus propias vidas (Mat. 10:16-17, 21-23)

A estos se les ve sus almas esperando redención bajo el altar de Dios en la apertura del 5° sello

(NVI)Apoc. 6:9 Cuando el Cordero rompió el quinto sello, vi debajo del altar las almas de los que habían sufrido el martirio por causa de la palabra de Dios y por mantenerse fieles en su testimonio.

(VRV60)Apoc. 6:9 Cuando abrió el quinto sello, vi bajo el altar las almas de los que habían sido muertos por causa de la palabra de Dios y por el testimonio que tenían.

Las crueles persecuciones del Anticristo contra todo lo que se le oponga producirán muchísimos mártires que se ven esperando ser resucitados. Se los ve debajo del altar dado su sangre derramada por la causa de Cristo como un sacrificio digno hacia Dios como ocurría en los sacrificios expiatorios del AT (Lev. 4:7 "El sacerdote pondrá también de esa sangre sobre los cuernos del altar del incienso aromático que está en la tienda de reunión delante del SEÑOR, y derramará toda la sangre del novillo al pie del altar del holocausto que está a la puerta de la tienda de reunión)

(NVI)Apoc. 6:10 Gritaban a gran voz: "¿Hasta cuándo, Soberano Señor, santo y veraz, seguirás sin juzgar a los habitantes de la tierra y sin vengar nuestra muerte?"

Apoc. 6:11 Entonces cada uno de ellos recibió ropas blancas, y se les dijo que esperaran un poco más, hasta que se completara el número de sus consiervos y hermanos que iban a sufrir el martirio como ellos.

(VRV60)Apoc. 6:10 Y clamaban a gran voz, diciendo: ¿Hasta cuándo, Señor, santo y verdadero, no juzgas y vengas nuestra sangre en los que moran en la tierra? Apoc. 6:11 Y se les dieron vestiduras blancas, y se les dijo que descansasen todavía un poco de tiempo, hasta que se completara el número de sus consiervos y sus hermanos, que también habían de ser muertos como ellos. Juan recibe una visión completamente nueva. Sigue mirando la celestial sala del trono, pero ahora ve una cosa nueva: UN ALTAR. Ese altar es mencionado algunas otras veces en el Apocalipsis.

En Apoc. 8:4-5 se menciona el humo del incienso de las oraciones de los santos que suben a la presencia de Dios:" y de la mano del ángel subió a la presencia de Dios el humo del incienso con las oraciones de los santos. Y el ángel tomó el incensario, y lo llenó del fuego del altar, y lo arrojó a la tierra; y hubo truenos, y voces, y relámpagos, y un terremoto. Y en Apoc. 9:13 se dice expresamente como es el altar: " El sexto ángel tocó la trompeta, y oí una voz de entre los cuatro cuernos del altar de oro que estaba delante de Dios".

Ahora bien, tanto en el tabernáculo de Moisés como en el templo de Salomón existían dos altares: El altar del incienso y el altar del holocausto. Tanto en el tabernáculo como en el templo era una sombra terrenal de aquello que Juan vio en ese momento. Estaba ubicado inmediatamente junto al velo que daba al lugar santísimo. Sobre este altar el sacerdote quemaba incienso y mirra, en olor agradable al Señor y era una representación de la vida de oración de nuestro Señor Jesucristo y de las oraciones de todos los santos.

El altar de holocaustos, no puede ser este que ve Juan en este Quinto sello, por que Cristo fue sacrificado una sola vez como cordero y lo consumó todo, por lo tanto no es necesario derramar sangre otra vez por eso no se establece un altar de holocaustos en el cielo.

¿Quiénes son las almas que están debajo del altar? Son mártires. En Apoc. 6:9 dice:"...las almas de los que habían sido muertos por causa de la palabra de Dios y por el testimonio que tenían". Estas almas debajo del altar son uno de los resultados del gobierno de terror del anticristo, pues aquellos que se convertirán al Señor Jesucristo durante la Gran tribulación serán muertos sin piedad. Son todas las personas que no tomaron en serio la palabra de Dios en este tiempo de la Gracia. Son los cristianos de nombre, los que entran a las iglesias y no toman una decisión en firme por Jesucristo, y luego dieron su vida por El Señor y como ya se dijo israelitas fieles a Dios sin tener aún un encuentro con Cristo

Son los que no serán llevados en el rapto de la iglesia, los que serán dejados para la gran tribulación. Estos serán obligados por el anticristo y tendrán que elegir entre ser sellados con el 666 sin poder comprar ni vender o ser mártires. Por un efecto posterior de la Palabra de Dios que escucharon en tiempo de la Gracia les tocará ser masacrados y asesinados cruelmente por los demonios, por poderes diabólicos en la tierra, pero no pertenecerán a la iglesia de Jesucristo, porque la plenitud de la Iglesia ya habrá sido arrebatada en el rapto por el Señor Jesús. Con el arrebatamiento de la iglesia se suelta el último freno que impedía la revelación del anticristo, y con la manifestación del anticristo comienzan también los juicios de Dios desde arriba.

Ahora, ¿Qué hace a una persona mártir?. No es la muerte, sino la causa por la cual alguien muere, que lo hace mártir. Tenemos que fijar los ojos también en el hecho de que antes ya morirán millones y millones de personas bajo los primeros sellos. Sin embargo, ellos no son mártires. Es la razón por la cual fueron muertas las almas de debajo del altar lo que los hace verdaderos mártires: Dice el versículo 9 "...los que habían sido muertos por causa de la palabra de Dios y por el testimonio que tenían".

Estos serán resucitados a vida para el milenio (Apoc. 20.4)

Un preámbulo inquietante

Se acercan los momentos más trágicos para la humanidad y a la vez maravillosos para aquellos que están sobreviviendo a las persecuciones a los que Cristo les pidió que oraran sin desfallecer.

El mundo incrédulo gozará de relativa paz bajo la protección del Anticristo. Las naciones serán convocadas a una movilización militar hacia el Valle de Josafat también conocido como Valle de Cedrón (o Valle de Beraca), para una segunda campaña contra Jerusalén (la primera ocurrió al inicio de la segunda parte de la semana 70 cuando el Anticristo se manifestó tal cual es ante Israel exigiendo ser adorado) (este movimiento militar que ocurre antes de la parusía (aparición) del Señor Jesucristo no debe confundirse con el Armagedón, evento que ocurre al final del Día del Señor)

(NVI)Joel 3:9-17 Proclamen esto entre las naciones: ¡Prepárense para la batalla! ¡Movilicen a los soldados! ¡Alístense para el combate todos los hombres de guerra! Forjen espadas con los azadones y hagan lanzas con las hoces. Que diga el cobarde: "¡Soy un valiente Dense prisa, naciones vecinas, reúnanse en ese lugar. ¡Haz bajar, Señor, a tus valientes! "Movilícense las naciones; suban hasta el valle de Josafat, que allí me sentaré para juzgar a los pueblos vecinos. Mano a la hoz, que la mies está madura. Vengan a pisar las uvas, que está lleno el lagar. Sus cubas se desbordan: ¡tan grande es su maldad!" ¡Multitud tras multitud en el valle de la Decisión! ¡Cercano está el día del Señor en el valle de la Decisión!

Se oscurecerán el sol y la luna; dejarán de brillar las estrellas. Rugirá el Señor desde Sión, tronará su voz desde Jerusalén, y la tierra y el cielo temblarán. Pero el Señor será un refugio para su pueblo, una fortaleza para los israelitas. "Entonces ustedes sabrán que yo, el Señor su Dios, habito en Sión, mi monte santo. Santa será Jerusalén, y nunca más la invadirán los extranjeros.

Por estos días habrá señales preanunciando la aparición de Cristo que viene a buscar a los suyos y dar comienzo el "fin del siglo" o del Día de la Ira de Dios

(NVI)Mat. 24:29 "Inmediatamente después de la tribulación de aquellos días, "él sol se oscurecerá y la luna no dará su luz; las estrellas caerán del cielo y los cuerpos celestes serán sacudidos' Apoc.24:30 "La señal del Hijo del hombre aparecerá en el cielo, y se angustiarán todas las razas de la tierra. Verán al Hijo del hombre venir sobre las nubes del cielo con poder y gran gloria. Apoc.24:31 Y al sonido de la gran trompeta mandará a sus ángeles, y reunirán de los cuatro vientos a los elegidos, de un extremo al otro del cielo.

(NVI)Apoc. 6:12 Vi que el Cordero rompió el sexto sello, y se produjo un gran terremoto. El sol se oscureció como si se hubiera vestido de luto, la luna entera se tornó roja como la sangre,

Reiteración de un concepto

Antes de continuar con el estudio es necesario realizar un análisis de las posiciones doctrinales más tradicionales respecto al momento del rapto (arrebato), para ello es bueno saber que existen básicamente dos posiciones: los pre-tribucionalistas y los post-tribucionalistas.

En la primera posición se encuentran quienes afirman que la iglesia será llevada al cielo antes del inicio del desarrollo del Cap. 4 del Apocalipsis, incluso hay autores que ven participar a la iglesia en los eventos que se desarrollan desde el Cap. 5 en adelante. Es decir que bajo este punto de vista el rapto ocurre antes del inicio de la semana 70 de Daniel. El error de esta posición doctrinal básicamente se fundamenta en conceptualizar a los 7 años de esta semana 70 como de Tribulación, cuando en realidad la Palabra (ya lo vimos) habla en los términos originales como Tribulación (tilipsis), Gran Tribulación (Mega tilipsis) y Día de la Ira de Dios o simplemente Ira de Dios También es importante recordad que cuando Jesucristo habla de tribulación (conforme a las traducciones recibidas), se está refiriendo a la mega tilipsis (Mat. 24:21,29) El tiempo de la tribulación será de 3 ½ años y el otro período de 3 ½ para completar la semana 70 de Daniel será compartido entre la Gran Tribulación (que será acortada de los 3 ½ que quedan por causa de los santos, (momento del arrebatamiento) completando esta segunda parte de la semana 70 el denominado Día de la Ira de Jehová. Instantes antes de que esto ocurra, ya que Dios nos libra de la ira, ocurrirá el arrebatamiento de la iglesia y la resurrección de los muertos en el orden que establece 1 Tesalonicenses, esta última es la argumentación sostenida por los post-tribucionalistas

1Tes. 4:15 Por lo cual os decimos esto por la palabra del Señor: que nosotros los que estemos vivos y que permanezcamos hasta la venida del Señor, no precederemos a los que durmieron.

1Tes. 4:16 Pues el Señor mismo descenderá del cielo con voz de mando, con voz de arcángel y con la trompeta de Dios, y los muertos en Cristo se levantarán primero.

1Tes. 4:17 Entonces nosotros, los que estemos vivos y que permanezcamos, seremos arrebatados juntamente con ellos en las nubes al encuentro del Señor en el aire, y así estaremos con el Señor siempre.

Algunas citas de los pre-tribucionalistas veremos que son tomadas incorrectamente como fundamento para sus argumentos:

En Mat. 24:37 Porque como en los días de Noé, así será la venida del Hijo del Hombre.

Gen. 7:1 Entonces el SEÑOR dijo a Noé: Entra en el arca tú y todos los de tu casa; porque he visto que sólo tú eres justo delante de mí en esta generación. Gen. 7:2 De todo animal limpio tomarás contigo siete parejas, el macho y su hembra; y de todo animal que no es limpio, dos, el macho y su hembra Gen. 7:4 Porque dentro de siete días haré llover sobre la tierra cuarenta días y cuarenta noches, y borraré de la faz de la tierra a todo ser viviente que he creado.

Gen. 7:10 Y aconteció que a los siete días las aguas del diluvio vinieron sobre la tierra.

Gen. 7:11 El año seiscientos de la vida de Noé, el mes segundo, a los diecisiete días del mes, en ese mismo día se rompieron todas las fuentes del gran abismo, y las compuertas del cielo fueron abiertas.

Gen. 7:12 Y cayó la lluvia sobre la tierra por cuarenta días y cuarenta noches.

Gen. 7:13 En ese mismo día entró Noé en el arca, con Sem, Cam y Jafet, hijos de Noé, y la mujer de Noé y las tres mujeres de sus hijos con ellos,

Noé no entró 7 días antes sino en el mismo día que comenzó a llover

Luc. 17:26 Tal como ocurrió en los días de Noé, así será también en los días del Hijo del Hombre. Luc. 17:27 Comían, bebían, se casaban y se daban en casamiento, hasta el día en que Noé entró en el arca, y vino el diluvio y los destruyó a todos. Luc. 17:30 Lo mismo acontecerá el día en que el Hijo del Hombre sea revelado.

2 Pe. 2:5 si no perdonó al mundo antiguo, sino que guardó a Noé, un predicador de justicia, con otros siete, cuando trajo el diluvio sobre el mundo de los impíos; 2Pe. 2:6 si condenó a la destrucción las ciudades de Sodoma y Gomorra, reduciéndolas a cenizas, poniéndolas de ejemplo para los que habrían de vivir impíamente después; 2Pe. 2:7 si rescató al justo Lot, abrumado por la conducta sensual de hombres libertinos 2Pe. 2:9 el Señor, entonces, sabe rescatar de tentación a los piadosos, y reservar a los injustos bajo castigo para el día del juicio,

Igualmente ocurrió durante las plagas en Egipto, los judíos estando allí eran librados de las consecuencias de las plagas y solo al final de ellas salieron de Egipto.

Eze. 9:4 y el SEÑOR le dijo: Pasa por en medio de la ciudad, por en medio de Jerusalén, y pon una señal en la frente de los hombres que gimen y se lamentan por todas las abominaciones que se cometen en medio de ella. Eze. 9:5 Pero a los otros dijo, y yo lo oí: Pasad por la ciudad en pos de él y herid; no tenga piedad vuestro ojo, no perdonéis.

Solo los piadosos serán preservados y sacados con el Señor en el arrebatamiento, los habitantes de la tierra, se llenarán de pánico pero no se arrepentirán, esto sin interesar su condición social Isa. 2:10 Métete en la piedra, escóndete en el polvo, de la presencia espantosa del SEÑOR y del resplandor de su majestad. Isa. 2:11 La altivez de los ojos del hombre será abatida; y la soberbia de los hombres será humillada; y solo el SEÑOR será ensalzado en aquel día. Isa. 2:12 Porque día del SEÑOR de los ejércitos vendrá sobre todo soberbio y altivo, y sobre todo ensalzado; y será abatido; Isa. 2:13 y sobre todos los cedros del Líbano altos y sublimes; y sobre todos los alcornoques de Basan; Isa. 2:14 y sobre todos los montes altos, y sobre todos los collados levantados; Isa. 2:15 y sobre toda torre alta, y sobre todo muro fuerte; Isa. 2:16 y sobre todas las naves de Tarsis, y sobre todas las pinturas preciadas. Isa. 2:17 Y la altivez del hombre será abatida, y la soberbia de los hombres será humillada; y solo el SEÑOR será ensalzado en aquel día. Isa. 2:18 Y quitará totalmente los ídolos. Isa 2:19. Y se meterán en las cavernas de las peñas, y en las aberturas de la tierra, por la presencia espantosa del SEÑOR, y por el resplandor de su majestad, cuando él se levantará para herir la tierra. Isa. 2:20 Aquel día el hombre arrojará en las cuevas de los topos, y de los murciélagos, sus ídolos de plata y sus ídolos de oro, que le hicieron para que adorase; Isa. 2:21 y se meterán en las hendiduras de las piedras, y en las cavernas de las peñas, delante de la presencia temerosa del SEÑOR, y del resplandor de su majestad, cuando se levantará para herir la Tierra

El acontecimiento tan esperado, sucede

A efectos de una cronología perfecta debemos entender que al extinguirse las luces naturales de los cielos y antes de los terribles efectos que se producirán con la intervención de Dios mismo en defensa de Israel, y en cumplimiento a la promesa de librar a su pueblo de la Ira, debemos ver la parusía de Cristo (Mat. 24:30-31) en busca de los suyos.

En plena oscuridad aparecerá el resplandor sobrenatural de la señal de la aparición de Cristo y cumpliendo Apoc. 1:7 "todo ojo le verá" (1 Tes. 4:16), será una aparición repentina que acortará la Gran Tribulación del Anticristo (o de satanás), no descenderá, solo será visto y Él enviará a sus ángeles con sonido de gran trompeta para reunir a sus escogidos desde un extremo de los cielos hasta el otro (Mat. 13:30-39)

El resultado de esta intervención divina se nos muestra en

(NVI)Apoc. 7:9 Después de esto miré, y apareció una

multitud tomada de todas las naciones, tribus, pueblos y lenguas; era tan grande que nadie podía contarla. Estaban de pie delante del trono y del Cordero, vestidos de túnicas blancas y con ramas de palma en la mano.

Apoc. 7:10 Gritaban a gran voz: "¡La salvación viene de nuestro Dios, que está sentado en el trono, y del Cordero!"

Apoc. 7:11 Todos los ángeles estaban de pie alrededor del trono, de los ancianos y de los cuatro seres vivientes. Se postraron rostro en tierra delante del trono, y adoraron a Dios

Apoc. 7:12 diciendo: "¡Amén! La alabanza, la gloria, la sabiduría, la acción de gracias, la honra, el poder y la fortaleza son de nuestro Dios por los siglos de los siglos. ¡Amén!"

Apoc. 7:13 Entonces uno de los ancianos me preguntó: --Esos que están vestidos de blanco, ¿quiénes son, y de dónde vienen?

Apoc. 7:14 --Eso usted lo sabe, mi señor --respondí. Él me dijo: --Aquéllos son los que están saliendo de la gran tribulación; han lavado y blanqueado sus túnicas en la sangre del Cordero.

Apoc. 7:15 Por eso, están delante del trono de Dios, y día y noche le sirven en su templo; y el que está sentado en el trono les dará refugio en su santuario.

Apoc. 7:16 Ya no sufrirán hambre ni sed. No los abatirá el sol ni ningún calor abrasador.

Apoc. 7:17 Porque el Cordero que está en el trono los pastoreará y los guiará a fuentes de agua viva; y Dios les enjugará toda lágrima de sus ojos.

(VRV60)Apoc. 7:9 Después de esto miré, y he aquí una gran multitud, la cual nadie podía contar, de todas naciones y tribus y pueblos y lenguas, que estaban delante del trono y en la presencia del Cordero, vestidos de ropas blancas, y con palmas en las manos; Apoc.7:10 y clamaban a gran voz, diciendo: La salvación pertenece a nuestro Dios que está sentado en el trono, y al Cordero. Apoc. 7:11 Y todos los ángeles estaban en pie alrededor del trono, y de los ancianos y de los cuatro seres vivientes; y se postraron sobre sus rostros delante del trono, y adoraron a Dios, Apoc.7:12 diciendo: Amén. La bendición y la gloria y la sabiduría y la acción de gracias y la honra y el poder y la fortaleza, sean a nuestro Dios por los siglos de los siglos. Amén. Apoc.7:13 Entonces uno de los ancianos habló, diciéndome: Estos que están vestidos de ropas blancas, ¿quiénes son, y de dónde han venido? Apoc. 7:14 Yo le dije: Señor, tú lo sabes. Y él me dijo: Estos son los que han salido de la gran tribulación, y han lavado sus ropas, y las han emblanquecido en la sangre del Cordero. Apoc.7:15 Por esto están delante del trono de Dios, y le sirven día y noche en su templo; y el que está sentado sobre el trono extenderá su tabernáculo sobre ellos. Apoc. 7:16 Ya no tendrán hambre ni sed, y el sol no caerá más sobre ellos, ni calor alguno; Apoc.7:17 porque el Cordero que está en medio del trono los pastoreará, y los guiará a fuentes de aguas de vida; y Dios enjugará toda lágrima de los ojos de ellos.

(Recordar que esta multitud no corresponde a los israelitas y creyentes transigentes martirizados durante la Gran Tribulación (de los que Juan vio sus almas bajo el altar de Dios en Apoc 6:9) estos resucitarán al comienzo del milenio.

Resumimos

1) La multitud llega al cielo después de la señal del "fin del siglo" o Día de la Ira del Señor del 6º sello

2) Está compuesta de aquellos que vienen de la Gran Tribulación

3) Luego continúa la apertura del 7º sello (Apoc. 8:1-6)

4) Este orden confirma las enseñanzas de Cristo y Pablo sobre que el arrebatamiento ocurre cuando la Gran Tribulación es acortada y antes del Día del Señor.

5) Pablo indicó que la verdadera iglesia (vivos y muertos en Cristo) recibirían cuerpos de resurrección al tiempo del arrebatamiento

6) A la gran multitud se la ve con cuerpos

7) No son los mártires que tienen sus almas bajo el altar a la espera de sus cuerpos.

8) El momento del arrebatamiento sigue el orden descripto.

9) en 1 Tes. 4:16-17 o sea la resurrección de los muertos en Cristo y el rapto de los vivos

Entre los muertos resucitados estarán incluidos los santos del AT –Isa. 26:19 Pero tus muertos vivirán, sus cadáveres volverán a la vida. ¡Despierten y griten de alegría, moradores del polvo! Porque tu rocío es como el rocío de la mañana, y la tierra devolverá sus muertos.

Al mismo tiempo que los ángeles segadores producen la gran cosecha para Cristo, otros 4 ángeles cumplirán otra misión, el sellamiento de los 144000 en sus frentes (estos habían huido al desierto al revelarse la personalidad del Anticristo y serán las primicias para Cristo de todo el Israel incrédulo, el resto que finalmente lleguen a aceptar a Cristo y rehúsen servir al Anticristo solo serán salvados al final de la Semana 70 y será solo 1 de cada 10

4 ángeles 4 extremos (en la Biblia se habló de los 4 puntos cardinales de la tierra, antes que la ciencia confirmara su redondez, hecho que también menciona la Biblia: Isa. 11:12; 40:22; Ez. 7:2). Los ángeles siempre utilizados para juzgar, aquí ejercerán un control sobre toda la tierra y aquí opondrán resistencia a todo movimiento (sería como detener a un huracán) Luego se ve aparecer otro desde el este con una acción de protección de Dios para sus escogidos

(NVI)Apoc. 7:1 Después de esto vi a cuatro ángeles en los cuatro ángulos de la tierra. Estaban allí de pie, deteniendo los cuatro vientos para que éstos no se desataran sobre la tierra, el mar y los árboles.

Apoc. 7:2 Vi también a otro ángel que venía del oriente con el sello del Dios vivo. Gritó con voz potente a los cuatro ángeles a quienes se les había permitido hacer daño a la tierra y al mar:

Apoc. 7:3 "¡No hagan daño ni a la tierra, ni al mar ni a los árboles, hasta que hayamos puesto un sello en la frente de los siervos de nuestro Dios!"

Apoc. 7:4 Y oí el número de los que fueron sellados: ciento cuarenta y cuatro mil de todas las tribus de Israel.

Apoc. 7:5 De la tribu de Judá fueron sellados doce mil; de la tribu de Rubén, doce mil; de la tribu de Gad, doce mil;

Apoc. 7:6 de la tribu de Aser, doce mil; de la tribu de Neftalí, doce mil; de la tribu de Manasés, doce mil;

Apoc. 7:7 de la tribu de Simeón, doce mil; de la tribu de Leví, doce mil; de la tribu de Isacar, doce mil;

Apoc. 7:8 de la tribu de Zabulón, doce mil; de la tribu de José, doce mil; de la tribu de Benjamín, doce mil.

(VRV60)Apoc. 7:1 Después de esto vi a cuatro ángeles en pie sobre los cuatro ángulos de la tierra, que detenían los cuatro vientos de la tierra, para que no soplase viento alguno sobre la tierra, ni sobre el mar, ni sobre ningún árbol. Apoc.7:2 Luego vi a otro Ángel que subía del Oriente y tenía el sello de Dios vivo; y gritó con fuerte voz a los cuatro Ángeles a quienes se había encomendado causar daño a la tierra y al mar:

(Efe. 1:13 el sello del Dios vivo. Eze Cap. 9) Apoc.7:3 «No causéis daño ni a la tierra ni al mar ni a los árboles, hasta que marquemos con el sello la frente de los siervos de nuestro Dios.» Apoc.7:4 Y oí el número de los marcados con el sello: 144.000 sellados, de todas las tribus de los hijos de Israel. Apoc.7:5 De la tribu de Judá 12.000 sellados; de la tribu de Rubén 12.000; de la tribu de Gad 12.000; Apoc.7:6 de la tribu de Aser 12.000; de la tribu de Neftalí 12.000; de la tribu de Manasés 12.000; Apoc.7:7 de la tribu de Simeón 12.000; de la tribu de Leví 12.000; de la tribu de Isacar 12.000; Apoc.7:8 de la tribu de Zabulón 12.000; de la tribu de José 12.000; de la tribu de Benjamín 12.000 sellados.

Esto no es simbólico sino literal, no son iglesia, son las primicias de los israelitas que habrán de salvarse. Estos se mantuvieron célibes y solteros para el servicio a Dios Es interesante recordar que a partir de la diáspora del 70 dC en adelante se perdió el control sobre la descendencia de cada tribu y en esta descripción Dios no menciona a Dan, ni Efraín apareciendo en su reemplazo Leví y José

Otro dato significativo es que en la lista no se menciona en primer lugar al primogénito Rubén, apareciendo Judá. En Ge. 49:10 en las bendiciones de Jacob a sus hijos se habla de la preeminencia de Judá y de cómo Rubén quedaría rezagado por su sensualidad (1 Cro. 5:1 y pasaron sus privilegios a José y sus dos hijos) (la base del gobierno vino a ser Judá)

Dan fue reemplazado por Leví (Ge. 49:16-17) será Dan serpiente junto al camino (serpiente =majash = el que brilla o resplandece). En Ge. 3:15 y Ge.3:18 se utiliza esta misma expresión. Eva no tenia semilla (simiente, esperma, semen = Zera), esto viene del hombre (esperma) (Pasteur y la ley de la herencia) Eva traería un hijo sobrenaturalmente Ge. 4:1 Caín vino a ser la semilla de Satanás, o el pecado. (Deut. 29 fue la tribu de Dan la peor de todas especialmente por su idolatría (Jue. 18:19). Puede ser que el anticristo proceda de descendientes de la tribu de Dan ¿....

Respecto de Efraín también vemos que por su idolatría Dios le dejaría de lado: Isa. 7:17 y Ose. 4:17

Una aclaración interesante:

Hay quienes sostienen que el rapto solo se produce al sonar de la séptima trompeta relacionándola con la trompeta de 1 Tes. 4:16 pero esto no puede ser así porque:

Las siete trompetas suenan al desatarse el 7º sello y con él comienzan los juicios de Dios o sea que los creyentes sufrirían los castigos de la Ira de Dios lo cual contradice la Palabra (seremos librados de la Ira)

Estas siete trompetas son sonadas por ángeles.

La Palabra registra menciones especiales cuando Dios mismo suena la trompeta: a) en el Sinaí (Heb.12:19);b) Zac. 9:14 c) 1Tes. 4:16.

También encontramos la siguiente explicación: «da última trompeta» es una alusión militar, con la que estaban familiarizados los lectores griegos, no teniendo relación con la serie que va de Apoc.8:6 a 11.15; la ausencia de artículo sugiere el significado «una trompeta como la que se empleaba en el servicio de Dios»).

Los restantes versículos del Cap. 6 nos indican el preámbulo del Día de la Ira que habrá de iniciarse

(NVI)Apoc. 6:13 y las estrellas del firmamento cayeron sobre la tierra, como caen los higos verdes de la higuera sacudida por el vendaval.

Apoc. 6:14 El firmamento desapareció como cuando se enrolla un pergamino, y todas las montañas y las islas fueron removidas de su lugar.

Apoc. 6:15 Los reyes de la tierra, los magnates, los jefes militares, los ricos, los poderosos, y todos los demás, esclavos y libres, se escondieron en las cuevas y entre las peñas de las montañas.

Apoc. 6:16 Todos gritaban a las montañas y a las peñas: "¡Caigan sobre nosotros y escóndannos de la mirada del que está sentado en el trono y de la ira del Cordero,

Apoc. 6:17 porque ha llegado el gran día del castigo! ¿Quién podrá mantenerse en pie?"

(VRV60)Apoc. 6:12 Miré cuando abrió el sexto sello, y he aquí hubo un gran terremoto; y el sol se puso negro como tela de cilicio, y la luna se volvió toda como sangre; Apoc.6:13 y las estrellas del cielo cayeron sobre la tierra, como la higuera deja caer sus higos cuando es sacudida por un fuerte viento. Apoc.6:14 Y el cielo se desvaneció como un pergamino que se enrolla; y todo monte y toda isla se removió de su lugar. Apoc.6:15 Y los reyes de la tierra, y los grandes, los ricos, los capitanes, los poderosos, y todo siervo y todo libre, se escondieron en las cuevas y entre las peñas de los montes; Apoc. 6:16 y decían a los montes y a las peñas: Caed sobre nosotros, y escondednos del rostro de aquel que está sentado sobre el trono, y de la ira del Cordero; Apoc. 6:17 porque el gran día de su ira ha llegado; ¿y quién podrá sostenerse en pie?

(Otra versión: (BLS) Además, el cielo fue desapareciendo, como cuando se enrolla una hoja de pergamino), y todo monte y las islas fueron movidas de sus lugares. (2Pe. 3:10) Pero como un ladrón llegará el día del Señor. Entonces los cielos se desharán con estrépito, los elementos (átomos) se disolverán abrasados, y lo mismo la tierra con lo que hay en ella) Zac. 14:12 Y ésta será la plaga con que herirá el SEÑOR a todos los pueblos que pelearon contra Jerusalén: la carne de ellos se disolverá estando ellos sobre sus pies, y se consumirán sus ojos en sus cuencas, y su lengua se les deshará en su boca. (todo similar a una explosión nuclear y los efectos de la radiación)

A este Día de la Ira de Dios (no es un día de 24 hs sino un período de 2 o 3 años) se refirieron prácticamente todos los profetas del AT (Joel. 1:15, 2:1-2; Adías 15; Isa. 2:12-21) y en el NT (2Pedro 3: 9-10)

(Ver síntesis al final del capítulo 7)

7

Dos eventos muy importantes

Este capítulo de Apocalipsis, como se vio describe eventos entre el sexto sello y el séptimo: se producen: el sellamiento de los 144000 y el arrebatamiento. Los seis sellos fueron acontecimientos preliminares y ahora ha llegado el tiempo de la apertura del último sello y con él la apertura del libro y comience la historia del fin propiamente dicho. Los versículos de este capítulo fueron insertados en el desarrollo del Cap. 6 después de la apertura del 6° sello

Han actuado fuerzas sobre la tierra, y la naturaleza es un instrumento más en las manos de Dios Hay una calma relativa preanuncio del paso final en procura de la purificación de la tierra. Ante los desastres naturales Dios no promete protección a sus hijos, sí en cambio ante sus juicios directos (ej. En Egipto las plagas no tocaron a los israelitas, en el diluvio Dios guardó a Noé y su gente, en Sodoma hizo otro tanto con Lot y su gente.

Una breve síntesis de los Cap. 6 y 7

No es simple resumir este capítulo 6, y el intercala miento de los eventos descriptos en el capítulo 7, no obstante diremos que:

Se comienzan a abrir los sellos, con los 3 primeros se cubrirá el tiempo de la primera parte de la semana 70 (3½ años) y con ellos se desatan acciones sobre la tierra que podemos resumir como sigue:

1) Aparición de un gobernante líder de una confederación de 3 naciones recién conquistadas, con planes de paz, especialmente para Israel con quien firmará un acuerdo o pacto de protección (denominado por los profetas del AT "el pacto de la muerte" también surgirán falsos profetas que simulando ser Cristo retornado engañaran a muchos

2) En este tiempo se volverá a construir el templo en Jerusalén

3) Se desata el segundo sello y con él se inician acciones militares de conquista por parte del Anticristo

4) Con el tercer sello comienzan eventos naturales que afecta la producción de alimentos sumado esto a la destrucción productos de las guerras habrá mucha hambre en el mundo. El Anticristo se revela tal cual es (el hombre de pecado) y en forma repentina ataca militarmente a Jerusalén dejando sin efecto el pacto de protección y exige ser adorado como dios en plena ceremonia en el templo. Es el tiempo en que los israelitas deben recordar las advertencias de los profetas y aún de Cristo y huir al desierto (a Edom, a la zona de Petra, que Dios protegerá especialmente) entre quienes se refugian allí habrá 144000 israelitas que Dios guardará especialmente

5) La apertura del 4° sello indica el comienzo de la segunda parte de la semana 70. Satanás es echado del cielo a la tierra por el Arcángel Miguel y sus ángeles y en su caída se personificará en el Anticristo a quien revivirá de una herida mortal recibida en una de sus campañas y le poseerá, al mismo tiempo el Arcángel Miguel deja de ser el protector del pueblo de Israel

6) Dios advertirá a los pobladores del mundo con anuncios por medio de 3 ángeles que proclamarán la necesidad de volverse a Dios, anunciarán la caída del sistema religioso dominante (la Babilonia apóstata) y finalmente advertirá de no aceptar la marca de la bestia; al mismo tiempo enviará 2 testigos a la ciudad de Jerusalén quienes harán grandes milagros y se opondrán al gobierno del Anticristo por 3½ años

7) Habrá un grupo de israelitas que se opondrán a las acciones del Anticristo, al igual de muchos creyentes transigentes que ahora preferirán morir por Cristo. Son los mártires cuyas almas se ven más adelante debajo del Altar de Dios al abrirse el 5° sello

8) Habrá grandes señales en el cielo previas a la apertura del 6° sello, el oscurecimiento total de la tierra, al mismo tiempo que los ejércitos del Anticristo son convocados a una segunda campaña en Jerusalén en el Valle de Josafat, en esta oportunidad Dios mismo actuará en defensa de Israel (con los eventos el 6° sello) en plena oscuridad, aparecerá una gran visión con gran resplandor que desciende del cielo y hasta las nubes, Cristo y sus ángeles segadores vienen por la cosecha de almas (resurrección de los muertos y arrebatamiento de los vivos), mientras que otro grupo de ángeles estarán sellando a los 144000 israelitas escondidos en el desierto a fin de ser protegidos de los acontecimientos por venir

9) Con la apertura del 6° sello habrá grandes cambios en lo

natural, terremotos y modificaciones en los astros tal cual los conocemos hoy, será gran destrucción para las fuerzas del Anticristo y las gentes escaparán a esconderse donde puedan

10) El sexto sello fue el preámbulo de los castigos sobre la humanidad que se inician a partir del 7º sello (Cap. 8 del Apoc.) comenzando el período llamado "El Día de la Ira de Dios" antes que se cumplan los segundos 3½ años de la segunda parte de la semana 70

8

Un enfoque práctico

La evolución de los acontecimientos nos indica que para este tiempo la tierra esta bajo el gobierno del Anticristo y se produjeron acontecimientos terribles tales como una cruenta acción bélica entre los países del área de Palestina contra Israel y la correspondiente respuesta de tipo nuclear que producirá una terrible devastación, a los ojos de Juan estos acontecimientos serán vistos como que se produce una alteración de los cielos, caídas de estrellas, envenenamiento de aguas etc.; solo por medio de acciones bélicas el Anticristo pudo obtener todo el apoyo mundial para imponer su Nuevo Orden y revelarse en su total magnitud como el Gran Desolador y simultáneamente contará con la ayuda de un líder espiritual maligno (El Falso Profeta) que le aportará todo el poder necesario a partir de la convocación de todas las huestes espirituales que Satanás le brindará a él y al servicio del Anticristo

Hch. 17:31 Él (Dios) ha fijado un día en que juzgará al

mundo con justicia, por medio del hombre que ha designado. De ello ha dado pruebas a todos al levantarlo de entre los muertos.

1Pe. 4:17 Porque es tiempo de que el juicio comience por la familia de Dios; y si comienza por nosotros, ¡cuál no será el fin de los que se rebelan contra el evangelio de Dios!

1Pe. 4:18 "Si el justo a duras penas se salva, ¿qué será del impío y del pecador?".

1) Ya se apartó la cizaña del trigo,

2) El número de mártires muertos por fidelidad a Dios se ha completado,

3) La verdadera Iglesia ha sido liberada del gran furor o ira de satanás y llevada a la presencia de Dios

4) Están dadas las condiciones para que con la apertura del 7º Sello se inicien los eventos previstos en el Libro o Rollo grande (al que se le quitaron los sellos) o sea comience el "Día del Señor" o "El fin del Siglo" como lo denominó Jesús

Sof. 1:14-18 describe este tiempo como de congoja o angustia, de destrucción total y terrible de todos los habitantes de la tierra

2Pe. 3:7 dice que es tiempo de justicia

Jesucristo en Luc. 17:26-30 lo comparó a 2 eventos del AT : 1) el diluvio en los días de Noé y 2) la destrucción de Sodoma y Gomorra

Estos juicios serán administrados directamente por Dios y sus ángeles vengadores y se relacionan con el fuego.

La apertura del 7º sello no produce acciones, al contrario, trae un solemne silencio

(NVI)Apoc. 8:1 Cuando el Cordero rompió el séptimo sello, hubo silencio en el cielo como por media hora.

(VRV60)Apoc. 8:1 Cuando abrió el séptimo sello, se hizo silencio en el cielo como por media hora.

Se produce un silencio por todos los eventos que continuarán, antecedentes: Sof. 17 Hab 2:20

Antes y durante los primeros seis sellos se escuchaban alabanzas a medida que se desataban, ahora hay un gran silencio.

(NVI)Apoc. 8:2 Y vi a los siete ángeles que están de pie delante de Dios, a los cuales se les dieron siete trompetas.

(VRV60)Apoc. 8:2 Y vi a los siete ángeles que estaban en pie ante Dios; y se les dieron siete trompetas.

Las trompetas en el AT tuvieron 5 significados: a) Núm. 10:2 para convocación del pueblo (igual como ocurrirá cuando suceda el rapto 1Co. 15:52; b) Núm. 10:9 para salir a la guerra; en Núm.10:10 c) para anuncio de fiestas; d) 1ª Reyes 1:34,39 proclamación de nuevo Rey; e) Joel 2:1 llamado a arrepentimiento y ayuno o para convocar asamblea Jo. 2:15

Hay un símil de esta situación que sucede en Apoc. 8:2: Dios le encomendó a Josué rodear a Jericó por 6 días y al 7° darían 7 vueltas y en la última al sonar de las trompetas caerían los muros. Ahora Dios tomará la tierra, hubo 6 sellos y con la apertura del 7° habrá el sonido de 7 trompetas y al sonar la última caerán las resistencias de las naciones (Apoc. 10:7)

(NVI)Apoc, 8:3 Se acercó otro ángel y se puso de pie frente al altar. Tenía un incensario de oro, y se le entregó mucho incienso para ofrecerlo, junto con las oraciones de todo el pueblo de Dios, sobre el altar de oro que está delante del trono.

(VRV60)Apoc. 8:3 Otro ángel vino entonces y se paró ante el altar, (A) con un incensario de oro; y se le dio mucho incienso para añadirlo a las oraciones de todos los santos, sobre el altar de oro que estaba delante del trono.

Este altar que ve Juan es el mismo que vio Isa. en 6:6 y que se menciona en 2 Cro. 30:27.

El altar es el lugar de la comunión y el sacrificio y representa la cruz de Cristo; el incienso las oraciones. Nuestras oraciones solo pueden llegar a Dios a través de la cruz de Cristo (Jn. 16:23-24) (siempre en el nombre de Jesús)

(NVI)Apoc. 8:4 Y junto con esas oraciones, subió el humo del incienso desde la mano del ángel hasta la presencia de Dios.

Apoc. 8:5 Luego el ángel tomó el incensario y lo llenó con brasas del altar, las cuales arrojó sobre la tierra; y se produjeron truenos, estruendos,* relámpagos y un terremoto.

(VRV)Apoc. 8:4 Y de la mano del ángel subió a la presencia de Dios el humo del incienso con las oraciones de los santos. Apoc. 8:5 Y el ángel tomó el incensario, y lo llenó del fuego del altar, y lo arrojó a la tierra; y hubo truenos, y voces, y relámpagos, y un terremoto.

En Isa. 6:6 se menciona este mismo altar) 2ª Cron. 30:27 ...su oración llegó a la habitación de su santuario en el cielo.

Cada una de nuestras oraciones de cada día llegan al cielo. El altar es el lugar de la comunión y el sacrificio y representa a la cruz de Cristo. (El incienso las oraciones), nuestras oraciones solo pueden llegar a Dios a través de la cruz de Cristo (Jn. 16:23-24), siempre en el Nombre de Jesús.

Este acto de arrojar el incienso y carbones sobre la tierra es un indicativo que todas aquellas oraciones por las injusticias habidas ahora serán cumplidas en estos juicios (Ro. 12: 17-21

(NVI)Apoc. 8:6 Los siete ángeles que tenían las siete trompetas se dispusieron a tocarlas.

Apoc. 8:7 Tocó el primero su trompeta, y fueron arrojados sobre la tierra granizo y fuego mezclados con sangre. Y se quemó la tercera parte de la tierra, la tercera parte de los árboles y toda la hierba verde.

(VRV60)Apoc. 8:6 Y los siete ángeles que tenían las siete trompetas se dispusieron a tocarlas. Apoc. 8:7 El primer ángel tocó la trompeta, y hubo granizo y fuego mezclados con sangre, que fueron lanzados sobre la tierra; y la tercera parte de los árboles se quemó, y se quemó toda la hierba verde.

(Ídem 7ª plaga sobre Egipto donde: Egipto = mundo; faraón =Satanás; granizo = juicios; fuego = sacrificio) podrían ser perfectamente erupciones volcánicas cuya lava se asemeja a la sangre. (Es importante tener presente que en la actualidad (2013) salvo Rusia y Canadá todos los demás países están sufriendo terribles deforestaciones.

Se mencionan tres granizadas terribles:

Apoc. 8:7 con la primera trompeta

Apoc. 11:19 con la 7ª trompeta

Apoc. 16:21 con la 7ª copa

(NVI)Apoc 8:8 Tocó el segundo ángel su trompeta, y fue arrojado al mar algo que parecía una enorme montaña envuelta en llamas. La tercera parte del mar se convirtió en sangre,

Apoc 8:9 y murió la tercera parte de las criaturas que viven en el mar; también fue destruida la tercera parte de los barcos.

(VRV60)Apoc. 8:8 El segundo ángel tocó la trompeta, y como una gran montaña ardiendo en fuego fue precipitada en el mar; y la tercera parte del mar se convirtió en sangre. Apoc. 8:9 Y murió la tercera parte de los seres vivientes que estaban en el mar, y la tercera parte de las naves fue destruida, podría ser un gran meteoro aunque no se menciona que caiga del cielo, con lo que bien puede ser una erupción volcánica próxima al mar

(Toda la zona andina puede cumplir estos requisitos, Colombia, por ejemplo tiene montes volcánicos próximos al mar con lo que podrían erupcionar hacia el Atlántico y cumplir perfectamente la profecía) (en la actualidad ya los mares están altamente contaminados)

(NVI)Apoc. 8:10 Tocó el tercer ángel su trompeta, y una enorme estrella, que ardía como una antorcha, cayó desde el cielo sobre la tercera parte de los ríos y sobre los manantiales.

Apoc. 8:11 La estrella se llama Amargura. Y la tercera parte de las aguas se volvió amarga, y por causa de esas aguas murió mucha gente.

(VRV60)Apoc. 8:10 El tercer ángel tocó la trompeta, y cayó del cielo una gran estrella, ardiendo como una antorcha, y cayó sobre la tercera parte de los ríos, y sobre las fuentes de las aguas. Apoc. 8:11 Y el nombre de la estrella es Ajenjo. Y la tercera parte de las aguas se convirtió en ajenjo; y muchos hombres murieron a causa de esas aguas, porque se hicieron amargas.

Fuentes de las aguas= pozos, napas subterráneas. Estrella = áster (gr.); antorcha = lampas (gr) ajenjo = veneno, amargura, muerte. En Deut. 29:17,18 se exigía que no hubiera amargados en el campamento continúan las secuelas el anterior gran meteoro, ahora son otros de menor tamaño pero con el agregado que portan veneno que impacta sobre las aguas dulces, que ahora comenzarán a ser escasas.

Una vez más aunque parezca demasiado grande la afectación pensemos que si un evento así se produjera en la zona del Mato groso americano desde donde se forma la cuenca de los ríos principales de América del Sur (Amazonas y Paraná) el envenenamiento de esta aguas contaminaría un enorme extensión de ríos que fluyen formando los ríos más caudalosos y extensos del planeta cubriendo una extensión de 6 000 000 de km², o en la cuenca del Río de la Plata que tiene 4 144 000 km² también encontramos cuencas enormes en Asia, África y América del Norte

(NVI)Apoc. 8:12 Tocó el cuarto ángel su trompeta, y fue asolada la tercera parte del sol, de la luna y de las estrellas, de modo que se oscureció la tercera parte de ellos. Así quedó sin luz la tercera parte del día y la tercera parte de la noche.

(VRV60)Apoc. 8:12 El cuarto ángel tocó la trompeta, y fue herida la tercera parte del sol, y la tercera parte de la luna, y la tercera parte de las estrellas, para que se oscureciese la tercera parte de ellos,(G) y no hubiese luz en la tercera parte del día, y asimismo de la noche.

Un día en el concepto bíblico se conforma con 8 hs de mañana, 8 hs de tarde y 8 hs de noche = 24 hs.; de acuerdo al texto se producirá un fenómeno tal que la luz del sol disminuirá tanto que impactará tanto de día (mañana/tarde) como de noche por su influencia sobre el resplandor de la luna y estrellas.

Ya hubo un oscurecimiento en el instante de la muerte del Señor que duró 3 hs (no fue un eclipse que puede durar unos 8 minutos como máximo)

Luc 23:44 Cuando era como la hora sexta, hubo tinieblas sobre toda la tierra hasta la hora novena. Luc 23:45 Y el sol se oscureció, y el velo del templo se rasgó por la mitad. Aquí con la cuarta trompeta el efecto será aún mayor

(NVI)Apoc.8:13 Seguí observando, y oí un águila que volaba en medio del cielo y gritaba fuertemente: "¡Ay! ¡Ay! ¡Ay de los habitantes de la tierra cuando suenen las tres trompetas que los últimos tres ángeles están a punto de tocar!"

(VRV60)Apoc. 8:13 Y miré, y oí a un ángel volar por en medio del cielo, diciendo a gran voz !Ay, ay, ay, de los que moran en la tierra, a causa de los otros toques de trompeta que están para sonar los tres ángeles!

Este es el primer AY que anuncia el incremento en la intensidad de los próximos juicios

(Isa. 13:9-10; Eze. 32: 7-8; Joel 2:10, 31; Luc. 21:25-27).

(Ver síntesis al final del capítulo 9)

9

Continúan eventos del cap. 8

(NVI)Apoc. 9:1 Tocó el quinto ángel su trompeta, y vi que había caído del cielo a la tierra una estrella, a la cual se le entregó la llave del pozo del abismo.

Apoc. 9:2 Lo abrió, y del pozo subió una humareda, como la de un horno gigantesco; y la humareda oscureció el sol y el aire.

Job 38:7 habla de las estrellas del alba e hijos de Dios

Dan. 8:10 ...ejército del cielo y de las estrellas (ángeles caídos)

Apoc.11:2-4...su cola arrastraba 1/3 de las estrellas del cielo (ángeles caídos)

1 legión equivalía a 6000 soldados

Satanás, adquiere permiso para abrir el Abismo aunque con

poderes limitados (Vers. siguientes)

Apoc. 9:3 De la humareda descendieron langostas sobre la tierra, y se les dio poder como el que tienen los escorpiones de la tierra.

Apoc. 9:4 Se les ordenó que no dañaran la hierba de la tierra, ni ninguna planta ni ningún árbol, sino sólo a las personas que no llevaran en la frente el sello de Dios.

Apoc. 9:5 No se les dio permiso para matarlas sino sólo para torturarlas durante cinco meses. Su tormento es como el producido por la picadura de un escorpión.

Apoc. 9:6 En aquellos días la gente buscará la muerte, pero no la encontrará; desearán morir, pero la muerte huirá de ellos.

Apoc. 9:7 El aspecto de las langostas era como de caballos equipados para la guerra. Llevaban en la cabeza algo que parecía una corona de oro, y su cara se asemejaba a un rostro humano.

Apoc. 9:8 Su crin parecía cabello de mujer, y sus dientes eran como de león.

Apoc. 9:9 Llevaban coraza como de hierro, y el ruido de sus alas se escuchaba como el estruendo de carros de muchos caballos que se lanzan a la batalla.

Apoc. 9:10 Tenían cola y aguijón como de escorpión; y en la cola tenían poder para torturar a la gente durante cinco meses.

Apoc. 9:11 El rey que los dirigía era el ángel del abismo, que en hebreo se llama Abadón y en griego Apolión.

Apoc. 9:12 El primer ¡ay! ya pasó, pero vienen todavía otros dos.

(VRV60)Apoc. 9:1 El quinto ángel tocó la trompeta, y vi

una estrella que cayó del cielo a la tierra; y se le dio la llave del pozo del abismo. Apoc. 9:2 Y abrió el pozo del abismo, y subió humo del pozo como humo de un gran horno; y se oscureció el sol y el aire por el humo del pozo. Apoc. 9:3 Y del humo salieron langostas sobre la tierra; y se les dio poder, como tienen poder los escorpiones de la tierra. Apoc. 9:4 Y se les mandó que no dañasen a la hierba de la tierra, ni a cosa verde alguna, ni a ningún árbol, sino solamente a los hombres que no tuviesen el sello de Dios en sus frentes. Apoc.9:5 Y les fue dado, no que los matasen, sino que los atormentasen cinco meses; y su tormento era como tormento de escorpión cuando hiere al hombre. Apoc. 9:6 Y en aquellos días los hombres buscarán la muerte, pero no la hallarán; y ansiarán morir, pero la muerte huirá de ellos. Apoc.9:7 El aspecto de las langostas era semejante a caballos preparados para la guerra en las cabezas tenían como coronas de oro; sus caras eran como caras humanas; Apoc.9:8 tenían cabello como cabello de mujer; sus dientes eran como de leones; Apóc.9:9 tenían corazas como corazas de hierro; el ruido de sus alas era como el estruendo de muchos carros de caballos corriendo a la batalla; Apoc. 9:10 tenían colas como de escorpiones, y también aguijones; y en sus colas tenían poder para dañar a los hombres durante cinco meses. Apoc.9:11 Y tienen por rey sobre ellos al ángel del abismo, cuyo nombre en hebreo es Abadón, y en griego, Apolión, Apoc.9:12 El primer ay pasó; he aquí, vienen aún dos ayes después de esto.

Salieron langostas... en Joel 1:7-2:9 se describe el efecto de un ataque de langostas, actúan como un ejército de modo que se oscurece hasta la luz del sol. Las langostas no tienen aguijones, su cabeza es como la del caballo, pero pequeña. Su vida es de 6 meses y En este pasaje se las compara a los escorpiones por su poder destructor y coincidentemente, no más de 6 meses duraré este tiempo de devastaciones. Es evidente que son demonios que ante los ojos de los hombres parecerán como langostas destructoras. (Recordemos que los dioses paganos asumen figuras mixtas mezclas de animales y humanos. Ej.: dagón dios filisteo era mezcla de pez y humano similar a las sirenas (parte femenina, también en la mitología griega aparecen mezclas de toro-hombres etc.

Marchan organizados para la guerra, aquí la obediencia está basada en el temor (miedo)

Coronas de oro = invencibles; caras humanas =son seres racionales inteligentes en ejercer la maldad

Cabellos de mujer = poder de seducción, símbolo de lujuria. Sansón y Salomón, los dos hombres más fuertes e inteligentes fueron vencidos por la seducción ejercida por mujeres

Como ataques epilépticos y otras manifestaciones que para la ciencia serán enfermedades mentales, pero que no son más que ataques demoníacos (Luc. 9:37-43) (es importante recordar las diferencias entre demonios y ángeles caídos)

Los demonios tienen por rey a un ángel caído (Apolión = Abadón = el destructor) Job 28:20-22) Una demostración más que no son realmente langostas es que estas no responden a un rey en sus actuaciones, además desde el Vers. 7 a 11 nos demuestra que no es un ataque de una plaga natural sino de demonios

Satanás ahora está operando y solo al final será echado al abismo por 1000 años y luego de desatado por un corto tiempo, será echado al lago de fuego y azufre donde ya se encontrarán para ese tiempo el anticristo y el falso profeta.

(NVI)Apoc. 9:13 Tocó el sexto ángel su trompeta, y oí una voz que salía de entre los cuernos del altar de oro que está delante de Dios.

Apoc. 9:14 A este ángel que tenía la trompeta, la voz le dijo: "Suelta a los cuatro ángeles que están atados a la orilla del gran río Éufrates."

Apoc. 9:15 Así que los cuatro ángeles que habían sido preparados precisamente para esa hora, y ese día, mes y año, quedaron sueltos para matar a la tercera parte de la humanidad.

Apoc. 9:16 Oí que el número de las tropas de caballería llegaba a doscientos millones.

Apoc. 9:17 Así vi en la visión a los caballos y a sus jinetes: Tenían coraza de color rojo encendido, azul violeta y amarillo como azufre. La cabeza de los caballos era como de león, y por la boca echaban fuego, humo y azufre.

Apoc. 9:18 La tercera parte de la humanidad murió a causa de las tres plagas de fuego, humo y azufre que salían de la boca de los caballos.

Apoc. 9:19 Es que el poder de los caballos radicaba en su boca y en su cola; pues sus colas, semejantes a serpientes, tenían cabezas con las que hacían daño.

Apoc. 9:20 El resto de la humanidad, los que no murieron a causa de estas plagas, tampoco se arrepintieron de sus malas acciones ni dejaron de adorar a los demonios y a los ídolos de oro, plata, bronce, piedra y madera, los cuales no pueden ver ni oír ni caminar.

Apoc. 9:21 Tampoco se arrepintieron de sus asesinatos ni de sus artes mágicas, inmoralidad sexual y robos.

(VRV60)Apoc. 9:13 El sexto ángel tocó la trompeta, y oí una voz de entre los cuatro cuernos del altar de oro que estaba delante de Dios, Apoc. 9:14 diciendo al sexto ángel que tenía la trompeta: Desata a los cuatro ángeles que están atados junto al gran río Éufrates. Apoc.9:15 Y fueron desatados los cuatro ángeles que estaban preparados para la hora, día, mes y año, a fin de matar a la tercera parte de los hombres. Apoc.9:16 Y el número de los ejércitos de los jinetes eran doscientos millones. Yo oí su número. Apoc. 9:17 Así vi en visión los caballos y a sus jinetes, los cuales tenían corazas de fuego, de zafiro y de azufre. Y las cabezas de los caballos eran como cabezas de leones; y de su boca salían fuego, humo y azufre. Apoc.9:18 Por estas tres plagas fue muerta la tercera parte de los hombres; por el fuego, el humo y el azufre que salían de su boca. Apoc.9:19 Pues el poder de los caballos estaba en su boca y en sus colas; porque sus colas, semejantes a serpientes, tenían cabezas, y con ellas dañaban. Apoc.9:20 Y los otros hombres que no fueron muertos con estas plagas, ni aun así se arrepintieron de las obras de sus manos, ni dejaron de adorar a los demonios, y a las imágenes de oro, de plata, de bronce, de piedra y de madera, las cuales no pueden ver, ni oír, ni andar; Apoc. 9:21 y no se arrepintieron de sus homicidios, ni de sus hechicerías, ni de su fornicación, ni de sus hurtos.

Junto al Río Éufrates = este río viene desde los montes Ararat (en Turquía) y baja por Irak hasta el Golfo Pérsico (es la frontera que oriental del ex imperio romano y era la frontera del territorio que Dios le dio a Abraham (Ge.15:18), también separaba los reinos de Israel de los Babilonios, Asirios, Medos-Persas. Babel fue construida a la vera de este río. Jer. 51:61-64 Babilonia se reedificó junto a este río y finalmente será el cauce de este río (secado previamente) el que será utilizado por donde descenderán contra Israel los ejércitos para la batalla del Armagedón.

No hay referencia de las causas por las que fueron atados (o detenidos allí) previamente estos 4 ángeles, pero es evidente que son poderosos.

(A diferencia de los ídolos descriptos en el Salmo 115 estos hablan -serán informantes para la bestia-)

Hechicerías = pharmacon también significa drogas, antiguamente para los encantamientos o hechizos se usaban menjunjes con plantas medicinales (recordar las obras de los habitantes de Pérgamo)

Los pecados de los últimos tiempos: idolatría a demonios, e ídolos de oro u otros materiales, homicidios, hechicerías, hurtos e inmoralidad (Deut.27:15; 32:17; Sal. 115: 4-8; 1Co. 10: 20-21) ovnilogía

Que hay detrás de la nueva era? Shirley Mc Lain se "canaliza" (es guiada por espíritus) para escribir sus libros (una nueva forma de espiritismo) se aconseja no ver ni leer a Harry Potter, el crecimiento de los monstruos en el cine y la tv (series con espiritualismo declarado) películas de terror como nunca visto, especialmente dirigidas a niños y jóvenes. Todo se inicia con el aparentemente inocente ET, lo que nos conduce a prepararnos para la idea de la gran invasión de demonios de los últimos tiempos (2ªCor. 4:4) y el gran escape de la salvación con las naves extraterrestres (tipo película Cuenta regresiva) La vida cristiana será de una guerra constante contra el avance del demonismo. No podemos ni debemos adaptarnos al avance de la corriente de este mundo.

Ahora con la amenaza del anunciado fin para el 2012 se pretende preparar al mundo para un "salvataje" de última hora vía extraterrestres con platillos voladores

Desde la "parusía de Cristo" con la que se produjo el arrebatamiento, los poderes de Satanás y por ende del Anticristo fueron severamente limitados por Dios, y solo podrá dar muerte a los 2 testigos y exhibirlos públicamente en la plaza central de la ciudad y más adelante se le permitirá convocar a los ejércitos sobrevivientes de los juicios al Valle de Meguido para la batalla final del Armagedón.

(NVI)Apoc. 11:7 Ahora bien, cuando hayan terminado de dar su testimonio, la bestia que sube del abismo les hará la guerra, los vencerá y los matará.

Apoc. 11:8 Sus cadáveres quedarán tendidos en la plaza de la gran ciudad, llamada en sentido figurado Sodoma y Egipto, donde también fue crucificado su Señor.

(En este tiempo Jerusalén se volverá totalmente mundana y degradada moralmente que se la asemejará a lo que fueron aquellas ciudades)

Apoc. 11:9 Y gente de todo pueblo, tribu, lengua y nación contemplará sus cadáveres por tres días y medio, y no permitirá que se les dé sepultura.

Apoc. 11:10 Los habitantes de la tierra se alegrarán de su muerte y harán fiesta e intercambiarán regalos, porque estos dos profetas les estaban haciendo la vida imposible.

(El avance de la ciencia –satélites- y la TV con sus transmisiones en simultáneo hará esto posible)

(VRV60)Apoc. 11:7 Cuando hayan acabado su testimonio, la bestia que sube del abismo hará guerra contra ellos, y los vencerá y los matará. Apoc.11:8 Y sus cadáveres estarán en la plaza de la grande ciudad que en sentido espiritual se llama Sodoma y Egipto, donde también nuestro Señor fue crucificado. Apoc. 11:9 Y los de los pueblos, tribus, lenguas y naciones verán sus cadáveres por tres días y medio, y no permitirán que sean sepultados. Apoc.11:10 Y los moradores de la tierra se regocijarán sobre ellos y se alegrarán, y se enviarán regalos unos a otros; porque estos dos profetas habían atormentado a los moradores de la tierra.

Con la muerte de los dos testigos concluyen los segundos 3½ años de la segunda parte de la semana 70 iniciándose ahora un período de 30 días conforme a lo revelado en Dan. 12:11 que concluye con el Armagedón

(NVI)Dan. 12:11 A partir del momento en que se suspenda el sacrificio diario y se imponga el horrible sacrilegio, transcurrirán mil doscientos noventa días.

(VRV60)Dan. 12:11 Y desde el tiempo que sea quitado el continuo sacrificio hasta la abominación desoladora, habrá mil doscientos noventa días

Tratemos de visualizar esto con un pequeño gráfico actualizado:

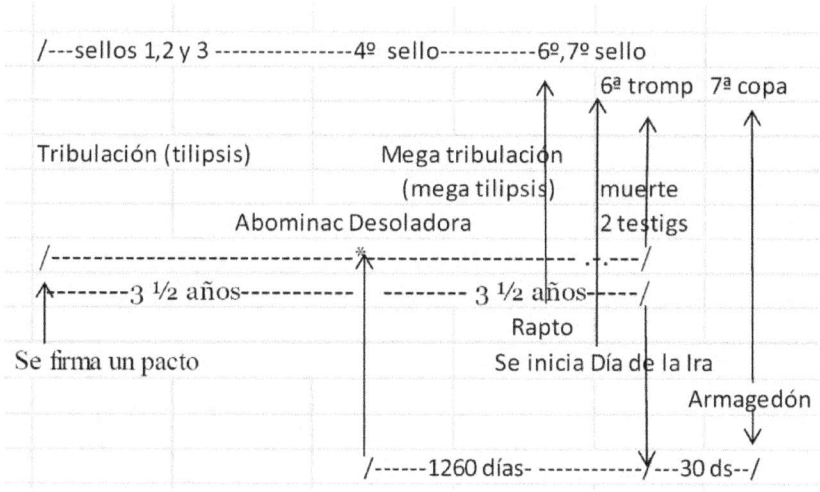

Una breve síntesis de los Cap. 8 y 9

Así como los caps. 6 y 7, en estos dos capítulos se suceden

grandes eventos ya que el 7º sello da lugar a que suenen 7 trompetas y con ellas los juicios de Dios (al iniciarse el período de la Ira de Dios.)

Un ángel aparece con un cáliz simbolizando que todas las oraciones de todos los tiempos, clamando justicia serán ahora ejecutadas con fuego (Las brasas del altar) sobre la tierra y sus pobladores.

Con las sucesivas trompetas se ejecutan los juicios que afectan en primer lugar a la naturaleza (tierra, mares, ríos y astros) (4 trompetas) con las dos siguientes se libera todo el poder demoníaco de satanás que obrará contra los propios seguidores de él, también serán muertos los 2 testigos que Dios envió a Jerusalén después de haber predicado allí por 3 ½ años (este acontecimiento marcará el fin de la semana 70) faltando solamente que suene la 7ª trompeta y se derramen las 7 copas con los juicios finales (Caps. 10 y 11)

10

Cristo y la redención del remanente de Israel

Es un tiempo entre la sexta y séptima trompeta

(NVI)Apoc. 10:1 Después vi a otro ángel poderoso que bajaba del cielo envuelto en una nube. Un arco iris rodeaba su cabeza; su rostro era como el sol, y sus piernas parecían columnas de fuego.

Apoc. 10:2 Llevaba en la mano un pequeño rollo escrito que estaba abierto. Puso el pie derecho sobre el mar y el izquierdo sobre la tierra,

Apoc. 10:3 y dio un grito tan fuerte que parecía el rugido de un león. Entonces los siete truenos levantaron también sus voces.

Apoc. 10:4 Una vez que hablaron los siete truenos, estaba

yo por escribir, pero oí una voz del cielo que me decía: "Guarda en secreto lo que han dicho los siete truenos, y no lo escribas."

Apoc. 10:5 El ángel que yo había visto de pie sobre el mar y sobre la tierra levantó al cielo su mano derecha

Apoc. 10:6 y juró por el que vive por los siglos de los siglos, el que creó el cielo, la tierra, el mar y todo lo que hay en ellos, y dijo: "¡El tiempo ha terminado!

(VRV60)Apoc. 10:1 Vi descender del cielo a otro ángel fuerte, envuelto en una nube, con el arco iris sobre su cabeza; y su rostro era como el sol, y sus pies como columnas de fuego. Apoc.10:2 Tenía en su mano un librito abierto; y puso su pie derecho sobre el mar, y el izquierdo sobre la tierra; Apoc. 10:3 y clamó a gran voz, como ruge un león; y cuando hubo clamado, siete truenos emitieron sus voces. Apoc. 10:4 Cuando los siete truenos hubieron emitido sus voces, yo iba a escribir; pero oí una voz del cielo que me decía: Sella las cosas que los siete truenos han dicho, y no las escribas.Apoc.10:5 Y el ángel que vi en pie sobre el mar y sobre la tierra, levantó su mano al cielo, Apoc.10:6 y juró por el que vive por los siglos de los siglos, que creó el cielo y las cosas que están en él, y la tierra y las cosas que están en ella, y el mar y las cosas que están en él, que el tiempo no sería más,

De las profecías dadas por Oseas (Caps. 5y 6) se entiende que Israel no reconocerá su culpa y buscará a Dios hasta que se complete la semana 70, solo entonces se cumplirá Ro.11:25-26 (todo –el remanente fiel- Israel será salvo) (Hebr. 9:28b) y específicamente Ose.6:1-3 se refiere al retorno físico de Cristo a la tierra el primer día del período 30 días para un encuentro salvador con el Israel sobreviviente

Porque debemos suponer que el Ángel poderoso es Cristo?

a) Porque solo él era digno de recibir el libro sellado, y él viene ahora con un "librito" con nuevas revelaciones

b) Porque solo Dios jura por si mismo (Hebr. 6:13)

c) La descripción que de él se hace se asemeja a Eze. 1:26-28,y Dan. 12:5-9 y Ose. 11:10-11

d) Señal de solemnidad

Un resumen: Cristo subió en las nubes al cielo en Pentecostés, luego le vimos descendiendo hasta las nubes (parusía) al desatarse el sexto sello, sin llegar a tierra, ahora finalizada la semana 70 desciende físicamente a la tierra para encontrarse con su pueblo Israel en Edom donde "la mujer" fue sustentada 1260 días (los 144000 israelitas ocultos en Petra Se consuma el misterio de Dios en el día 3º con el regreso de las primicias de Israel desde Edom hacia Jerusalén, caravana a los que se le unirán todos los sobrevivientes que permanecían ocultos provenientes de Egipto y Asiria.

(NVI)Apoc. 10:7 En los días en que hable el séptimo ángel, cuando comience a tocar su trompeta, se cumplirá el designio secreto de Dios, tal y como lo anunció a sus siervos los profetas."

(VRV60)Apoc. 10:7 sino que en los días de la voz del séptimo ángel, cuando él comience a tocar la trompeta, el misterio de Dios se consumará, como él lo anunció a sus siervos los profetas

Cual misterio? Misterio escondido desde los siglos en Dios (Ef. 3:9)

(NVI) Ro. 11:25 Hermanos, quiero que entiendan este misterio para que no se vuelvan presuntuosos. Parte de Israel se ha endurecido, y así permanecerá hasta que haya entrado la totalidad de los gentiles.

Ro. 11:26 De esta manera todo Israel será salvo, como está escrito: "Vendrá de Sión el libertador, que apartará de Jacob la impiedad.

Ro. 11:27 Y éste será mi pacto con ellos cuando perdone sus pecados."

(NVI) Apoc. 10:8 La voz del cielo que yo había escuchado se dirigió a mí de nuevo: "Acércate al ángel que está de pie sobre el mar y sobre la tierra, y toma el rollo que tiene abierto en la mano."

Apoc. 10:9 Me acerqué al ángel y le pedí que me diera el rollo. Él me dijo: "Tómalo y cómetelo. Te amargará las entrañas, pero en la boca te sabrá dulce como la miel."

Apoc. 10:10 Lo tomé de la mano del ángel y me lo comí. Me supo dulce como la miel, pero al comérmelo se me amargaron las entrañas.

Apoc. 10:11 Entonces se me ordenó: "Tienes que volver a profetizar acerca de muchos pueblos, naciones, lenguas y reyes."

Otra versión (DHH)(*) Entonces me dijeron: "Tienes que comunicar nuevos mensajes proféticos acerca de muchos pueblos, naciones, lenguas y reyes."

(*) La Santa Biblia Dios Habla Hoy

(VRV60)Apoc. 10:8 La voz que oí del cielo habló otra vez conmigo, y dijo: Ve y toma el librito que está abierto en la mano del ángel que está en pie sobre el mar y sobre la tierra.Apoc.10:9 Y fui al ángel, diciéndole que me diese el librito. Y él me dijo: Toma, y cómelo; y te amargará el vientre, pero en tu boca será dulce como la miel. Apoc.10:10 Entonces tomé el librito de la mano del ángel, y lo comí; y era dulce en mi boca como la miel, pero cuando lo hube comido, amargó mi vientre. Apoc.10:11 Y él me dijo: Es necesario que profetices otra vez sobre muchos pueblos, naciones, lenguas y reyes.

(La palabra es dulce como la miel pero al tener que anunciar juicios sentimos amargura)

Con la llegada de la caravana a Jerusalén al tercer día el reino espiritual de Dios se habrá completado, allí mismo

11

Continúa el proceso del Cap. 10

(Apoc. 11: 1-6 ver su intercalación cronológica después de Apoc. 6:8)

(Apoc. 11:7-10 ver su intercalación cronológica después de Apoc. 9:21)

Al cuarto día y ya cumplidos 3½ días de muertos, serán resucitados los 2 testigos por medio de Cristo mismo

(NVI)Apoc. 11:11 Pasados los tres días y medio, entró en ellos un aliento de vida enviado por Dios, y se pusieron de pie, y quienes los observaban quedaron sobrecogidos de terror.

Apoc. 11:12 Entonces los dos testigos oyeron una potente voz del cielo que les decía: "Suban acá." Y subieron al cielo en una nube, a la vista de sus enemigos.

(VRV60)Apoc. 11:11 Pero después de tres días y medio entró en ellos el espíritu de vida enviado por Dios, y se levantaron sobre sus pies, y cayó gran temor sobre los que los vieron. Apoc. 11:12 Y oyeron una gran voz del cielo, que les decía: Subid acá. Y subieron al cielo en una nube; y sus enemigos los vieron.

(NVI)Apoc. 11:13 En ese mismo instante se produjo un violento terremoto y

se derrumbó la décima parte de la ciudad. Perecieron siete mil personas, pero los sobrevivientes, llenos de temor, dieron gloria al Dios del cielo.

Apoc. 11:14 El segundo ¡ay! Ya pasó, pero se acerca el tercero.

(VRV60)Apoc. 11:13 En aquella hora hubo un gran terremoto, y la décima parte de la ciudad se derrumbó, y por el terremoto murieron en número de siete mil hombres; y los demás se aterrorizaron, y dieron gloria al Dios del cielo. Apoc.11:14 El segundo ay pasó; he aquí, el tercer ay viene pronto.

Transcurre el día 5º suena la séptima trompeta

Quinto día de permanencia de Cristo en la tierra y hallándose en el Monte Sion se cantará el Salmo 118 (que se cantaba siempre en el 5º día de la Fiesta de la Expiación y en la Fiesta de los tabernáculos)

(NVI) Apoc. 11:15 Tocó el séptimo ángel su trompeta, y en el cielo resonaron fuertes voces que decían: "El reino del mundo ha pasado a ser de nuestro Señor y de su Cristo, y él reinará por los siglos de los siglos."

(VRV60)Apoc. 11:15 El séptimo ángel tocó la trompeta, y hubo grandes voces en el cielo, que decían: Los reinos del mundo han venido a ser de nuestro Señor y de su Cristo; y él reinará por los siglos de los siglos,

CRISTO toma el control total de los reinos (Antes los reinos no eran de Cristo? Antes estaban bajo el control de Satanás y su reino de las tinieblas) (Mat. 4:8-9) (1 Jn. 5:19) (solo los habitantes del reino de la luz no están bajo sus dominios, porque el que está en nosotros (ES) es mayor que el que está en el mundo)

Hebr. 2:14-15 Cristo en la cruz del calvario le quitó a Satanás el poder sobre aquellos que creerían en El, pero igualmente se nos manda ponernos la armadura de Dios (1ª Pe.5:8) para ser guardados de los dardos (influencia, hechizos etc.) de Satanás

Se produjo una gran hendidura en el monte de los Olivos por causa del fuerte terremoto y Cristo indicará posiblemente a partir del sexto día a todo sus redimidos huir a un lugar denominado AZAL (*) a partir de la hendidura del Monte de los Olivos a fin de ser preservados de los juicios que aún faltan (las 7 copas) ya que durante estos juicios Jerusalén será destruida.

(*) AZAL es un lugar no revelado en la Palabra

Día 7º

A partir de entones Cristo retornará al cielo para que mientras se desarrollan los juicios faltantes en la tierra, se realice el otorgamiento de galardones a su pueblo arrebatado y/o resucitado mediante El Tribunal de Cristo

(NVI)Apoc. 11:16 Los veinticuatro ancianos que estaban sentados en sus tronos delante de Dios se postraron rostro en tierra y adoraron a Dios

Apoc. 11:17 diciendo: "Señor, Dios Todopoderoso, que eres y que eras,* te damos gracias porque has asumido tu gran poder y has comenzado a reinar.

Apoc. 11:18 Las naciones se han enfurecido; pero ha llegado tu castigo, el momento de juzgar a los muertos, y de recompensar a tus siervos los profetas, a tus santos y a los que temen tu nombre, sean grandes o pequeños, y de destruir a los que destruyen la tierra."

Otra versión (CST) (*) Las naciones se llenaron de ira contra ti, pero ahora ha llegado el día de tu ira contra ellas. Porque es el tiempo de juzgar a los muertos, y de premiar a tus siervos los profetas y a cuantos, grandes o pequeños, te pertenecen y reverencian tu nombre. También es el tiempo de destruir a los que destruyen la tierra".

(*) Biblia Castellano Antiguo

Apoc. 11:19 Entonces se abrió en el cielo el templo de Dios; allí se vio el arca de su pacto, y hubo relámpagos, estruendos, truenos, un terremoto y una fuerte granizada.

(VRV60)Apoc. 11:16 Y los veinticuatro ancianos que estaban sentados delante de Dios en sus tronos, se postraron sobre sus rostros, y adoraron a Dios, Apoc.11:17 diciendo: Te damos gracias, Señor Dios Todopoderoso, el que eres y que eras y que has de venir, porque has tomado tu gran poder, y has reinado. Apoc. 11:18 Y se airaron las naciones, y tu ira ha venido, y el tiempo de juzgar a los muertos, y de dar el galardón a tus siervos los profetas, a los santos, y a los que temen tu nombre, a los pequeños y a los grandes, y de destruir a los que destruyen la tierra. Apoc. 11:19 Y el templo de Dios fue abierto en el cielo, y el arca de su pacto se veía en el templo. Y hubo relámpagos, voces, truenos, un terremoto y grande granizo.

El tribunal de Cristo

Antes de continuar con los eventos que siguen y que afectarán a los que no fueron arrebatados, debemos ver qué ocurre con los que ya están en la presencia de Dios, La Palabra dice que esto ocurrirá en abrir y cerrar de ojos, es decir súbitamente, seremos investidos (provistos) de un nuevo cuerpo ahora celestial, eterno, incorruptible y a fin de ser recompensados conforme a las muchas promesas de Dios, es necesario que primero tengamos un encuentro cara a cara con el Señor quien juzgará nuestras vidas como creyentes, no ya como pecadores, sino como creyentes para ver que hicimos con los dones que Dios nos proveyó a partir del momento que fuimos salvos para realizar obras de salvación para las que fuimos preparados de antemano, pasaremos entonces por el Tribunal de Cristo

Cristo tuvo dos misiones en su primera venida: Glorificar y dar a conocer al Padre y segundo Haber acabado la obra que se le encomendó, lo que le permitió decir "Consumado es". Este debe ser el propósito del hombre renacido a partir del momento que acepta seguir al Señor, veamos algunos ejemplos:

Juan el Bautista acabó su carrera o misión al preparar el camino de la venida del Señor Hch. 13:25 Al final de su carrera, Juan decía: "Yo no soy el que vosotros os pensáis, sino mirad que viene detrás de mí aquel a quien no soy digno de desatar las sandalias de los pies."

Pablo también tuvo clara su misión: Hch. 20:24 Pero yo no considero mi vida digna de estima, con tal que termine mi carrera y cumpla el ministerio que he recibido del Señor Jesús, de dar testimonio del Evangelio de la gracia de Dios.

Es pues necesario mantener el curso de nuestra carrera si queremos concluir en forma eficaz; tres maneras de ayudarnos: 1) Conociendo y aplicando la Palabra: 1Pe. 2:1 Rechazad, por tanto, toda malicia y todo engaño, hipocresías, envidias y toda clase de maledicencias 1Pe. 2:2 Como niños recién nacidos, desead la leche espiritual pura, a fin de que, por ella, crezcáis para la salvación, 1Pe. 2:3 si es que habéis gustado que el Señor es bueno.1Pe. 2:4 Acercándoos a él, piedra viva, desechada por los hombres, pero elegida, preciosa ante Dios, 2) Dejándonos guiar por las circunstancias providencias que Dios pondrá ante nosotros Prov. 3:5 Confía en Yahveh de todo corazón y no te apoyes en tu propia inteligencia; 3) la guía de pastores y hombres maduros que Dios pondrá ante nosotros : Ef. 4:11 El mismo «dio» a unos el ser apóstoles; a otros, profetas; a otros, evangelizadores; a otros, pastores y maestros, Ef. 4:12 para el recto ordenamiento de los santos en orden a las funciones del ministerio, para edificación del Cuerpo de Cristo, Ef. 4:13 hasta que lleguemos todos a la unidad de la fe y del conocimiento pleno del Hijo de Dios, al estado de hombre perfecto, a la madurez de la plenitud de Cristo. Ef. 4:14 Para que no seamos ya niños, llevados a la deriva y zarandeados por cualquier viento de doctrina, a merced de la malicia humana y de la astucia que conduce engañosamente al error, Hebr. 13:17 Obedeced a vuestros dirigentes y someteos a ellos, pues velan sobre vuestras almas como quienes han de dar cuenta de ellas, para que lo hagan con alegría y no lamentándose, cosa que no os traería ventaja alguna.

Es decir que para mantenernos en buena carrera existe 1) la necesidad de consagración (entrega de nuestra vida al señorío de Cristo, para ello (Ro. 12: 1-2) nos pide primero consagrar nuestros cuerpos y así poder conocer su voluntad agradable y buena 2) aprender a caminar en sabiduría (Efe. 5:15-17) sabio es lo opuesto a necio, aprovechando bien el tiempo entendidos en la voluntad de Dios, acomodando nuestra vida alrededor de Dios (y no al revés) no haciendo nada que contradiga la Palabra, nada antiético, no dejando de testificar de Cristo y obedeciendo a nuestros superiores.

El tribunal de Cristo es para recompensas (misthos en griego) no para castigos (en este sentido nuestro castigo ya fue juzgado a través de la Cruz de Cristo y fuimos absueltos por su justicia), sin embargo aquellos que no sean recompensados recibirán en si mismo como castigos el perderse las bendiciones prometidas (aunque nada que ver con la salvación y la vida eterna con Dios)

Seremos juzgados conforme a como corrimos la carrera de la vida cristiana. Siempre nuestro peor enemigo es el desaliento, allí es cuando nos quitamos la armadura y somos fácil presa del enemigo.

(NVI) 2Co. 5:10 Porque es necesario que todos comparezcamos ante el tribunal de Cristo, para que cada uno reciba lo que le corresponda, según lo bueno o malo que haya hecho mientras vivió en el cuerpo.

2Co. 5:11 Por tanto, como sabemos lo que es temer al Señor, tratamos de persuadir a todos, aunque para Dios es evidente lo que somos, y espero que también lo sea para la conciencia de ustedes.

(VRV60) 2Co. 5:10 Porque es necesario que todos nosotros comparezcamos ante el tribunal de Cristo,(A) para que cada uno reciba según lo que haya hecho mientras estaba en el cuerpo, sea bueno o sea malo. 2Co.5:11 Conociendo, pues, el temor del Señor, persuadimos a los hombres; pero a Dios le es manifiesto lo que somos; y espero que también lo sea a vuestras conciencias.

(NVI)Ro. 14:10 Tú, entonces, ¿por qué juzgas a tu hermano? O tú, ¿por qué lo menosprecias? ¡Todos tendremos que comparecer ante el tribunal de Dios!

(VRV60)Ro. 14:10 Pero tú, ¿por qué juzgas a tu hermano? O tú también, ¿por qué menosprecias a tu hermano? Porque todos compareceremos ante el tribunal de Cristo

Después de la resurrección (o el rapto) seremos presentados delante de Dios y será analizada nuestra vida, y pese a que no nos agrada, siempre la persecución ha sido una zaranda para probar a los cristianos (2Tes. 1:3 Tenemos que dar en todo tiempo gracias a Dios por vosotros, hermanos, como es justo, porque vuestra fe está progresando mucho y se acrecienta la mutua caridad de todos y cada uno de vosotros, 2Tes. 1:4 hasta tal punto que nosotros mismos nos gloriamos de vosotros en las Iglesias de Dios por la tenacidad y la fe en todas las persecuciones y tribulaciones que estáis pasando 2Tes. 1:5 Esto es señal del justo juicio de Dios, en el que seréis declarados dignos del Reino de Dios, por cuya causa padecéis) y juzgar nuestros procederes 1Co. 3:10 Conforme a la gracia de Dios que me fue dada, yo, como buen arquitecto, puse el cimiento, y otro construye encima. ¡Mire cada cual cómo construye! 1Co. 3:11 Pues nadie puede poner otro cimiento que el ya puesto, Jesucristo. 1Co. 3:12 Y si uno construye sobre este cimiento con oro, plata, piedras preciosas, madera, heno, paja, 1Co. 3:13 la obra de cada cual quedará al descubierto; la manifestará el Día, que ha de revelarse por el fuego. Y la calidad de la obra de cada cual, la probará el fuego. 1Co. 3:14 Aquél, cuya obra, construida sobre el cimiento, resista, recibirá la recompensa.1Co. 3:15 Mas aquél, cuya obra quede abrasada, sufrirá el daño. El, no obstante, quedará a salvo, pero como quien pasa a través del fuego

Muchos cristianos serán avergonzados 1Jn. 2:28 Y ahora, hijos míos, permaneced en él para que, cuando se manifieste, tengamos plena confianza y no quedemos avergonzados lejos de él en su Venida. Si se tiene por delante la idea de las recompensas, tendremos un fuerte aliento a serle fiel y consagrar nuestras vidas. Vale la pena cambiar nuestras prioridades para agradar al Señor. La meta de Pablo era conocerle a fin de ser como Él todo lo consideraba como pérdida con tal de conocer a Dios Fil. 3:7-14) Jn. 17:3 Esta es la vida eterna: que te conozcan a ti, el único Dios verdadero, y al que tú has enviado, Jesucristo.

En este tribunal (bema) el Juez será el Hijo. Motivos por los que se nos juzgará:

* Nuestras obras, palabras, pensamientos y motivos de nuestras acciones

Ro. 2:5-11; 2 Co. 5:10; Stgo. 3:3-12; 1Pe. 3:10; Mat. 12:36-37; Luc. 12:3; 1Co. 4:2-5

* Solo lo que Cristo produjo en nosotros por medio del Espíritu Santo tendrá valor

Jn. 15:1-5 Nuestras acciones independientes a la voluntad de Cristo son obras de la carne, para satisfacer nuestro ego (consagración externa)

Ro. 8:5-8

* Según nuestra perseverancia y fe en las promesas de Dios Hebr. 6:10; Isa 40

* La proporción de nuestra fidelidad en el servicio Mat. 25:14-30; Luc. 19:11; 1Co. 12:7-11

* Vida de pureza diaria Recordar que sin santidad nadie verá a Dios. 1Co. 9:25-27; 2Ti 15-23

El Tribunal de Cristo traerá delante nuestro todos los

pecados inconfesos (porque nos sorprendió la muerte o el rapto) 1Jn. 1:7 Pero si caminamos en la luz, como él mismo está en la luz, estamos en comunión unos con otros, y la sangre de su Hijo Jesús nos purifica de todo pecado.

1Jn. 1:8 Si decimos: «No tenemos pecado», nos engañamos y la verdad no está en nosotros.

1Jn. 1:9 Si reconocemos nuestros pecados, fiel y justo es él para perdonarnos los pecados y purificarnos de toda injusticia. Por estas promesas nuestras faltas confesadas no existen delante de Dios.

Quienes sufrirán pérdida de recompensas:

* Los que no perseveraron en la fe: Hebr. 3:14; Hebr. 4:2

* Los perezosos, flojos indolentes apáticos, los que no quisieron trabajar para el reino: Hebr. 6:12

* Los que se avergüenzan de Cristo: Hebr. 10 19-35 Aquel día: se refiere al Tribunal de Cristo

* Los que nunca disciplinaron su vida cristiana: 1 Co. 9:26-27

* Los que causaron divisiones en el cuerpo o afectaron la vida de otros creyentes: 1 Co. 3:16; Ro. 16:17-18; Hch. 20:29-32

Coronas prometidas:

* De justicia: 2 Ti. 4:7-8
* De la vida: Stgo. 1:12; Apoc. 2:10
* De gozo: 1 Tes. 2:19-20
    * De gloria: 1Pe. 5:2-4

Una breve síntesis de los Cap. 10 y 11

Sonó la 6ª trompeta y antes de la 7ª Dios realizará una gestión necesaria a fin de que un remanente de su pueblo Israel no perezca con los próximos eventos a ocurrir.

Cristo mismo, como parte de su segunda venida (que se compone de más de una aparición, -recordar su parusía en la apertura del 6º sello para arrebatar a los suyos- ahora desciende a la tierra para "guardar" a su pueblo escondido en Edom "donde la mujer fue sustentada por 1260 días" regresando en una caravana hacia Jerusalén camino en el que se irán sumando israelitas venidos de otros lugares de ocultamiento, formando el remanente fiel de tiene guardado Dios. En su aparición Cristo porta un librito (nuevas revelaciones que le son mostradas a Juan). Cuando la caravana llega a Jerusalén al cuarto día de finalizada la semana 70 Cristo mismo le devolverá la vida a los 2 testigos (que yacían muertos desde 3½ días) y ante el asombro de todos los habitantes de la ciudad se les verá subir al cielo.

Al día siguiente un fuerte terremoto producirá la destrucción parcial de Jerusalén y el monto de los Olivos se partirá produciéndose una gran grieta por donde pasará el remanente venido con Cristo para ser escondido en un lugar llamado Azal, a partir del 6º día y hasta que se cumplan los 30 días

Al 7º día Cristo retornará al cielo y simultáneamente mientras suena la 7ª trompeta y se derramen las copas de la ira, se desarrollará el Tribunal de Cristo a fin de serles otorgados galardones a los que fueron resucitados y arrebatados con anterioridad.

12

Revelaciones contenidas en el librito que tomo Juan del ángel

Los acontecimientos ya revelados en el Libro ahora son ampliados con revelaciones específicas en algunos de sus pasajes (debe entenderse, al ser una nueva profecía, que en algunos casos estas revelaciones cubren un intervalo mayor en su inicio hasta desembocar en los últimos acontecimientos ya mencionados).

Las revelaciones contenidas en el Librito

Desde Ge. 3:15 se sucede la enemistad predicha por Dios entre la mujer y su simiente y la serpiente y su simiente.

(NVI) Ge. 3:15 Pondré enemistad entre tú y la mujer, y entre tu simiente y la de ella; su simiente te aplastará la cabeza, pero tú le morderás el talón."

(RV60) Ge. 3:15 Y pondré enemistad entre ti (la serpiente antigua, diablo, dragón, satanás) y la mujer, (Israel del AT e Israel espiritual del NT = la iglesia) y entre tu simiente (los hijos del diablo que hacen su voluntad) y la simiente suya; (el anhelado Mesías) ésta te herirá en la cabeza, y tú le herirás en el calcañar. (Talón)

Las señales de la mujer: vestida de sol y la luna a sus pies. La condición exaltada de Israel al ser la nación escogida y su relación de pacto con Dios y la relación con los ciclos de la luna y las fiestas reglamentarias para la adoración. La corona de doce estrellas alude a las doce tribus de Israel y su condición de encinta alude a los dolores en la espera de la llegada del Mesías Paralelamente viendo a la iglesia el sol representa la luz del nuevo testamento y la luna es el antiguo testamento donde basa su existencia la corona alude tanto a los 12 patriarcas como a los 12 apóstoles. Los dolores de parto sufridos por Israel en la espera de su Mesías tienen su continuación en los sufrimientos de la Iglesia hasta que Cristo sea formado en ella

Esta descripción refleja el sueño de José (tipo de Cristo) (Ge. 37:9-11)

En síntesis podemos decir que la mujer se refiere al remanente de israelitas temerosos de Dios que huyen al desierto (Edom) (los 144000) y el resto de la descendencia de la mujer son los cristianos verdaderos que también permanecerán ocultos hasta su arrebatamiento

(NVI)Apoc. 12:1 Apareció en el cielo una señal maravillosa: una mujer revestida del sol, con la luna debajo de sus pies y con una corona de doce estrellas en la cabeza.

Apoc. 12:2 Estaba encinta y gritaba por los dolores y angustias del parto.

(VRV60)Apoc. 12:1 Apareció en el cielo una gran señal: una mujer vestida del sol, con la luna debajo de sus pies, y sobre su cabeza una corona de doce estrellas. Apoc.12:2 Y estando encinta, clamaba con dolores de parto, en la angustia del alumbramiento,

Señal: algo que apunta (dirige) a un objetivo. Las señales están estrechamente ligadas a la nación de Israel. En el AT las señales eran externas ahora son internas, ej.: Ge.17:11 la circuncisión era una señal de pacto entre Dios e Israel ahora el sellamiento del Espíritu Santo

Ex.31:13 guardarán mis días de reposo porque serán señal del pacto entre...

Ahora el Espíritu Santo es una señal de la presencia de Dios en nuestras vidas, en Mat. 12:38-39 le dijeron a Jesús que deseaban ver de Él señales y Él les dijo señal no les será dada salvo la del profeta Jonás (la resurrección al 3r día)

Respecto de la mujer hay opiniones que la relacionan con la virgen María, aunque inicialmente hace alusión a ella, veamos razones por las que al final no es:

1) es solo una señal

2) María huyó a Egipto, la mujer huye al desierto

3) María huyó con el niño y con José, aquí huye sola y está aún embarazada

4) La huida de María es para proteger al niño, aquí la mujer huye para salvarse ella

5) María nunca experimentó una inundación, a la mujer se le procura ahogar

(NVI)Apoc. 12:3 Y apareció en el cielo otra señal: un enorme dragón de color rojo encendido que tenía siete cabezas y diez cuernos, y una diadema en cada cabeza.

(VRV60)Apoc. 12:3 También apareció otra señal en el cielo: he aquí un gran dragón escarlata, que tenía siete cabezas y diez cuernos, y en sus cabezas siete diademas;

En todas las culturas en la mitología de los pueblos aparecen figuras de monstruos que incluyen a los dragones, ahora es muy común en los tatuajes y grupos musicales de rock utilizar estas imágenes. (en Babilonia tenían a Hidra con 7 cabezas, los egipcios a Tifón, los cananeos al Leviatán; el Sal. 74: 13-14 habla del leviatán como la serpiente tortuosa (leviatán = serpiente, la constelación del dragón) En todo el Cap. 41 de Job se habla del leviatán y en los vers. 18-21 se le describe como al dragón como la serpiente con alas y patas relacionándole con el mar), también en Isa. 14:29 y 27:1 se habla de la serpiente voladora, tortuosa y veloz) (recordar la descripción de la serpiente en el huerto del Edén)

Dragón = tannyn = monstruo marino (serpiente del mar)

Sal. 74:13... quebrantaste cabezas de...(tannyn) monstruos o dragones

Ver las siguientes citas: Isa. 30:6 = sarap = serpiente que vuela torcida

Job. 26:13 su espíritu adornó los cielos = la constelación del dragón

Isa. 27:1 = el dragón que está en el mar

Eze. 29:3 el gran dragón que está en medio de los ríos (detrás de los dictadores de este mundo siempre hubo dragones espiritualmente hablando)

Eze. 32:2 ... eres como dragón de los mares

Sal. 91:13 sobre el león y el áspid pisarás, hollarás al cachorro de león y al dragón

Siete cabezas con diademas = ha sido gobernante de los siete imperios más grandes de la humanidad, todos antisemitas (sumerios, asirios, egipcios, babilonios, medo-persas, griegos, romanos. Los diez cuernos será un gobierno con 10 reinos

Siete cabezas = Satanás siempre ha estado como líder de los últimos siete imperios que dominaron el mundo a través de sus gobernantes, todos estos imperios:

1) asirios
2) egipcios
3) babilonios
4) medos-persas
5) griegos
6) romanos
7) y su continuación en las 10 naciones confederadas

Es interesante comparar esta descripción del dragón (Satanás) con la del Cap. 13:1 referida a la bestia (anticristo) con siete cabezas y diez cuernos, y sobre los cuernos las diademas, ya que él será el gobernante de ese gobierno de diez naciones.

(NVI) Dan. 7:23 "Ésta fue la explicación que me dio el venerable Anciano: La cuarta bestia es un cuarto reino que surgirá en este mundo. Será diferente a los otros reinos;

Devorará a toda la tierra; ¡la aplastará y la pisoteará!

Dan. 7:24 Los diez cuernos son diez reyes que saldrán de este reino. Otro rey les sucederá, distinto a los anteriores, el cual derrocará a tres reyes.

Dan. 7:25 Hablará en contra del Altísimo y oprimirá a sus

santos; tratará de cambiar las festividades y también las leyes, y los santos quedarán bajo su poder durante tres años y medio

(VRV60)Dan. 7:23 Dijo así: La cuarta bestia será un cuarto reino en la tierra, el cual será diferente de todos los otros reinos, y a toda la tierra devorará, trillará y despedazará. Dan. 7:24 Y los diez cuernos significan que de aquel reino se levantarán diez reyes; y tras ellos se levantará otro, el cual será diferente de los primeros, y a tres reyes derribará. Dan. 7:25 Y hablará palabras contra el Altísimo, y a los santos del Altísimo quebrantará, y pensará en cambiar los tiempos y la ley; y serán entregados en su mano hasta tiempo, y tiempos, y medio tiempo.

(NVI)Apoc. 12:4 Con la cola arrastró la tercera parte de las estrellas del cielo y las arrojó sobre la tierra. Cuando la mujer estaba a punto de dar a luz, el dragón se plantó delante de ella para devorar a su hijo tan pronto como naciera.

(VRV60)Apoc. 12:4 y su cola arrastraba la tercera parte de las estrellas del cielo, y las arrojó sobre la tierra, Y el dragón se paró frente a la mujer que estaba para dar a luz, a fin de devorar a su hijo tan pronto como naciese.

Estrella = ángeles, tanto los fieles a Dios como los ángeles caídos.

En Job. 38:4-7 se los denomina estrellas del alba.

Isa. 14:12 lucero de la mañana. Allí el profeta describe como Luzbel=lucifer=Satanás que gobernaba la tierra en la creación pre-adámica, asolaba las naciones (¿) y se rebeló a Dios consiguiendo que 1/3 de la creación angelical le siguiera De esta creación pre-adámica que terminó en un caos y fue castigada por Dios, quedando la tierra en un desorden (antes de Ge.1:1) se derivan los demonios.

(NVI)Apoc. 12:5 Ella dio a luz un hijo varón que gobernará a todas las naciones con puño de hierro. Pero su hijo fue arrebatado y llevado hasta Dios que está en su trono.

Apoc. 12:6 Y la mujer huyó al desierto, a un lugar que Dios le había preparado para que allí la sustentaran durante mil doscientos sesenta días.

(VRV60)Apoc. 12:5 Y ella dio a luz un hijo varón, que regirá con vara de hierro a todas las naciones; y su hijo fue arrebatado para Dios y para su trono. Apoc.12:6 Y la mujer huyó al desierto, donde tiene lugar preparado por Dios, para que allí la sustenten por mil doscientos sesenta días.

1260 días = 3 años y medio = tiempo y tiempos y medio tiempo; es el período del dominio pleno del anticristo. Al desierto= Habitualmente se piensa en la ciudad de Petra que por la conformación rocosa el pueblo judío se ocultará de los ataques del anticristo (Dan. 7:25)

(NVI)Apoc. 12:7 Se desató entonces una guerra en el cielo: Miguel y sus ángeles combatieron al dragón; éste y sus ángeles, a su vez, les hicieron frente,

(VRV60)Apoc. 12:7 Después hubo una gran batalla en el cielo: Miguel y sus ángeles luchaban contra el dragón; y luchaban el dragón y sus ángeles;

Hecho similar al relatado en el libro de Daniel, cuando este comienza a ayunar e inquirir los tiempos de Dios para el cautiverio del pueblo de Israel, estando en Babilonia, se nos dice (Dan. 12:8-11) que Dios envió inmediata respuesta a sus oraciones, sin embargo el ángel mensajero no podía atravesar el mundo espiritual del segundo cielo por la oposición ejercida por los ángeles caídos

(NVI)Apoc. 12:8 pero no pudieron vencer, y ya no hubo lugar para ellos en el cielo.

(VRV60)Apoc. 12:8 pero no prevalecieron, ni se halló ya lugar para ellos en el cielo.

(NVI)Apoc. 12:9 Así fue expulsado el gran dragón, aquella serpiente antigua que se llama Diablo y Satanás, y que engaña al mundo entero. Junto con sus ángeles, fue arrojado a la tierra.

(VRV60)Apoc. 12:9 Y fue lanzado fuera el gran dragón, la serpiente antigua que se llama diablo y Satanás, el cual engaña al mundo entero; fue arrojado a la tierra, y sus ángeles fueron arrojados con él.

Todos nombres sinónimos del diablo

Eze. 28:16 A causa de la multitud de tus contrataciones fuiste lleno de iniquidad, y pecaste; por lo que yo te eché del monte de Dios, y te arrojé de entre las piedras del fuego, oh querubín protector.

Eze. 28:17 Se enalteció tu corazón a causa de tu hermosura, corrompiste tu sabiduría a causa de tu esplendor; yo te arrojaré por tierra; delante de los reyes te pondré para que miren en ti.

El proceso de expulsión fue gradual:
Primero fueron sacados de la presencia de Dios (del monte santo)
Caen a tierra (5ª trompeta)
Caen al abismo
Destino final en el lago de fuego y azufre

(NVI)Apoc. 12:10 Luego oí en el cielo un gran clamor: "Han llegado ya la salvación y el poder y el reino de nuestro Dios; ha llegado ya la autoridad de su Cristo. Porque ha sido expulsado el acusador de nuestros hermanos, el que los acusaba día y noche delante de nuestro Dios.

(VRV60)Apoc. 12:10 Entonces oí una gran voz en el cielo, que decía: Ahora ha venido la salvación, el poder, y el reino de nuestro Dios, y la autoridad de su Cristo; porque ha sido lanzado fuera el acusador de nuestros hermanos, el que los acusaba delante de nuestro Dios día y noche.

Quien es el que emite esta expresión? Los ángeles no llaman hermanos a los humanos, solo consiervos (Apoc. 22:8-9) La voz de quien habla, bien puede ser de uno de los mártires de Apoc 6. Aquí el término salvación tiene una connotación distinta, se refiera a ser liberado de la obra de Satanás y no de los efectos del pecado

A partir del momento en que Satanás es arrojado del cielo ya no tendrá acceso para acusar a nadie delante de Dios (antes sí lo hacía, recordar Job 1:1)

(NVI)Apoc. 12:11 Ellos lo han vencido por medio de la sangre del Cordero y por el mensaje del cual dieron testimonio; no valoraron tanto su vida como para evitar la muerte.

Apoc. 12:12 Por eso, ¡alégrense, cielos, y ustedes que los habitan! Pero ¡ay de la tierra y del mar! El diablo, lleno de furor, ha descendido a ustedes, porque sabe que le queda poco tiempo."

(VRV60)Apoc. 12:11 Y ellos le han vencido por medio de la sangre del Cordero y de la palabra del testimonio de ellos, y menospreciaron sus vidas hasta la muerte. Apoc. 12:12 Por lo cual alegraos, cielos, y los que moráis en ellos. !!Ay de los moradores de la tierra y del mar! porque el diablo ha descendido a vosotros con gran ira, sabiendo que tiene poco tiempo.

El hecho de ser arrojado del cielo produce un doble efecto:

hay alegría en el cielo, pero a la vez genera gran preocupación en la tierra, porque como no pudo con la mujer ni con su simiente, ahora procurará atacar a los seguidores (a los que creen) en la simiente (Gal. 3:29 dice que somos linaje escogido. Linaje = simiente, descendencia,) no obstante El Señor guardará nuestras vidas Jn.15:18-21

(NVI)Apoc. 12:13 Cuando el dragón se vio arrojado a la tierra, persiguió a la mujer que había dado a luz al varón.

Apoc. 12:14 Pero a la mujer se le dieron las dos alas de la gran águila, para que volara al desierto, al lugar donde sería sustentada durante un tiempo y tiempos y medio tiempo, lejos de la vista de la serpiente.

(VRV60)Apoc. 12:13 Y cuando vio el dragón que había sido arrojado a la tierra, persiguió a la mujer que había dado a luz al hijo varón. Apoc. 12:14 Y se le dieron a la mujer las dos alas de la gran águila, para que volase de delante de la serpiente al desierto, a su lugar, donde es sustentada por un tiempo, y tiempos, y la mitad de un tiempo.

Ex. 19:4 alas de águila = forma milagrosa de Dios para preservar su pueblo

(NVI)Apoc. 12:15 La serpiente, persiguiendo a la mujer, arrojó por sus fauces agua como un río, para que la corriente la arrastrara.

(VRV60)Apoc. 12:15 Y la serpiente arrojó de su boca, tras la mujer, agua como un río, para que fuese arrastrada por el río.

Aguas como un río. Ejércitos atacando a Israel

(NVI)Apoc. 12:16 Pero la tierra ayudó a la mujer: abrió la boca y se tragó el río que el dragón había arrojado por sus fauces.

(VRV60)Apoc. 12:16 Pero la tierra ayudó a la mujer, pues la tierra abrió su boca y tragó el río que el dragón había echado de su boca.

Terremotos que impedirán el accionar del anticristo y sus ejércitos

(NVI)Apoc. 12:17 Entonces el dragón se enfureció contra la mujer, y se fue a hacer guerra contra el resto de sus descendientes, los cuales obedecen los mandamientos de Dios y se mantienen fieles al testimonio de Jesús.

(VRV60)Apoc. 12:17 Entonces el dragón se llenó de ira contra la mujer; y se fue a hacer guerra contra el resto de la descendencia de ella, los que guardan los mandamientos de Dios y tienen el testimonio de Jesucristo.

(Ver Síntesis al final del Cap. 16)

13

Continúan las revelaciones contenidas en el Librito

(NVI)Apoc. 13:1 Y el dragón se plantó a la orilla del mar. Entonces vi que del mar subía una bestia, la cual tenía diez cuernos y siete cabezas. En cada cuerno tenía una diadema, y en cada cabeza un nombre blasfemo contra Dios.

Apoc. 13:2 La bestia parecía un leopardo, pero tenía patas como de oso y fauces como de león. El dragón le confirió a la bestia su poder, su trono y gran autoridad.

(VRV60)Apo 13:1 Me paré sobre la arena del mar, y vi subir del mar una bestia que tenía siete cabezas y diez cuernos; y en sus cuernos diez diademas; y sobre sus cabezas, un nombre blasfemo. Apoc.13:2 Y la bestia que vi era semejante a un leopardo, y sus pies como de oso, y su boca como boca de león. Y el dragón le dio su poder y su trono, y grande autoridad.

Dan Cap. 2	Dan Cap. 7	Apoc 13:2
cabeza= Babilonia = Irak	León = Babilonia = Irak	una bestia
Pecho = Medo-persas = Persia = Irán	Oso = Medo-Persa = Irán	
Vientre = Grecia	Leopardo = Grecia	
Piernas = Roma	Bestia indescriptible* = Roma	
10 dedos de los pies = continuación de Roma		Después, el reino paraLos santos del Altísimo

En Daniel Cap. 7 la bestia indescriptible cubre el período del imperio de Roma sin hacer la separación vista en el Cap. 2, de ello deducimos que los 10 dedos de los pies no representan en si mismo un impero, solo es la culminación del mismo imperio romano

En 13:1 bestia = terion identifica a animales salvajes, sanguinarias, brutales distinguiéndose de los animales domesticables (vacas ovejas, perros etc.)

Este ser reunirá las habilidades de los gobernantes de los cuatro imperios, agilidad de los griegos, firmeza y peso en sus decisiones de los medos-persas, y la elocuencia de los babilonios, todo con la fiereza de los romanos.

Vi una bestia subir... cuando? A Jesús le preguntaron, cuando él daba indicaciones respecto a su regreso, acerca de las señales para discernir los tiempos, y el habló de muchas condiciones naturales que crearían el clima previo (guerras, terremotos etc.), pero les dio una señal para que supieran que entonces sí debían preocuparse, y les dijo en

Mat. 24:15 "Por tanto, cuando ustedes vean la

ABOMINACION DE LA DESOLACION, de que se habló por medio del profeta Daniel, colocada en el lugar santo, y el que lea que entienda (*)

Mat. 24:16 entonces los que estén en Judea, huyan a los montes.

Mat. 24:17 "El que esté en la azotea, no baje a sacar las cosas de su casa;

Mat. 24:18 y el que esté en el campo, no vuelva atrás a tomar su capa.

Mat. 24:19 "Pero ¡ay de las que estén encinta y de las que estén criando en aquellos días!

Mat. 24:20 "Oren para que la huida de ustedes no suceda en invierno, ni en día de reposo.

Mat. 24:21 "Porque habrá entonces una gran tribulación, tal como no ha acontecido desde el principio del mundo hasta ahora, ni acontecerá jamás.

Mat. 24:22 "Y si aquellos días no fueran acortados, nadie se salvaría; pero por causa de los escogidos, aquellos días serán acortados.

Mat. 24:23 "Entonces si alguien les dice: 'Miren, aquí está el Cristo (el Mesías),' o 'Allí está,' no lo crean.

Mat.. 24:24 "Porque se levantarán falsos Cristos y falsos profetas, y mostrarán grandes señales y prodigios, para así engañar, de ser posible, aun a los escogidos.

Mat. 24:25 "Vean que se lo he dicho de antemano.

Mat. 24:26 "Por tanto, si les dicen: 'Miren, Él está en el desierto,' no vayan; o 'Miren, Él está en las habitaciones interiores,' no les crean.

Mat. 24:27 "Porque así como el relámpago sale del oriente y resplandece hasta el occidente, así será la venida del Hijo del Hombre.

(*) Esta expresión fue utilizada por el profeta Daniel en tres oportunidades:

(DHH) Dan. 9:27 Durante una semana más, él hará un pacto con mucha gente, pero a mitad de la semana pondrá fin a los sacrificios y las ofrendas, y un horrible sacrilegio se cometerá ante el altar de los sacrificios, hasta que la destrucción determinada caiga sobre el autor de estos horrores. ' "

Y también la cita refiriéndose a Antíoco IV (Epífanes) que fue el predecesor del Anticristo en el 167 aC enn Dan. 11:31 De su parte surgirán fuerzas armadas, profanarán el santuario - ciudadela, abolirán el sacrificio perpetuo y pondrán allí la abominación de la desolación.

Además la menciona en Dan. 12:11

Cuál es su significado? El término shikutz = algo detestable, sucio ante los ojos de Dios y se relaciona con actos idolátricos, además shamen = arruinar, destruir; es decir que se trata de una acción idolátrica que procura arruinar, destruir, devastar la presencia de Dios en el propio templo de adoración. (Esto sucedió como un preámbulo de lo que hará el anticristo, con Antíoco, quien efectuó el sacrificio de un cerdo en el propio templo judío, y además hizo erigir una estatua de un dios pagano con su rostro)

Vi subir del mar... Apoc. 17:15

(NVI)Apoc. 13:3 Una de las cabezas de la bestia parecía haber sufrido una herida mortal, pero esa herida ya había sido sanada. El mundo entero, fascinado, iba tras la bestia

(VRV60)Apoc. 13:3 Vi una de sus cabezas como herida de muerte, pero su herida mortal fue sanada; y se maravilló toda la tierra en pos de la bestia,

Así como el Padre y el Hijo comparten el trono de Dios, también el dragón y la bestia compartirán el trono de este gobierno terrenal de los últimos tiempos y su autoridad será ejercida sobre todos los moradores de la tierra menos sobre los que siguen a Cristo como su salvador, entonces será la plenitud del poder del reino de las tinieblas en la tierra. Aquí el anticristo simulará con esta sanidad operada por Satanás un paralelo con la resurrección de Cristo (aquí también no se dejan dudas que el anticristo no será un sistema sino una persona que se recuperará con la ayuda de Satanás) y esto producirá la admiración de todo el mundo

(NVI)Apoc. 13:4 y adoraba al dragón porque había dado su autoridad a la bestia. También adoraban a la bestia y decían: "¿Quién como la bestia? ¿Quién puede combatirla?"

Apoc. 13:5 A la bestia se le permitió hablar con arrogancia y proferir blasfemias contra Dios, y se le confirió autoridad para actuar durante cuarenta y dos meses.

Apoc. 13:6 Abrió la boca para blasfemar contra Dios, para maldecir su nombre y su morada y a los que viven en el cielo.

Apoc. 13:7 También se le permitió hacer la guerra a los santos y vencerlos, y se le dio autoridad sobre toda raza, pueblo, lengua y nación.

Apoc. 13:8 A la bestia la adorarán todos los habitantes de la tierra, aquellos cuyos nombres no han sido escritos en el libro de la vida, el libro del Cordero que fue sacrificado desde la creación del mundo.

Apoc. 13:9 El que tenga oídos, que oiga.

Apoc. 13:10 El que deba ser llevado cautivo, a la cautividad irá. El que deba morir a espada, a filo de espada morirá. ¡En esto consiste la perseverancia y la fidelidad de los santos!

(VRV60)Apoc. 13:4 y adoraron al dragón que había dado autoridad a la bestia, y adoraron a la bestia, diciendo: ¿Quién como la bestia, y quién podrá luchar contra ella? Apoc.13:5 También se le dio boca que hablaba grandes cosas y blasfemias; y se le dio autoridad para actuar cuarenta y dos meses. Apoc.13:6 Y abrió su boca en blasfemias contra Dios, para blasfemar de su nombre, de su tabernáculo, y de los que moran en el cielo. Apoc.13:7 Y se le permitió hacer guerra contra los santos, y vencerlos. También se le dio autoridad sobre toda tribu, pueblo, lengua y nación. Apoc.13:8 Y la adoraron todos los moradores de la tierra cuyos nombres no estaban escritos en el libro de la vida del Cordero que fue inmolado desde el principio del mundo. Apoc. 13:9 Si alguno tiene oído, oiga. Apoc.13:10 Si alguno lleva en cautividad, va en cautividad; si alguno mata a espada, a espada debe ser muerto. Aquí está la paciencia y la fe de los santos.

Los moradores de la tierra = esta expresión que se repite en Apoc. 13:11 y 17:8 se refiere a todos quienes tienes sus mentes atraídas por el mundo, los que son de la carne y piensan como de la carne, o sea los que no son de Cristo.

Cuyos nombres no escritos en el libro de la vida del Cordero = tenemos que saber que antes de la fundación del mundo ya están escritos los nombres de quienes han de ser salvos, esto significa predeterminación?, si así fuere que podemos hacer nosotros para ser salvos o condenados?. No existe la predeterminación como doctrina bíblica, solo que según Ro. 8:29 leemos:

Ro. 8:29 Pues a los que de antemano conoció, también los predestinó a reproducir la imagen de su Hijo, para que fuera él el primogénito entre muchos hermanos; Ro. 8:30 y a los que predestinó, a ésos también los justificó; a los que justificó, a ésos también los glorificó.;

Lo que existe es el pre-conocimiento (omnisciencia) por parte de Dios que le permitió saber de antemano quienes en la vida le aceptarían y quienes no y a estos primero predestinó, justificó y también glorificó.

(NVI)Apoc. 13:11 Después vi que de la tierra subía otra bestia. Tenía dos cuernos como de cordero, pero hablaba como dragón.

(VRV60)Apoc. 13:11 Después vi otra bestia que subía de la tierra; y tenía dos cuernos semejantes a los de un cordero, pero hablaba como dragón.

El anticristo, la primera bestia subió del mar, aquí la segunda bestia (el falso profeta sube de la tierra)

El anticristo traerá grandes cambios en lo social y económico y cambiará las condiciones de vida del mundo en sus primeros días de gobierno y luego recién le conocerán tal cual es, persiguiendo a los judíos, eliminando las religiones y todo modo de alabanza a Dios. Actuará al modo que hizo Adolf Hitler en 1935 con el pueblo alemán que al momento de su surgimiento se encontraba con espíritu alicaído por la reciente derrota en la primera guerra mundial, introdujo grandes cambios en lo económico y fundamentalmente levantó el ánimo del alemán haciéndole sentir como el pueblo privilegiado de la humanidad al cual los demás pueblos debían rendirle pleitesía

Este modo de actuar del anticristo hará que aún los propios cristianos afectados por la gran influencia de los medios de comunicación controlados por el falso profeta, hará que puedan caer en el engaño y lleguen a aceptar la marca que identificará a los que le sigan.

(NVI)Apoc. 13:12 Ejercía toda la autoridad de la primera bestia en presencia de ella, y hacía que la tierra y sus habitantes adoraran a la primera bestia, cuya herida mortal había sido sanada.

Apoc. 13:13 También hacía grandes señales milagrosas, incluso la de hacer caer fuego del cielo a la tierra, a la vista de todos.

Apoc. 13:14 Con estas señales que se le permitió hacer en presencia de la primera bestia, engañó a los habitantes de la tierra. Les ordenó que hicieran una imagen en honor de la bestia que, después de ser herida a espada, revivió.

(VRV60)Apo 13:12 Y ejerce toda la autoridad de la primera bestia en presencia de ella, y hace que la tierra y los moradores de ella adoren a la primera bestia, cuya herida mortal fue sanada. Apoc.13:13 También hace grandes señales, de tal manera que aun hace descender fuego del cielo a la tierra delante de los hombres. Apoc.13:14 Y engaña a los moradores de la tierra con las señales que se le ha permitido hacer en presencia de la bestia, mandando a los moradores de la tierra que le hagan imagen a la bestia que tiene la herida de espada, y vivió.

Los moradores le adoraron (al dragón y a la bestia) = todo ser humano nace con la necesidad de adorar, cuando no es a Dios busca en otras personas o cosas que adorar, todas las religiones le crean un clima ideal de engaño, al hombre para que adore conforme a sus rituales para llegar a Dios, estas no son la respuesta para el ser humano, en cambio el cristianismo no es una religión sino una relación con el autor de la vida Jesucristo, Cristo dijo:

Jn. 14:6 Le dice Jesús: «Yo soy el Camino, la Verdad y la Vida. Nadie va al Padre sino por mí.

Todo lo demás, son engaños y advirtió que antes de su venida habrían falsos profetas y maestros que vendrían en su nombre Mat. 24:5 Porque vendrán muchos usurpando mi nombre y diciendo: "Yo soy el Cristo", y engañarán a muchos en Mat. 24:11 Surgirán muchos falsos profetas, que engañarán a muchos y en Mat. 24:24 Porque surgirán falsos cristos y falsos profetas, que harán grandes señales y prodigios, capaces de engañar, si fuera posible, a los mismos elegidos

Necesitamos volvernos discípulos de Cristo (matetos = el que sigue a otro)

Esta segunda bestia irá sufriendo una metamorfosis desde lo económico, político y finalmente religioso

El falso profeta utilizará la religión como medio para engañar y hacer que los moradoras de la tierra adoren a la bestia. (Si apareciera como líder de un grupo guerrillero musulmán etc. todos desconfiarían pero al presentarse como un líder religioso inspirará confianza y podrá fácilmente engañar a las gentes)

(NVI)Apoc. 13:15 Se le permitió infundir vida a la imagen de la primera bestia, para que hablara y mandara matar a quienes no adoraran la imagen.

Apoc. 13:16 Además logró que a todos, grandes y pequeños, ricos y pobres, libres y esclavos, se les pusiera una marca en la mano derecha o en la frente,

Apoc. 13:17 de modo que nadie pudiera comprar ni vender,

a menos que llevara la marca, que es el nombre de la bestia o el número de ese nombre.

Apoc. 13:18 En esto consiste* la sabiduría: el que tenga entendimiento, calcule el número de la bestia, pues es número de un ser humano: seiscientos sesenta y seis.

(VRV)Apoc. 13:15 Y se le permitió infundir aliento a la imagen de la bestia, para que la imagen hablase e hiciese matar a todo el que no la adorase.) Apoc. 13:16 Y hacía que a todos, pequeños y grandes, ricos y pobres, libres y esclavos, se les pusiese una marca en la mano derecha, o en la frente; Apoc. 13:17 y que ninguno pudiese comprar ni vender, sino el que tuviese la marca o el nombre de la bestia, o el número de su nombre. Apoc.13:18 Aquí hay sabiduría. El que tiene entendimiento, cuente el número de la bestia, pues es número de hombre. Y su número es seiscientos sesenta y seis.

Respecto de esta señal mucho se ha dicho, pero pasando por los códigos de barra y más adelante ahora se piensa en los microchips implantados en la frente y manos de la gente o lo que lo ciencia aún pueda avanzar, diremos que será tal que dificulte a quienes no tengan dicha marca para actuar en cualquier ámbito de la sociedad de ese momento y aún más, que puedan ser fácilmente identificados quienes no la tengan.

(Ver Síntesis al final del Cap. 16)

14

Aparición del Cordero en el Monte Sión

(NVI)Apoc. 14:1 Luego miré, y apareció el Cordero. Estaba de pie sobre el monte Sión, en compañía de ciento cuarenta y cuatro mil personas que llevaban escrito en la frente el nombre del Cordero y de su Padre.

(VRV60)Apoc. 14:1 Después miré, y he aquí el Cordero estaba en pie sobre el monte de Sion, y con él ciento cuarenta y cuatro mil, que tenían el nombre de él y el de su Padre escrito en la frente.

Siempre el término Sion se relaciona con Jerusalén y debemos tener presente que así como el templo terrenal era una copia del celestial, así hay una Sion celestial, de la que ahora se nos dice que se ve a Jesucristo y con él a los 144000 que se mencionan en Apoc. 7:8

(NVI)Apoc. 14:2 Oí un sonido que venía del cielo, como el estruendo de una catarata y el retumbar de un gran trueno. El sonido se parecía al de músicos que tañen sus arpas.

Apoc. 14:3 Y cantaban un himno nuevo delante del trono y delante de los cuatro seres vivientes y de los ancianos. Nadie podía aprender aquel himno, aparte de los ciento cuarenta y cuatro mil que habían sido rescatados de la tierra.

Apoc. 14:4 Éstos se mantuvieron puros, sin contaminarse con ritos sexuales. Son los que siguen al Cordero por dondequiera que va. Fueron rescatados como los primeros frutos de la humanidad para Dios y el Cordero.

(VRV60)Apoc. 14:2 Y oí una voz del cielo como estruendo de muchas aguas, y como sonido de un gran trueno; y la voz que oí era como de arpistas que tocaban sus arpas. Apoc. 14:3 Y cantaban un cántico nuevo delante del trono, y delante de los cuatro seres vivientes, y de los ancianos; y nadie podía aprender el cántico sino aquellos ciento cuarenta y cuatro mil que fueron redimidos de entre los de la tierra. Apoc.14:4 Estos son los que no se contaminaron con mujeres, pues son vírgenes. Estos son los que siguen al Cordero por dondequiera que va. Estos fueron redimidos de entre los hombres como primicias para Dios y para el Cordero;

Las fiestas del Señor eran sombra de lo que había por venir:

Col. 2:16 Por tanto, nadie os juzgue en comida o en bebida, o en cuanto a días de fiesta, luna nueva o días de reposo,

Col. 2:17 todo lo cual es sombra de lo que ha de venir; pero el cuerpo es de Cristo.

La Pascua habla del Cristo crucificado

Los panes sin levadura hablan del Cristo compartido

Las gavillas o las Primicias hablan del Cristo resucitado

Pentecostés habla del Cristo derramando su Espíritu

Trompetas: es el Cristo anunciado

Expiación: es el Cristo abogado

Tabernáculos: es el Cristo esperado para iniciar el milenio

(NVI)Apoc. 14:5 No se encontró mentira alguna en su boca, pues son intachables.

(VRV60)Apoc. 14:5 y en sus bocas no fue hallada mentira, pues son sin mancha delante del trono de Dios.

Al aceptar al Señor y reconocer que él nos compró a precio de sangre, debemos implícitamente aceptar que ya no somos dueños de sí mismo y nuestras decisiones deben ser tomadas en armonía con nuestro dueño, especialmente en lo atinente a nuestras acciones y a nuestro cuerpo. Debemos entender que así como en el AT se sacrificaban los animales sin mancha (sin defectos) en el altar del sacrificio, así se nos pide sacrificar nuestros cuerpos mortales de toda contaminación de este mundo a fin de agradar a nuestro amo y Señor, solo así nuestro espíritu será vivificada cada día y veremos su gracia obrar a nuestro favor

(No quiere decir este pasaje que el casarse signifique contaminarse).

(NVI)Apoc. 14:6 Luego vi a otro ángel que volaba en medio del cielo, y que llevaba el evangelio eterno para anunciarlo a los que viven en la tierra, a toda nación, raza, lengua y pueblo.

(VRV60)Apoc. 14:6 Vi volar por en medio del cielo a otro ángel, que tenía el evangelio eterno para predicarlo a los moradores de la tierra, a toda nación, tribu, lengua y pueblo,

Conforme al tiempo en que las buenas nuevas se fueron

anunciando varió el mensaje aunque su verdad fue la misma: Jesús anunció Arrepiéntanse porque el reino de Dios se ha acercado a vosotros; después de resucitado el Señor los Apóstoles tuvieron un mensaje más completo y Pablo tuvo que advertir a los Gálatas que tuvieran cuidado que se les estaba predicando otro evangelio, no que lo hubiera, sino que estaban alterando el mensaje original al señalar que eran necesarios cumplir algunos pasos propios de la gracia mezclados con la ley y él les advirtió condenando a aquellos maestros que alteraban el mensaje de los apóstoles, finalmente ahora este ángel anuncia un evangelio eterno, en qué consiste?: básicamente en que

1) debe temerse a Dios

2) que se le debe dar Gloria (doxa = esquina= admitir su presencia) ante la hora de los juicios por venir (juicio = crisis = hora urgente para dictar una sentencia)

3) debe adorarse al Creador de todas las cosas

(NVI)Apoc. 14:7 Gritaba a gran voz: "Teman a Dios y denle gloria, porque ha llegado la hora de su juicio. Adoren al que hizo el cielo, la tierra, el mar y los manantiales."

Apoc. 14:8 Lo seguía un segundo ángel que gritaba: "¡Ya cayó! Ya cayó la gran Babilonia, la que hizo que todas las naciones bebieran el excitante vino* de su adulterio."

(VRV60)Apoc. 14:7 diciendo a gran voz: Temed a Dios, y dadle gloria, porque la hora de su juicio ha llegado; y adorad a aquel que hizo el cielo y la tierra, el mar y las fuentes de las aguas. 14:8 Otro ángel le siguió, diciendo: Ha caído, ha caído Babilonia, la gran ciudad, porque ha hecho beber a todas las naciones del vino del furor de su fornicación.

La ciudad más mencionada en la Biblia es Jerusalén luego le

sigue babilonia. Allí se erigió Babel y significó la primera rebelión contra Dios que les había pedido que se esparcieran por la tierra, y ellos prefirieron unificarse alrededor de la torre (es un anticipo de la globalización de los últimos tiempos), allí se construyó luego Babilonia y su imperio que retuvo cautivo al pueblo de Dios y modernamente se observa con atención como ha ido adquiriendo relevancia el actual Irak que hacia los tiempos finales será el centro comercial y espiritual del mundo rebelado a Dios

(NVI)Apoc. 14:9 Los seguía un tercer ángel que clamaba a grandes voces: "Si alguien adora a la bestia y a su imagen, y se deja poner en la frente o en la mano la marca de la bestia,

Apoc. 14:10 beberá también el vino del furor de Dios, que en la copa de su ira está puro, no diluido. Será atormentado con fuego y azufre, en presencia de los santos ángeles y del Cordero.

Apoc. 14:11 El humo de ese tormento sube por los siglos de los siglos. No habrá descanso ni de día ni de noche para el que adore a la bestia y su imagen, ni para quien se deje poner la marca de su nombre."

Apoc. 14:12 ¡En esto consiste la perseverancia de los santos, los cuales obedecen los mandamientos de Dios y se mantienen fieles a Jesús!

Apoc. 14:13 Entonces oí una voz del cielo, que decía: "Escribe: Dichosos los que de ahora en adelante mueren en el Señor." "Sí --dice el Espíritu--, ellos descansarán de sus fatigosas tareas, pues sus obras los acompañan."

(VRV60)Apoc. 14:9 Y el tercer ángel los siguió, diciendo a gran voz: Si alguno adora a la bestia y a su imagen, y recibe la marca en su frente o en su mano, Apoc.14:10 él también beberá del vino de la ira de Dios, que ha sido vaciado puro en el cáliz de su ira; y será atormentado con fuego y azufre delante de los santos ángeles y del Cordero; Apoc.14:11 y el humo de su tormento sube por los siglos de los siglos. Y no tienen reposo de día ni de noche los que adoran a la bestia y a su imagen, ni nadie que reciba la marca de su nombre. Apoc.14:12 Aquí está la paciencia de los santos, los que guardan los mandamientos de Dios y la fe de Jesús. Apoc. 14:13 Oí una voz que desde el cielo me decía: Escribe: Bienaventurados de aquí en adelante los muertos que mueren en el Señor. Sí, dice el Espíritu, descansarán de sus trabajos, porque sus obras con ellos siguen.

Utilizar Bienaventurados, no es una traducción feliz ya que no es una aventura nuestra vida en Cristo, en el original se utiliza makarios= felices o dichosos los que entregan su vida por causa del Señor.

Se ve a Jesucristo tal como se dijo que retornará sentado en una nube. Su hoz indica que la hora de la cosecha a llegado (Mat. 13:24 en esta parábola el trigo indica a los creyentes y la cizaña a los incrédulos, también se nos enseña que crecen y se mezclan y solo a la hora de la cosecha serán separados. Porque se permite que se mezclen? La cizaña crece para ser tropiezo al trigo, esto nos indica que el creyente no es llamado a arrancar la cizaña (hacer que el mal desaparezca) sino a contener que su crecimiento no le afecte al crecimiento del trigo, que debe ser como un dique de contención de la maldad. No hay tal cosa como Un país para Cristo, ni siquiera es posible pensar en un gobierno totalmente cristiano ya que además del presidente debiera tener todo el gabinete de su lado para ejercer realmente acciones cristianas, esto no es bíblico y solo en el milenio se dará.

(NVI)Apoc. 14:14 Miré, y apareció una nube blanca, sobre la cual estaba sentado alguien "semejante al Hijo del hombre".* En la cabeza tenía una corona de oro, y en la mano, una hoz afilada.

Apoc. 14:15 Entonces salió del templo otro ángel y le gritó al que estaba sentado en la nube: "Mete la hoz y recoge la cosecha; ya es tiempo de segar, pues la cosecha de la tierra está madura."

(VRV60)Apoc. 14:14 Miré, y he aquí una nube blanca; y sobre la nube uno sentado semejante al Hijo del Hombre, que tenía en la cabeza una corona de oro, y en la mano una hoz aguda. Apoc. 14:15 Y del templo salió otro ángel, clamando a gran voz al que estaba sentado sobre la nube: Mete tu hoz, y siega; porque la hora de segar ha llegado, pues la mies de la tierra está madura.

La mies es el pueblo creyente, y los no creyentes esta representados por la viña de la tierra cuyas uvas están maduras para su cosecha

(NVI)Apoc. 14:16 Así que el que estaba sentado sobre la nube pasó la hoz, y la tierra fue segada.

Apoc. 14:17 Del templo que está en el cielo salió otro ángel, que también llevaba una hoz afilada.

Apoc. 14:18 Del altar salió otro ángel, que tenía autoridad sobre el fuego, y le gritó al que llevaba la hoz afilada: "Mete tu hoz y corta los racimos del viñedo de la tierra, porque sus uvas ya están maduras."

Apoc. 14:19 El ángel pasó la hoz sobre la tierra, recogió las uvas y las echó en el gran lagar de la ira de Dios.

(VRV60)Apoc. 14:16 Y el que estaba sentado sobre la nube metió su hoz en la tierra, y la tierra fue segada. Apoc.14:17 Salió otro ángel del templo que está en el cielo, teniendo también una hoz aguda. Apoc. 14:18 Y salió del altar otro ángel, que tenía poder sobre el fuego, y llamó a gran voz al que tenía la hoz aguda, diciendo: Mete tu hoz aguda, y vendimia los racimos de la tierra, porque sus uvas están maduras. Apoc. 14:19 Y el ángel arrojó su hoz en la tierra, y vendimió la viña de la tierra, y echó las uvas en el gran lagar de la ira de Dios.

Primero la vendimia y luego la cosecha

(NVI)Apoc. 14:20 Las uvas fueron exprimidas fuera de la ciudad, y del lagar salió sangre, la cual llegó hasta los frenos de los caballos en una extensión de trescientos kilómetros.

(VRV)Apoc. 14:20 Y fue pisado el lagar fuera de la ciudad, y del lagar salió sangre hasta los frenos de los caballos, por mil seiscientos estadios. (*)

(*) Trescientos veinte kilómetros de largo y subió hasta un metro y medio de altura

Los lagares eran generalmente dos cubetas conectas por un canal, en una se colocaban las vides que eran pisoteadas hasta obtener todo el vino posible que descendía por el canal a la otra cubeta.

Este es el momento de la batalla del Armagedón donde los ejércitos de las naciones guiadas por el anticristo se enfrentarán a Dios mismo. El siglo XX es el de los mayores avances de la ciencia y paradójicamente es el siglo del mayor derramamiento de sangre por las guerras de las que el Armagedón, que representa a la tercera y última guerra en la que número de los muertos superará a todas las anteriores.

Fuera de la ciudad = fuera de Jerusalén

Armagedón = Hadad Rimmon (Zac. 12:11) es también mencionado como el Valle de Meguido o el Valle de Josafat y también el Valle del Cedrón. En este valle de 320 kilómetros se desarrollará la batalla final entre las huestes del Anticristo (las naciones convocadas a destruir a Israel que durará un tiempo bastante extenso (tener en cuenta que la primera y segunda guerra mundial duraron años) y la intervención de Dios mismo en defensa de su pueblo al que a partir de ahora volverá a tratar en forma directa (durante todo este tiempo previo Dios a dejado de lado a Israel y ha tratado con la Iglesia) y ellos finalmente le aceptarán como salvador. Esta convocación en Armagedón está anunciada también por Jesucristo en Mat .25:31

Las naciones convocadas se agruparán en 4 bloques: a) Los chinos, b) Europa (habrá naciones de Europa y naciones del medio oriente conformando este grupo, todas naciones que están incluidas en el antiguo territorio del imperio romano) c) Rusia y países aliados (naciones de la ex URSS situadas alrededor del Mar Caspio) d)Naciones árabes. (Es interesante mencionar que no se menciona a países de América ni siquiera a EEUU que para entonces habrá perdido su condición estratégica de potencia mundial)

(Ver Síntesis al final del Cap. 16)

15

Se consuma La Ira de Dios:
Un preámbulo

Este capítulo que con el siguiente conforman una sola unidad nos habla de la consumación de la ira de Dios, el preámbulo en el quince y su ejecución el dieciséis

(NVI)Apoc. 15:1 Vi en el cielo otra señal grande y maravillosa: siete ángeles con las siete plagas, que son las últimas, pues con ellas se consumará la ira de Dios.

(VRV60)Apoc. 15:1 Vi en el cielo otra señal, grande y admirable: siete ángeles que tenían las siete plagas postreras; porque en ellas se consumaba la ira de Dios.

El furor de Dios contra toda injusticia (el pecado de la humanidad no redimida)

Otra señal: otra de la misma clase, antes vimos la señal de la mujer, luego la del dragón rojo y ahora los siete ángeles con las siete plagas postreras Con las trompetas se introdujeron los juicios, ahora se concluyen (se consuma la Ira de Dios). La 7ª trompeta consuma el misterio de Dios y abarca varias cosas:

a) El Armagedón

b) La Ira de las Naciones

c) La consumación de la Ira de Dios con las 7 copas y el Tercer AY (lo que está determinado que se derrame sobre el desolador.

(NVI)Apoc. 15:2 Vi también un mar como de vidrio mezclado con fuego. De pie, a la orilla del mar, estaban los que habían vencido a la bestia, a su imagen y al número de su nombre. Tenían las arpas que Dios les había dado, (VRV60)Apoc. 15:2 Vi también como un mar de vidrio mezclado con fuego; y a los que habían alcanzado la victoria sobre la bestia y su imagen, y su marca y el número de su nombre, en pie sobre el mar de vidrio, con las arpas de Dios.

En anteriores visiones se veía alrededor del trono de Dios como un mar de cristal, que representaba la pureza y santidad de Dios, ahora se lo ve como mezclado con fuego dando indicación que los juicios están próximos.

Nos muestra también a los mártires de la Gran Tribulación, aquellos que resistieron con su muerte ser marcados con el sello de la bestia

(NVI)Apoc. 15:3 y cantaban el himno de Moisés, siervo de Dios, y el himno del Cordero: "Grandes y maravillosas son tus obras, Señor, Dios Todopoderoso. Justos y verdaderos son tus caminos, Rey de las naciones.

(VRV60)Apoc. 15:3 Y cantan el cántico de Moisés siervo de

Dios, y el cántico del Cordero, diciendo: Grandes y maravillosas son tus obras, Señor Dios Todopoderoso; justos y verdaderos son tus caminos, Rey de los santos.

Este cántico pronunciado por Moisés al momento de la gran liberación de los egipcios a través del Mar Rojo ahora es pronunciado por la liberación del poder del anticristo

(NVI)Apoc. 15:4 ¿Quién no te temerá, oh Señor? ¿Quién no glorificará tu nombre? Sólo tú eres santo. Todas las naciones vendrán y te adorarán, porque han salido a la luz las obras de tu justicia."

Apoc. 15:5 Después de esto miré, y en el cielo se abrió el templo, el tabernáculo del testimonio.

Apoc. 15:6 Del templo salieron los siete ángeles que llevaban las siete plagas. Estaban vestidos de lino limpio y resplandeciente, y ceñidos con bandas de oro a la altura del pecho.

Apoc. 15:7 Uno de los cuatro seres vivientes dio a cada uno de los siete ángeles una copa de oro llena del furor de Dios, quien vive por los siglos de los siglos.

Apoc. 15:8 El templo se llenó del humo que procedía de la gloria y del poder de Dios, y nadie podía entrar allí hasta que se terminaran las siete plagas de los siete ángeles.

(VRV60)Apoc. 15:4 ¿Quién no te temerá, oh Señor, y glorificará tu nombre? pues sólo tú eres santo; por lo cual todas las naciones vendrán y te adorarán, porque tus juicios se han manifestado.

Apoc. 15:5 Después de estas cosas miré, y he aquí fue abierto en el cielo el templo del tabernáculo del testimonio;

Apoc. 15:6 y del templo salieron los siete ángeles que tenían las siete plagas, vestidos de lino limpio y resplandeciente, y ceñidos alrededor del pecho con cintos de oro.

Apoc. 15:7 Y uno de los cuatro seres vivientes dio a los siete ángeles siete copas de oro, llenas de la ira de Dios, que vive por los siglos de los siglos.

Apoc.15:8 Y el templo se llenó de humo(E) por la gloria de Dios, y por su poder; y nadie podía entrar en el templo hasta que se hubiesen cumplido las siete plagas de los siete ángeles.

Ya no hay posibilidad de entrar al santuario para pedir perdón, se terminó la misericordia ahora vienen los juicios

(Ver Síntesis al final del Cap. 16)

16

Se consuma La Ira de Dios: Ejecución.

(NVI)Apoc. 16:1 Oí una voz que desde el templo decía a gritos a los siete ángeles: "¡Vayan y derramen sobre la tierra las siete copas del furor de Dios!"

(VRV60)Apoc. 16:1 Oí una gran voz que decía desde el templo a los siete ángeles: Id y derramad sobre la tierra las siete copas de la ira de Dios.

Jesús mencionó que los juicios serían como los dolores de parto, donde las contracciones se hacen cada vez más reiteradas e intensas, y donde al final se producirá el advenimiento para el inicio del reinado Milenial. Podemos comparar las plagas de Egipto, luego las ocasionadas por el sonar de las 7 trompetas y finalmente ahora el derrame de las 7 copas.

Plagas en Egipto	7 trompetas	7 copas
1. agua en sangre	1. s/ 1/3 de la vegetación	1. Apoc 16:2
2. ranas	2. meteoro convierte en sangre 1/3 de los mares	2. Apoc 16:3
3. pulgas	3. estrella amarga 1/3 de las fuentes de agua y ríos	3. Apoc 16:4
4. moscas	4. se oscurecen 1/3 de sol, luna y estrellas	4. Apoc 16:8
5. muere el ganado	5 demonios como langostas atormentan 5 meses a los hombres	5. Apoc 16:10
6. ulceraciones	6. se suelta 4 ángeles atados en Río Éufrates y matan 1/3 de la población	6. Apoc 16:12
7. truenos y granizo	7. terremoto y granizo de enorme tamaño	7. Apoc 16:17
8. langostas		
9. tinieblas		
10. muerte de los primogénitos		

(NVI) Apoc. 16:2 El primer ángel fue y derramó su copa sobre la tierra, y a toda la gente que tenía la marca de la bestia y que adoraba su imagen le salió una llaga maligna y repugnante.

Apoc. 16:2 Fue el primero, y derramó su copa sobre la tierra, y vino una úlcera maligna y pestilente sobre los hombres que tenían la marca de la bestia, y que adoraban su imagen.

Otra versión: Apoc. 16:2 Y el primero se fue y derramó su tazón en la tierra. Y una úlcera perjudicial y maligna llegó a estar sobre los hombres que tenían la marca de la bestia salvaje y que adoraban a su imagen. (Biblia Traducción del Nuevo Mundo (Los TJ))

copas: en el original se habla de tazones (copas poco profundas y de boca ancha)

Hasta antes que se llenara el santuario de la Gloria de Dios y con ella se impidiera el ingreso para nuevos actos de misericordia para los pecadores, los hombres tuvieron la opción de ser fieles a Dios arrepintiéndose de sus pecados y aún ser salvos negándose a recibir la marca de la bestia, ahora se les acabó ese tiempo de gracias y comienzan a recibir castigos por su dureza de corazón; nótese que la plaga afecta solo a quienes recibieron la marca de la bestia, ya que los creyentes tienen la marca o sello del Espíritu Santo y son guardados así como lo fueron los israelitas en Egipto de aquellas plagas.

Úlcera maligna = contagiosa, pestilente, y de gran dolor (es muy parecida a la 6ª plaga en Egipto (Ex 10:23 y 11:7)

(NVI)Apoc. 16:3 El segundo ángel derramó su copa sobre el mar, y el mar se convirtió en sangre como de gente masacrada, y murió todo ser viviente que había en el mar.

(VRV60)Apoc. 16:3 El segundo ángel derramó su copa sobre el mar, y éste se convirtió en sangre como de muerto; y murió todo ser vivo que había en el mar.

Es de mayor amplitud que la de la 2ª trompeta. Sangre como de muerto = coagulada y olorosa. Mueren los seres vivos del mar

(NVI)Apoc. 16:4 El tercer ángel derramó su copa sobre los ríos y los manantiales, y éstos se convirtieron en sangre.

(VRV60)Apoc. 16:4 El tercer ángel derramó su copa sobre los ríos, y sobre las fuentes de las aguas, y se convirtieron en sangre,

También de efectos más amplios que los de la 3ª trompeta

(NVI)Apoc. 16:5 Oí que el ángel de las aguas decía: "Justo eres tú, el Santo, que eres y que eras, porque juzgas así:

Apoc. 16:6 ellos derramaron la sangre de santos y de

profetas, y tú les has dado a beber sangre, como se lo merecen."

Apoc. 16:7 Oí también que el altar respondía: "Así es, Señor, Dios Todopoderoso, verdaderos y justos son tus juicios."

(VRV60)Apo 16:5 Y oí al ángel de las aguas, que decía: Justo eres tú, oh Señor, el que eres y que eras, el Santo, porque has juzgado estas cosas. Apoc. 16:6 Por cuanto derramaron la sangre de los santos y de los profetas, también tú les has dado a beber sangre; pues lo merecen. Apoc.16:7 También oí a otro, que desde el altar decía: Ciertamente, Señor Dios Todopoderoso, tus juicios son verdaderos y justos.

Ángel de las aguas:

Vemos que hay ángeles para diversas funciones; este trata con las aguas, ya vimos en Apoc. 7 ángeles que detienen los vientos, en Apoc. 14:8 ángeles con poder sobre el fuego; por esta misma razón debemos entender que detrás de los huracanes, maremotos etc. siempre hay fuerzas espirituales que están afectando la naturaleza, en este caso malignas (recordar como Jesús tenía poder de calmar los vientos y la tempestad)

(NVI)Apoc. 16:8 El cuarto ángel derramó su copa sobre el sol, al cual se le permitió quemar con fuego a la gente.

Apoc. 16:9 Todos sufrieron terribles quemaduras, pero ni así se arrepintieron; en vez de darle gloria a Dios, que tiene poder sobre esas plagas, maldijeron su nombre.

(VRV)Apoc. 16:8 El cuarto ángel derramó su copa sobre el sol, al cual fue dado quemar a los hombres con fuego. Apoc.16:9 Y los hombres se quemaron con el gran calor, y blasfemaron el nombre de Dios, que tiene poder sobre estas plagas, y no se arrepintieron para darle gloria.

La capa de ozono que ha servido de protección contra la

acción directa de los rayos solares y que actualmente tiene un agujero de unos 26.000.000 de km² en la zona de la Antártida (polo sur) causado por el efecto de gases producidos por el hombre, y tiene un comportamiento variable, respecto de 10 años atrás ha disminuido, pero es posible que para el momento de esta plaga, se haya destruido o su deterioro sea muy grande anulando su protección hacia la tierra

(NVI)Apoc. 16:10 El quinto ángel derramó su copa sobre el trono de la bestia, y el reino de la bestia quedó sumido en la oscuridad. La gente se mordía la lengua de dolor

Apoc. 16:11 y, por causa de sus padecimientos y de sus llagas, maldecían al Dios del cielo, pero no se arrepintieron de sus malas obras.

(VRV60)Apoc. 16:10 El quinto ángel derramó su copa sobre el trono de la bestia; y su reino se cubrió de tinieblas, y mordían de dolor sus lenguas, Apoc. 16:11 y blasfemaron contra el Dios del cielo por sus dolores y por sus úlceras, y no se arrepintieron de sus obras.

En Apoc. 13:2 vimos como satanás (el dragón) le dio trono a la bestia (el anticristo)

En Isa. 10:5 vemos como el profeta al referirse al anticristo lo menciona como el asirio o Rey de Asiria, se podría inferir que en esta zona del antiguo imperio Asirio instalará su trono el anticristo Una de las civilizaciones más antiguas del planeta ha sido la asiria, que data de 6.700 años. Los herederos de esta vasta civilización mesopotámica alcanzan hoy los 4,5 millones y habitan principalmente en Irak, Siria, Líbano, Irán y Turquía, aunque un tercio de ellos vive en la diáspora.

(NVI)Apoc. 16:12 El sexto ángel derramó su copa sobre el gran río Éufrates, y se secaron sus aguas para abrir paso a los reyes del oriente.

(VRV60)Apoc. 16:12 El sexto ángel derramó su copa sobre el gran río Éufrates; y el agua de éste se secó, para que estuviese preparado el camino a los reyes del oriente.

El efecto de esta acción es múltiple, por una parte el Río Éufrates es el gran río que alimenta de aguas a toda la región, su secamiento generará serios trastornos económicos, pero además ya sabemos que por la 6ª trompeta fueron sueltos 4 poderosos ángeles al servicio de Satanás, ahora se permitirá que el cauce del río se transforme en una enorme pista de desplazamiento de los ejércitos del anticristo hacia la santa ciudad de Jerusalén, más precisamente al valle del Armagedón, todo en armonía con la plaga que continúa

Apoc. 16:13 Y vi salir de la boca del dragón, de la boca de la bestia y de la boca del falso profeta tres espíritus malignos que parecían ranas.

Apoc. 16:14 Son espíritus de demonios que hacen señales milagrosas y que salen a reunir a los reyes del mundo entero para la batalla del gran día del Dios Todopoderoso.

(VRV60)Apoc. 16:13 Y vi salir de la boca del dragón, y de la boca de la bestia, y de la boca del falso profeta, tres espíritus inmundos a manera de ranas; Apoc.16:14 pues son espíritus de demonios, que hacen señales, y van a los reyes de la tierra en todo el mundo, para reunirlos a la batalla de aquel gran día del Dios Todopoderoso.

Trilogía satánica

El dragón	la bestia	la otra bestia
(Satanás)	(el anticristo)	(el falso profeta)

Ahora lo que se procura es influir en los reyes de las naciones para concurrir al llamado del anticristo De la boca de cada uno de ellos salen espíritus inmundos, con gran elocuencia (recordar el poder de la palabra, que puede dar vida o muerte según sea lo que hablemos),aquí se piensa que se utilizarán los medios de comunicación con un gran efecto sobre las gentes para animarlos a la batalla El falso profeta que se presentó manso como un cordero tiene elocuencia diabólica y ejercerá toda su influencia sobre los gobernantes.

Las ranas, los murciélagos y las víboras figuran como los animales más inmundos.

(NVI)Apoc. 16:15 "¡Cuidado! ¡Vengo como un ladrón! Dichoso el que se mantenga despierto, con su ropa a la mano, no sea que ande desnudo y sufra vergüenza por su desnudez."

Apoc. 16:16 Entonces los espíritus de los demonios reunieron a los reyes en el lugar que en hebreo se llama Armagedón.

(VRV)Apoc. 16:15 He aquí, yo vengo como ladrón. Bienaventurado el que vela, y guarda sus ropas, para que no ande desnudo, y vean su vergüenza. Apoc.16:16 Y los reunió en el lugar que en hebreo se llama Armagedón.

Breve estudio sobre los demonios

Los demonios viven en el aire y en la tierra, preferentemente en lugares desérticos, ruinas o cementerios. En Luc. 8:27 el gadareno tenía una legión (término que en el ejército romano identificaba a 6000 soldados.

Se los asocia con: la inmoralidad; el gadareno vivía sin ropa, y no tenía casa sino que vivía en el cementerio (a los creyentes no le es aconsejable la visita a los cementerios), y buscan cuerpos físicos para habitarlos. No obstante debemos saber que solo podrán hacerlo si les abrimos las puertas al aceptar en nuestra vida pornografía, violencia, vicios, etc. Una vez que una persona se inicia en estas actividades entra en un proceso que le demanda cada vez más, los mismos demonios se encargarán de ello.

Cuando salen de los cuerpos buscan lugares secos. El término demonio = daimon= ser inteligente. Son seres que perdieron sus cuerpos en la época pre-adámica y no son almas humanas, al cuerpo humano lo llaman casa. Una vez instalados buscan agregar a otros peores que ellos para reforzar su permanencia.

En el pasaje último de Apocalipsis se ve como tanto el anticristo como el falso profeta tienen poderosísimos demonios a sus servicios, y que ellos envían para sus misiones, de más esta decir que Satanás les controla.

Satanás y sus ángeles caídos, y sus legiones demoníacas operan en el aire (desde el segundo cielo hacia la tierra) y al analizar el libro de Daniel (Dan. 10:10 en adelante) vemos como ejercen oposición a nuestras oraciones. La existencia de pueblos gobernados por dictadores, opresores que mantienen sus habitantes en miseria nos muestra que son países cuyos cielos están controlados por huestes de maldad y solo la obra del creyente puede ayudar para limpiar estas influencias negativas para la vida (1 Tim.2:1)

El ocultismo se moviliza por medio de 4 áreas:

a) la superstición: (temor a demonios) lo que impulsa a la gente a utilizar todo tipo de amuletos espirituales (escapularios, cintas de colores, agua bendita etc.)

b) adivinación: tarots, tablas ouijas bolas de cristal, pirámides, etc. en procura de conocer lo oculto

c) magia: vudú, (muñecos con alfileres para matar seres) encantamientos, etc.

d) espiritismo: médiums (llamados modernamente espíritus canalizadores, a partir de la Nueva Era), escuelas espiritistas etc.(contactos con espíritus que simulan a los seres muertos)

Cualquier persona que se presta a alguna de estas actividades lo que está haciendo es abriendo la puerta a los demonios.

Efe.2:2 = el espíritu que ahora opera (obra) = energeo

La energía puede ser dirigida por Dios y es el Dunamis de Dios que procede de su Espíritu, es la misma fuerza que levantó a Cristo del sepulcro, pero también puede proceder de satanás en este caso mencionamos dos tipos de situaciones:

a) psi gama (conocer) es la habilidad demoníaca para utilizar efectos o poderes extrasensoriales y descubrir secretos pasados o futuros, de este término deriva la parapsicología; para = más allá, psicología = estudio de la mente. Son conocidos casos de personas que pueden doblar metales a distancia, lectura de la mente etc. (caso de Uri Geller)

b) psi capa (mover cosas), psicoquinesias, telequinesis, telepatía etc.

4 maneras de manifestarse la influencia satánica:

1) oposición u odio a todo lo relacionado con Dios (lectura de la Biblia, compartir diálogos con creyentes, orar etc.)

2) cambio manifiesto en la personalidad (tener cambios

bruscos en el comportamiento, de ser una persona amable pasar a ser violento, sentirse inútil o rechazado por todos etc.

3) tener actitudes antisociales: inmoralidad, uso del fuego, alejamiento del hogar, aplicar violencia sin razón, manifestar alteraciones mentales (En Deut. 28:64-66 se mencionan las maldiciones a la que se expone todo ser que rechaza a Dios y encontramos innumerables situaciones que hoy la medicina las clasifica como enfermedades mentales que serían perfectamente curables con solo acudir a Dios y limpiar las vidas del pecado (Luc. 8:27-29)

4) espíritus generacionales: Ex. 20:4-5 No te inclinarás a ellas, ni las honrarás; porque yo soy el SEÑOR tu Dios, fuerte, celoso, que visito (se transmite) la maldad de los padres sobre los hijos, hasta la tercera y cuarta generación, de los que me aborrecen,

Es posible romper esas maldiciones con tan solo ser obedientes a Dios, hoy la medicina confirma que es posible variar los genes hereditarios al ser modificadas las dietas alimenticias y los cambios de hábito, Dios nos pide que santifiquemos nuestros cuerpos

(NVI)Apoc. 16:17 El séptimo ángel derramó su copa en el aire, y desde el trono del templo salió un vozarrón que decía: "¡Se acabó!"

Apoc. 16:18 Y hubo relámpagos, estruendos, truenos y un violento terremoto. Nunca, desde que el género humano existe en la tierra, se había sentido un terremoto tan grande y violento.

(VRV60)Apoc. 16:17 El séptimo ángel derramó su copa por el aire; y salió una gran voz del templo del cielo, del trono, diciendo: Hecho está. Apoc. 16:18 Entonces hubo relámpagos y voces y truenos, y un gran temblor de tierra, un terremoto tan grande, cual no lo hubo jamás desde que los hombres han estado sobre la tierra.

Durante el 6º sello ya hubo un gran terremoto, pero en este ocurrirán sucesos nunca vistos por la humanidad:

Habrá caída de granizo del peso de un talento (34 kgs).

Se estará produciendo simultáneamente la derrota de Gog y Magog en el Armagedón (Eze. 38:19-23 Jer. 15:9 Hab. 3:11 Sal. 46 Amos 8: 7-9 Isa. 24:18 Todo indica que este gran terremoto modificará la posición del eje de la tierra (restaurándolo a su posición original antes del diluvio)

(NVI)Apoc. 16:19 La gran ciudad se partió en tres, y las ciudades de las naciones se desplomaron. Dios se acordó de la gran Babilonia y le dio a beber de la copa llena del vino del furor de su castigo.

Apoc. 16:20 Entonces huyeron todas las islas y desaparecieron las montañas.

Apoc. 16:21 Del cielo cayeron sobre la gente enormes granizos, de casi cuarenta kilos cada uno. Y maldecían a Dios por esa terrible plaga.

(VRV60)Apoc. 16:19 Y la gran ciudad fue dividida en tres partes, y las ciudades de las naciones cayeron; y la gran Babilonia vino en memoria delante de Dios, para darle el cáliz del vino del ardor de su ira. 16:20 Y toda isla huyó, y los montes no fueron hallados. Apoc. 16:21 Y cayó del cielo sobre los hombres un enorme granizo como del peso de un talento; y los hombres blasfemaron contra Dios por la plaga del granizo; porque su plaga fue sobremanera grande.

Una breve síntesis de los Caps. 12, 13, 14, 15 y 16

Las nuevas revelaciones contenidas en el "librito" dado a Juan son ampliación de información ya revelada en el libro mayor

a) se muestra la evolución de la mujer, el pueblo de Dios, representado tanto por el remanente de Israel como por la iglesia fiel hacia el final

b) se muestra la evolución de satanás y sus seguidores que derivará finalmente en el proceso del Anticristo (la bestia) y el falso profeta (una segunda bestia que ayuda a la primera mediante milagros satánicos operando con demonios a favor del Anticristo)

c) se describe a la descendencia de la mujer (los 144000) que serán guardados por Dios,(Cap. 14); los anuncios angelicales de los juicios por venir a partir de la 7ª trompeta con el derramamiento de las 7 copas, viéndose los 7 ángeles prestos para ejecutar sus acciones (cap.15) que concluirán al cumplirse 30 días de terminada la semana 70 con el derrame de la 7ª copa y el juicio del Armagedón.

17

Las Religiones

Introducción

El Cap. 17 se referirá a las religiones que son la prostitución del cristianismo y a los falsos profetas que las lideran y que se asocian a lo político y comercial en procura del dominio, del poder de este mundo creyendo que llevan a los hombres a agradar a Dios con sus rituales, cuando en realidad esto es aborrecido por Dios. El siguiente capítulo (el 18) nos mostrará lo mismo pero desde el punto de vista político comercial.

Durante el tiempo del desarrollo de la iglesia en la tierra siguiendo el mandamiento de Jesús de que sus seguidores tienen que ser sal y luz en el mundo, se ha en cierto modo no hecho desaparecer pero sí contenido el avance de la maldad, pero en estos últimos tiempos ella crecerá descomunalmente. La insensatez de amontonar dinero, poniéndole precio a todas las cosas, aún hoy los deportes, la cultura, y cualquier expresión del hombre está cuantificada en dinero, todo está conduciendo a que el pecado de la avaricia gobierne las acciones de los hombres, y se llegará a un punto tal que todo el poder internacional político-económico (sustentado por lo religioso) se asentará en Irak (la tierra de Sinar, la ex Babilonia antigua) desde donde se manejará el precio internacional de los alimentos, las joyas, la indumentaria y aún a las mismas vidas humanas se les pondrá precio (prostitución, esclavitud etc.) En Zac.5:5-11 se lee una profecía referida a estos tiempos:

Zac. 5:5 Salió el ángel que hablaba conmigo, y me dijo: Alza ahora tus ojos y mira qué es esto que sale.

Zac. 5:6 Y dije: ¿Qué es? Y él dijo: Esto es el efa que sale. Y añadió: Esta es la iniquidad de ellos en toda la tierra.

Zac. 5:7 Y he aquí, una tapa de plomo fue levantada, y había una mujer sentada dentro del efa.

Zac. 5:8 Entonces dijo: Esta es la Maldad. Y la arrojó al interior del efa y arrojó la tapa de plomo sobre su abertura.

Zac. 5:9 Luego alcé los ojos y miré, y he aquí dos mujeres salían con el viento en sus alas; y tenían alas como alas de cigüeña, y alzaron el efa entre la tierra y el cielo.

Zac. 5:10 Dije entonces al ángel que hablaba conmigo: ¿Adónde llevan el efa?

Zac. 5:11 Y me respondió: A la tierra de Sinar para edificarle un templo; y cuando esté preparado, será asentado allí sobre su base.

Epha =Efa= medida de comercio de la época= 40 litros

El comercio manejado por la maldad y "contenido" por la iglesia (por eso está aún encerrado, pero hacia el tiempo del anticristo trasladará su instalación (centro de actividad) en la tierra de Sinar = Babilonia= Irak y edificarle templo (sede) a fin de que sea liberada y opere en plenitud

Después de Jerusalén (la ciudad más mencionada en la Biblia) la ciudad más mencionada es Babilonia.

En los orígenes de la humanidad Babel tuvo su importancia y de ella luego derivará Babilonia.

Todos los imperios mundiales (sumerios, asirios, egipcios, babilonios, medos-persas, griegos, romanos) tuvieron una característica común: la de mantener la unidad entre política y religión.

Las religiones representan la más grande alteración del plan de Dios y conforman todos los sistemas inventados por el hombre para conocer del más allá, en contraposición a los principios de la Palabra de Dios.

Es un error asociar a la religión con la idea de Dios, e igualmente es un error asociar a un religioso como una persona que ama a Dios

Las religiones nacen a partir de Caín. Dios le reveló a Adán y Eva como debían acercarse a Él. En Ge. 3:21 se ve como al pecar, Adán y Eva se cubrieron de su desnudez, que les producía vergüenza, pero Dios vía sacrificio de un animal inocente les cubrió con pieles. Así las religiones procuran tapar con rituales y ceremonias el pecado que grita desde las conciencias de los hombres, entonces se cree que haciendo cosas u obras de bien se apacigua este estado aunque sea momentáneamente, cuando en realidad Dios ya tomó la iniciativa para cubrir el pecado del hombre y a él solo le pide que crea que la sangre inocente de su Hijo es suficiente para atribuirnos su justicia.

Las religiones sin excepción son el sistema inventado por el ser humano para acercarse a Dios a través de a) buenas obras y b) sacrificios (prender velas, cumplir rituales o promesas, aislarse de la sociedad, etc.) en cambio Dios nos dice que no tenemos que hacer nada para agradarle excepto que creer en la obra de la Cruz; luego este cambio de estado (de pecador condenado a pecador perdonado) produce en el ser humano una gratitud que sí le lleva a realizar obras de bien, pero no son estas las que generan su salvación sino el haber creído (Ro. 3:23-26; Efe. 2:8-9)

La Palabra nos dice que Caín trajo lo mejor de sus obras, no lo que Dios le había indicado a Adán y Eva y por eso no agradó a Dios su ofrenda, y en cambio sí agradó la ofrenda de Abel. Debe entenderse que si agradáramos a Dios por nuestras obras, aunque fuese lo mejor de lo nuestro, que calidad de obras necesitaríamos para agradar a Dios? Como saberlo?

Sigmund Fruid decía que el hombre es religioso por temor a lo desconocido, entonces cuando ese hombre no conoce a Dios, se fabrica un dios por esa necesidad innata que adorar (Sal. 115) esto le conduce de acuerdo a la Biblia a la idolatría y es paganismo

Vemos como la mujer samaritana dijo a Jesús que sus padres le enseñaron que se debía adorar en Jerusalén (luego Mahoma diría que es necesario hacerlo en La Meca), Cristo en cambio le dijo que no es ni en Jerusalén ni en ningún otro lado ya que como Dios es espíritu, El pide que le adoremos en espíritu y en verdad. El religioso adora lo que no sabe y no existe mayor disfraz para Satanás que las religiones (la Palabra dice que él se disfraza como ángel de luz)

La mujer que describe el Cap. 17 representa a todos los sistemas religiosos inventados por la humanidad, y se la llama ramera por su relación con los gobiernos, (se la ve sentada sobre la bestia de siete cabezas —siete imperios mundiales controlados por Satanás, todos de característica antisemita) así como el trigo y la cizaña crecen juntos y la novia (la iglesia verdadera) espera a su amado, la ramera se relaciona con la política Siempre las religiones han estado unidas a la brujería al servicio de la política. Además se asienta (tiene centro cívico) sobre siete montes = Roma

En Ex. 7:11 se ve como faraón tenía sabios y hechiceros (y no eran charlatanes, tenían poderes satánicos). En Da.2:2 se ve a Nabucodonosor consultar a sus magos, astrólogos y encantadores sobre sus sueños y decisiones de gobierno (también en Dan.4:6-7 y Dan. 5:7)

Esta es la razón por la que en 1 Tim. 2:1-3 se nos insta a orar por los gobernantes, para que sean librados del poder satánico.

En Ge.10:8-10 se nos enseña que Nimrod creó el primer reino, el de Babel, luego sería Babilonia en el lugar geográfico de Irak y cercano a la actual ciudad de Hilla.

El término Babel = Babilonia = confusión y puerta al cielo, coincidentemente todas las religiones generan confusión y cada una se considera camino al cielo, pero...cuantos caminos hay? Cuantas verdades hay? Si hay varias se cae en el relativismo (c/u tiene su verdad), mientras que Dios sostiene una única verdad, Él es la verdad y esto es Absolutismo.

Cuando en Ge. 11 el hombre dice edifiquémonos una ciudad, está proyectando el globalismo (un solo gobierno del anticristo) y al hacer la torre (símbolo espiritual) está asociando lo religioso. Cuando la religión en sociedad con el estado acepta lo que este dictamina respecto a la libertad del hombre (contrario a la Palabra de Dios) sin más se vuelve ramera. (En la época de Cristo los religiosos judíos se valieron de la política (Pilato) para lograr la crucifixión

Dios utiliza las cosas visibles como símbolos para mostrarnos las cosas invisibles que no se ven (ej. Le necesidad de que una semilla muera en tierra para germinar y dar a luz nueva vida esto para ejemplificar la resurrección) y especialmente Jesús habló en parábolas para dar a conocer los misterios de Dios para aquellos que se interesan (que buscan la verdad) pero que no son clarificadas para quienes no les interesa. Pablo dice en 1 Co. 2:6-19 hablamos sabiduría entre quienes ya han alcanzado madurez y sabiduría y no de este siglo, sino del cielo (sabiduría de Dios en misterios sabiduría oculta ahora revelada a través del E.S. Quien conoce las cosas del hombre sino el espíritu del hombre que está en él, así el ES revela a mi espíritu sus verdades

La torre de Babel representa una mezcla de dos poderes, el político y el religioso (Dios no desea esto, recordar que Jesús decía: al César lo que es del César y a Dios lo que es de Dios) y también simboliza el globalismo y el ecumenismo (el sueño de la humanidad es tener un solo gobierno, una sola religión etc.). En Babel comenzó la astrología admitiendo la influencia de los astros en las vidas humanas y así con el avance de los tiempos se halló que todos los pueblos primitivos eran adoradores de las figuras celestiales y lo que deriva de ellas, todo demoníaco, leemos en (LBLA) Lev. 26:30 "Y destruiré vuestros lugares altos, derribaré vuestros altares de incienso y amontonaré vuestros cadáveres sobre los cadáveres de vuestros ídolos, pues mi alma os aborrecerá.

(Más modernamente se ve a Hitler buscar a los Lamas (monjes tibetanos de los montes Himalaya) para que le instruyan en sus enseñanzas demoníacas

(NVI)Apoc. 17:1 Uno de los siete ángeles que tenían las siete copas se me acercó y me dijo: "Ven, y te mostraré el castigo de la gran prostituta que está sentada sobre muchas aguas.

Apoc. 17:2 Con ella cometieron adulterio los reyes de la tierra, y los habitantes de la tierra se embriagaron con el vino de su inmoralidad."

Apoc. 17:3 Luego el ángel me llevó en el Espíritu a un desierto. Allí vi a una mujer montada en una bestia escarlata. La bestia estaba cubierta de nombres blasfemos contra Dios, y tenía siete cabezas y diez cuernos.

Apoc. 17:4 La mujer estaba vestida de púrpura y escarlata, y adornada con oro, piedras preciosas y perlas. Tenía en la mano una copa de oro llena de abominaciones y de la inmundicia de sus adulterios.

Apoc. 17:5 En la frente llevaba escrito un nombre misterioso: LA GRAN BABILONIA MADRE DE LAS PROSTITUTAS Y DE LAS ABOMINABLES IDOLATRÍAS DE LA TIERRA.

Apoc. 17:6 Vi que la mujer se había emborrachado con la sangre de los santos y de los mártires de Jesús. Al verla, quedé sumamente asombrado.

Apoc. 17:7 Entonces el ángel me dijo: "¿Por qué te asombras? Yo te explicaré el misterio de esa mujer y de la bestia de siete cabezas y diez cuernos en la que va montada.

(VRV60)Apoc. 17:1 Vino entonces uno de los siete ángeles que tenían las siete copas, y habló conmigo diciéndome: Ven acá, y te mostraré la sentencia contra la gran ramera, la que está sentada sobre muchas aguas; Apoc. 17:2 con la cual han fornicado los reyes de la tierra, y los moradores de la tierra se han embriagado con el vino de su fornicación. Apoc.17:3 Y me llevó en el Espíritu al desierto; y vi a una mujer sentada sobre una bestia escarlata llena de nombres de blasfemia, que tenía siete cabezas y diez cuernos. Apoc.17:4 Y la mujer estaba vestida de púrpura y escarlata, y adornada de oro, de piedras preciosas y de perlas, y tenía en la mano un cáliz de oro lleno de abominaciones y de la inmundicia de su fornicación; Apoc. 17:5 y en su frente un nombre escrito, un misterio: BABILONIA LA GRANDE, LA MADRE DE LAS RAMERAS Y DE LAS ABOMINACIONES DE LA TIERRA. Apoc. 17:6 Vi a la mujer ebria de la sangre de los santos, y de la sangre de los mártires de Jesús; y cuando la vi, quedé asombrado con gran asombro. Apoc.17:7 Y el ángel me dijo: ¿Por qué te asombras? Yo te diré el misterio de la mujer, y de la bestia que la trae, la cual tiene las siete cabezas y los diez cuernos.

La mujer en la Biblia es la Iglesia, es la novia y luego esposa del Cordero, pero en este pasaje al tratarla como ramera indica que no fue fiel al Señor, es por lo tanto una iglesia infiel, una religión falsa en el final de los tiempos (que se distingue del accionar de la verdadera iglesia) cuyo origen fue Babel (por esto se habla del misterio de Babilonia. Ya en Tiatira por medio de Jezabel se manifestó y hacia el final de la iglesia es Roma y su esquema papal (Vers. 18 la gran ciudad que reina- presente al tiempo de Juan- sentada sobre muchas aguas (Vers.15 pueblos muchedumbres naciones y lenguas) Roma tuvo un inicio ligado al paganismo y luego se mezcla con la iglesia cristiana hasta el final de los tiempos de la iglesia, no obstante recordar que desde Sardis en adelante surge la iglesia reformada que se aparta de Roma.

El primer dictador prototipo del anticristo fue Nimrod (hijo de Cus) –Ge.10:8 quien edificó Babel en tierra de Sinar (hoy Irak), Nínive, Rehoboth y otras ciudades que formaron la civilización de los sumerios. Cada ciudad –estado tenía un rey con lo que nunca hubo una integración tipo imperio. En Babel reinaba Nimrod y su esposa Semiramis regía lo religioso, al producirse la dispersión por la confusión de lenguas Semiramis pasó a ser Isis, Ishtar, Astarté, Astarot, Ator, Afrodita, Venus etc. conforme al pueblo que la adoraba y con las mismas características se identificó luego a la imagen de la Virgen María en la iglesia romana, por su parte Nimrod paso a ser Osiris, Baco, Dionisio; Dagón, Esculapio y finalmente los césares romanos.

(NVI)Apoc. 17:8 La bestia que has visto es la que antes era pero ya no es, y está a punto de subir del abismo, pero va rumbo a la destrucción. Los habitantes de la tierra, cuyos nombres, desde la creación del mundo, no han sido escritos en el libro de la vida, se asombrarán al ver a la bestia, porque antes era pero ya no es, y sin embargo reaparecerá.

(VRV60)Apoc. 17:8 La bestia que has visto, era, y no es; y está para subir del abismo e ir a perdición; y los moradores de la tierra, aquellos cuyos nombres no están escritos desde la fundación del mundo en el libro de la vida, se asombrarán viendo la bestia que era y no es, y será.

Bestia que era (ya existió antes), no es (está en el abismo) y será (cuando venga del abismo)

Apoc. 11:7 nos habla de la bestia que sube del abismo

Apoc. 13:1 ve subir del mar una bestia

(NVI)Apoc. 17:9 "¡En esto consisten el entendimiento y la sabiduría! Las siete cabezas son siete colinas sobre las que está sentada esa mujer.

Apoc. 17:10 También son siete reyes: cinco han caído, uno

está gobernando, el otro no ha llegado todavía; pero cuando llegue, es preciso que dure poco tiempo.

(VRV60)Apoc. 17:9 Esto, para la mente que tenga sabiduría: Las siete cabezas son siete montes, sobre los cuales se sienta la mujer, Apoc.17:10 y son siete reyes. Cinco de ellos han caído; uno es, y el otro aún no ha venido; y cuando venga, es necesario que dure breve tiempo.

Para Daniel			Según el relato de Juan
			1) Egipto
			2) Asiria
León	Babilonia	= Irak	3) Babilonia
Oso	Medo-Persa	= Irán	4) Medo-Persas
Leopardo		= Grecia	5) Grecia
Bestia indescriptible*		= Roma	6) Roma (existente al momento de escribirse el Apoc
			7) cont. De Roma (Confed de 10 nac (*)
			8) surge de entre las 10 (*)
			(*) El anticristo conquistará 3 de las 10 naciones formando una sola que sumada las 7 restantes forman el gobierno final (se habla de naciones y de reyes de ellas al mismo tiempo)

(NVI)Apoc. 17:11 La bestia, que antes era pero ya no es, es el octavo rey. Está incluido entre los siete, y va rumbo a la destrucción.

Apoc. 17:12 "Los diez cuernos que has visto son diez reyes que todavía no han comenzado a reinar, pero que por una hora recibirán autoridad como reyes, junto con la bestia.

Apoc. 17:13 Éstos tienen un mismo propósito, que es poner su poder y autoridad a disposición de la bestia.

Apoc. 17:14 Le harán la guerra al Cordero, pero el Cordero los vencerá, porque es Señor de señores y Rey de reyes, y los que están con él son sus llamados, sus escogidos, y sus fieles."

Apoc. 17:15 Además el ángel me dijo: "Las aguas que has visto, donde está sentada la prostituta, son pueblos, multitudes, naciones y lenguas.

Apoc. 17:16 Los diez cuernos y la bestia que has visto le cobrarán odio a la prostituta. Causarán su ruina y la dejarán desnuda; devorarán su cuerpo y la destruirán con fuego,

(VRV60)Apoc. 17:11 La bestia que era, y no es, es también el octavo; y es de entre los siete, y va a la perdición. Apoc.17:12 Y los diez cuernos que has visto, son diez reyes,(G) que aún no han recibido reino; pero por una hora recibirán autoridad como reyes juntamente con la bestia. Apoc.17:13 Estos tienen un mismo propósito, y entregarán su poder y su autoridad a la bestia. Apoc.17:14 Pelearán contra el Cordero, y el Cordero los vencerá, porque él es Señor de señores y Rey de reyes; y los que están con él son llamados y elegidos y fieles. Apoc.17:15 Me dijo también: Las aguas que has visto donde la ramera se sienta, son pueblos, muchedumbres, naciones y lenguas. Apoc.17:16 Y los diez cuernos que viste en la bestia, éstos aborrecerán a la ramera, y la dejarán desolada y desnuda; y devorarán sus carnes, y la quemarán con fuego;

El poder del anticristo, una vez entronizado hará que su socia la religión sea destruida a fin de que solo sea reconocido su poder

(NVI)Apoc. 17:17 porque Dios les ha puesto en el corazón que lleven a cabo su divino propósito. Por eso, y de común acuerdo, ellos le entregarán a la bestia el poder que tienen de gobernar, hasta que se cumplan las palabras de Dios.

Apoc. 17:18 La mujer que has visto es aquella gran ciudad que tiene poder de gobernar sobre los reyes de la tierra."

(VRV)Apoc. 17:17 porque Dios ha puesto en sus corazones el ejecutar lo que él quiso: ponerse de acuerdo, y dar su reino a la bestia, hasta que se cumplan las palabras de Dios. Apoc.17:18 Y la mujer que has visto es la gran ciudad que reina sobre los reyes de la tierra.

(Ver Síntesis al final del Cap. 18)

18

Otro enfoque sobre las religiones

Otro enfoque de la Babilonia del cap. 17

(NVI)Apoc. 18:1 Después de esto vi a otro ángel que bajaba del cielo. Tenía mucho poder, y la tierra se iluminó con su resplandor.

Apoc. 18:2 Gritó a gran voz: "¡Ha caído! ¡Ha caído la gran Babilonia! Se ha convertido en morada de demonios y en guarida de todo espíritu maligno, en nido de toda ave impura y detestable.

(VRV60)Apoc. 18:1 Después de esto vi a otro ángel descender del cielo con gran poder; y la tierra fue alumbrada con su gloria. Apoc.18:2 Y clamó con voz potente, diciendo: Ha caído, ha caído la gran Babilonia, y se ha hecho habitación de demonios y guarida de todo espíritu inmundo, y albergue de toda ave inmunda y aborrecible.

Con el derramamiento de la 7ª copa se producirá un tremendo terremoto con las destrucción de las principales ciudades del mundo, (Jerusalén será dividida en tres partes) y también caerá Babilonia, ciudad que fue creciendo en poder hasta convertirse en el centro comercial del mundo siendo destruida y convertida en cueva (guarida) de demonios y aves aborrecibles (aunque no se encuentra mencionado es posible que animales que a simple vista nos inspiran rechazo, además de ser mortales por su veneno, puedan ser animales llenos de demonios, tales como: alacranes, tarántulas, aves de rapiña, hienas, murciélagos etc. que ahora encuentran un lugar para hacerlo su habitación (zona desértica ideal para demonios) Isa. 13:19 Babilonia, la perla de los reinos, la gloria y el orgullo de los caldeos, será semejante a Sodoma y Gomorra, destruidas por Dios. Isa. 13:20 No será habitada jamás ni poblada en generaciones y generaciones, ni pondrá tienda allí el árabe, ni pastores apacentarán allí. Isa. 13:21 Allí tendrán aprisco bestias del desierto y se llenarán sus casas de mochuelos. Allí morarán las avestruces y los sátiros brincarán allí. Isa. 13:22 Se responderán las hienas en sus alcázares y los chacales en sus palacios de recreo. Su hora está para llegar y sus días no tendrán prórroga.

Jer. 50:39 Por eso vivirán las hienas con los chacales y vivirán en ella las avestruces, y no será habitada nunca jamás ni será poblada por siglos y siglos.

Razones de la caída de Babilonia

1) por su corrupción espiritual al propagar todo lo religioso conducente a la idolatría, la hechicería, etc. todo lo mas lejos de la adoración al Dios verdadero

2) por corromper a las naciones por todo lo relacionado a la pornografía desviando las mentes de la santidad a Dios

3) por su corrupción a través del secularismo su desarrollo económico hará la vida confortable sin la necesidad de la ayuda de Dios (Hebr. 11 nos dice que Moisés rehusó llamarse hijo del faraón por causa del sufrimiento de sus hermanos israelitas) Aquí por la comodidad el ego será entronizado de tal modo que los semejantes se convertirán en objetos de satisfacción personal (se perderá el afecto natural) Dios nos recuerda que no se trata de ser felices a costa de los demás sino que nuestra felicidad deriva de haber procurado el bien de los demás.

4) por perseguir a los santos de Dios Dichosos los que mueren por la causa de Cristo

5) por su soberbia y auto exaltación. Dios nos pide que nos humillemos

(NVI)Apoc. 18:3 Porque todas las naciones han bebido el excitante vino de su adulterio; los reyes de la tierra cometieron adulterio con ella, y los comerciantes de la tierra se enriquecieron a costa de lo que ella despilfarraba en sus lujos.

Apoc. 18:4 Luego oí otra voz del cielo que decía: "Salgan de ella, pueblo mío, para que no sean cómplices de sus pecados, ni los alcance ninguna de sus plagas;

Apoc. 18:5 pues sus pecados se han amontonado hasta el cielo, y de sus injusticias se ha acordado Dios.

Apoc. 18:6 Páguenle con la misma moneda; denle el doble de lo que ha cometido, y en la misma copa en que ella preparó bebida mézclenle una doble porción.

Apoc. 18:7 En la medida en que ella se entregó a la vanagloria y al arrogante lujo denle tormento y aflicción; porque en su corazón se jacta: Estoy sentada como reina; no soy viuda ni sufriré jamás.'

Apoc. 18:8 Por eso, en un solo día le sobrevendrán sus plagas: pestilencia, aflicción y hambre. Será consumida por el fuego, porque poderoso es el Señor Dios que la juzga."

Apoc. 18:9 Cuando los reyes de la tierra que cometieron adulterio con ella y compartieron su lujo vean el humo del fuego que la consume, llorarán y se lamentarán por ella.

Apoc. 18:10 Aterrorizados al ver semejante castigo, se mantendrán a distancia y gritarán: "¡Ay! ¡Ay de ti, la gran ciudad, Babilonia, ciudad poderosa, porque en una sola hora ha llegado tu juicio!"

(VRV60)Apoc. 18:3 Porque todas las naciones han bebido del vino del furor de su fornicación; y los reyes de la tierra han fornicado con ella, y los mercaderes de la tierra se han enriquecido de la potencia de sus deleites. Apoc.18:4 Y oí otra voz del cielo, que decía: Salid de ella, pueblo mío, para que no seáis partícipes de sus pecados, ni recibáis parte de sus plagas; Apoc.18:5 porque sus pecados han llegado hasta el cielo, y Dios se ha acordado de sus maldades. Apoc. 18:6 Dadle a ella como ella os ha dado, y pagadle doble según sus obras; en el cáliz en que ella preparó bebida, preparadle a ella el doble. Apoc.18:7 Cuanto ella se ha glorificado y ha vivido en deleites, tanto dadle de tormento y llanto; porque dice en su corazón: Yo estoy sentada como reina, y no soy viuda, y no veré llanto; Apoc.18:8 por lo cual en un solo día vendrán sus plagas; muerte, llanto y hambre, y será quemada con fuego; porque poderoso es Dios el Señor, que la juzga. Apoc. 18:9 Y los reyes de la tierra que han fornicado con ella, y con ella han vivido en deleites, llorarán y harán lamentación sobre ella, cuando vean el humo de su incendio, Apoc. 18:10 parándose lejos por el temor de su tormento, diciendo: !Ay, ay, de la gran ciudad de Babilonia, la ciudad fuerte; porque en una hora vino tu juicio!

Juicio repentino (recordar cuán rápido se cayeron las 3 torres gemelas)

(NVI)Apoc. 18:11 Los comerciantes de la tierra llorarán y harán duelo por ella, porque ya no habrá quien les compre sus mercaderías:

(VRV60)Apoc. 18:11 Y los mercaderes de la tierra lloran y hacen lamentación sobre ella, porque ninguno compra más sus mercaderías;

Mercaderes de la tierra = esta expresión utilizada en 18:11 y luego en 18:15 y 18:23 se refiere a los grandes comerciantes mayoristas, magnates que realizaban sus grandes negocios con cuantiosas ganancias a costa de los demás, aún de las almas y cuerpos de hombres (ver 18:13) manejando sus finanzas a voluntad y a su exclusivo beneficio. La red mundial de Internet (www.) será el vehículo ideal para estos grandes operadores financieros del mundo que también manejaran todo tipo de informaciones. Para ese entonces habrá desaparecido el dinero físico y todo será electrónico por vía de Internet.

(NVI)Apoc. 18:12 artículos de oro, plata, piedras preciosas y perlas; lino fino, púrpura, telas de seda y escarlata; toda clase de maderas de cedro; los más variados objetos, hechos de marfil, de madera preciosa, de bronce, de hierro y de mármol;

Apoc. 18:13 cargamentos de canela y especias aromáticas; de incienso, mirra y perfumes; de vino y aceite; de harina refinada y trigo; de ganado vacuno y de corderos; de caballos y carruajes; y hasta de seres humanos, vendidos como esclavos.

Apoc. 18:14 Y dirán: "Se ha apartado de ti el fruto que con

toda el alma codiciabas. Has perdido todas tus cosas suntuosas y espléndidas, y nunca las recuperarás."

Apoc. 18:15 Los comerciantes que vendían estas mercaderías y se habían enriquecido a costa de ella se mantendrán a distancia, aterrorizados al ver semejante castigo. Llorarán y harán lamentación:

Apoc. 18:16 "¡Ay! ¡Ay de la gran ciudad, vestida de lino fino, de púrpura y escarlata, y adornada con oro, piedras preciosas y perlas,

Apoc. 18:17 porque en una sola hora ha quedado destruida toda tu riqueza!" Todos los capitanes de barco, los pasajeros, los marineros y todos los que viven del mar se detendrán a lo lejos.

Apoc. 18:18 Al ver el humo del fuego que la consume, exclamarán: "¿Hubo jamás alguna ciudad como esta gran ciudad?"

Apoc. 18:19 Harán duelo,* llorando y lamentándose a gritos: "¡Ay! ¡Ay de la gran ciudad, con cuya opulencia se enriquecieron todos los dueños de flotas navieras! ¡En una sola hora ha quedado destruida!

Apoc. 18:20 ¡Alégrate, oh cielo, por lo que le ha sucedido! ¡Alégrense también ustedes, santos, apóstoles y profetas!, porque Dios, al juzgarla, les ha hecho justicia a ustedes."

Apoc. 18:21 Entonces un ángel poderoso levantó una piedra del tamaño de una gran rueda de molino, y la arrojó al mar diciendo: "Así también tú, Babilonia, gran ciudad, serás derribada con la misma violencia, y desaparecerás de la faz de la tierra.

Apoc. 18:22 Jamás volverá a oírse en ti la música de los cantantes y de arpas, flautas y trompetas. Jamás volverá a hallarse en ti ningún tipo de artesano. Jamás volverá a oírse en ti el ruido de la rueda de molino.

Apoc. 18:23 Jamás volverá a brillar en ti la luz de ninguna lámpara. Jamás volverá a sentirse en ti el regocijo de las nupcias.* Porque tus comerciantes eran los magnates del mundo, porque con tus hechicerías engañaste a todas las naciones,

Apoc. 18:24 porque en ti se halló sangre de profetas y de santos, y de todos los que han sido asesinados en la tierra.

(VRV60)Apoc. 18:12 mercadería de oro, de plata, de piedras preciosas, de perlas, de lino fino, de púrpura, de seda, de escarlata, de toda madera olorosa, de todo objeto de marfil, de todo objeto de madera preciosa, de cobre, de hierro y de mármol; Apoc.18:13 y canela, especias aromáticas, incienso, mirra, olíbano, vino, aceite, flor de harina, trigo, bestias, ovejas, caballos y carros, y esclavos, almas de hombres. Apoc. 18:14 Los frutos codiciados por tu alma se apartaron de ti, y todas las cosas exquisitas y espléndidas te han faltado, y nunca más las hallarás. Apoc.18:15 Los mercaderes de estas cosas, que se han enriquecido a costa de ella, se pararán lejos por el temor de su tormento, llorando y lamentando, Apoc. 18:16 y diciendo: !!Ay, ay, de la gran ciudad, que estaba vestida de lino fino, de púrpura y de escarlata, y estaba adornada de oro, de piedras preciosas y de perlas! Apoc.18:17 Porque en una hora han sido consumidas tantas riquezas. Y todo piloto, y todos los que viajan en naves, y marineros, y todos los que trabajan en el mar, se pararon lejos; Apoc.18:18 y viendo el humo de su incendio, dieron voces, diciendo: ¿Qué ciudad era semejante a esta gran ciudad? Apoc. 18:19 Y echaron polvo sobre sus cabezas, y dieron voces, llorando y lamentando, diciendo! Ay, ay de la gran ciudad, en la cual todos los que tenían naves en el mar se habían enriquecido de sus riquezas; pues en una hora ha sido desolada! Apoc.18:20 Alégrate sobre ella, cielo, y vosotros, santos, apóstoles y profetas;

porque Dios os ha hecho justicia en ella. Apoc.18:21 Y un ángel poderoso tomó una piedra, como una gran piedra de molino, y la arrojó en el mar, diciendo: Con el mismo ímpetu será derribada Babilonia la gran ciudad, y nunca más será hallada. Apoc.18:22 Y voz de arpistas, de músicos, de flautistas y de trompeteros no se oirá más en ti; y ningún artífice de oficio alguno se hallará más en ti, ni ruido de molino se oirá más en ti. Apoc.18:23 Luz de lámpara no alumbrará más en ti, ni voz de esposo y de esposa se oirá más en ti; porque tus mercaderes eran los grandes de la tierra; pues por tus hechicerías fueron engañadas todas las naciones. Apoc. 18:24 Y en ella se halló la sangre de los profetas y de los santos, y de todos los que han sido muertos en la tierra,

La caída de Babilonia hará que

1) la maldad del mudo sea conquistada
2) se establezca la justicia de Dios
3) Cristo venga a establecer su reino
4) Todos los santos que sufrieron durante todos los tiempos sean vindicados

Las causas de la caída se pueden resumir en

1) soberbia Isa.2:10-12 altivez de los ojos de los hombres (luz de lámpara no alumbrará más en ti (Vers. 18:23) es el pecado que más odia Dios, por el cual cayo Satanás y hace que los hombres prescindan de Dios por considerarse superiores a todo

2) hechicerías (farmakeia = deriva en farmacia, droguería) p.ej. la astrología por medio de la cual se cree que los astros dirigen el destino de los hombres que se convierten en títeres Deut. 18:10-12 cuando en realidad las acciones de los hombres dependen de nuestras creencias y moral y por las cuales somos responsables (Vers. 18:23)

3) engaños (engañar = seducir para sacar del camino) (Vers. 18:23)

4) muerte de los creyentes

Una breve síntesis de los Cap. 17 y 18

Como parte de las revelaciones del librito se nos mostrará la evolución del sistema religioso falso o apóstata que a lo largo de la historia intervino influyendo espiritualmente en contra de los propósitos de Dios. Babel desde su origen evolucionó hasta ser La Gran Babilonia, la madre de las prostitutas, y de las abominables idolatrías de la tierra, tanto en lo espiritual (Cap. 17) como en sus negocios con los "grandes" de la tierra distorsionando con su codicia el propósito de los negocios (Cap.18)

19
Una Gran Celebración

Se sucedieron, una tras otra las copas en un breve tiempo, se produjeron circunstancias que facilitarán el desplazamiento de los ejércitos hacia el valle de Meguido, como el secado del cauce del Rio Éufrates y aún la caída de granizo como nunca hubo (pero que no afectará el desplazamiento de los soldados) también ocurrió la caída de la Babilonia tanto religiosa como comercial. Al mismo tiempo en el cielo transcurrió el otorgamiento de galardones en el Tribunal de Cristo y ahora todo esta listo para el encuentro final de Cristo y su esposa (todos los redimidos de Israel o gentiles que aceptaron en vida al Señor como su Salvador y que participaron de la resurrección y/o rapto) (Ose. 2:19-20) (Efe. 5:23-25) (En ninguna parte de la Palabra se habla de dos esposas)

Cuando concluyan las bodas Cristo volverá a la tierra con sus ángeles segadores para derrotar las fuerzas del Anticristo en la batalla de Armagedón (Isa. 34:1-3) y con este acontecimiento concluirá el período de 30 días adicionados a la semana 70 y al mismo tiempo se cierra el tiempo de la Ira de Dios (Apoc. 19:11-16) de este modo recuperará definitivamente la posesión de la tierra, serán apresados la bestia (el Anticristo), y el falso profeta quienes serán arrojados al lago de fuego (Apoc. 19:20)*

*Eze. 39:11 observa que a Gog se le enterrará en el valle de la batalla, por lo que es posible que sea muerto y su alma sea destinada al lago de fuego,

Los ejércitos serán destruidos con fuego (especialmente las fuerzas de la confederación del Anticristo) y matanza por medio de los ángeles de Dios las demás fuerzas

(NVI)Apoc. 19:1 Después de esto oí en el cielo un tremendo bullicio, como el de una inmensa multitud que exclamaba: "¡Aleluya! La salvación, la gloria y el poder son de nuestro Dios,

(VRV60)Apoc. 19:1 Después de esto oí una gran voz de gran multitud en el cielo, que decía !Aleluya! Salvación y honra y gloria y poder son del Señor Dios nuestro;

La gran voz a quien le está hablando

Aleluya =hallelu-yah = load a Jah = alabado sea Dios... por

1) la salvación Porque Dios es el que planeó la salvación conforme a su multiforme sabiduría (Efe. 3:10-11) que s/ 1Pe. 1:10-12 fue investigada por los profetas pero no para su provecho, sino para un pueblo que habría de ser llamado (la iglesia)

2) el poder = dunamis =potencia = capacidad = eficacia

3) honra = preferir = honrar

4) gloria = tener peso, importancia, prestigio, autoridad

(NVI)Apoc. 19:2 pues sus juicios son verdaderos y justos: ha condenado a la famosa prostituta que con sus adulterios corrompía la tierra; ha vindicado la sangre de los siervos de Dios derramada por ella."

Apoc. 19:3 Y volvieron a exclamar: "¡Aleluya! El humo de ella sube por los siglos de los siglos."

Apoc. 19:4 Entonces los veinticuatro ancianos y los cuatro seres vivientes se postraron y adoraron a Dios, que estaba sentado en el trono, y dijeron: "¡Amén, Aleluya!"

(VRV60)Apoc. 19:2 porque sus juicios son verdaderos y justos; pues ha juzgado a la gran ramera que ha corrompido a la tierra con su fornicación, y ha vengado la sangre de sus siervos de la mano de ella. Apoc.19:3 Otra vez dijeron: !!Aleluya! Y el humo de ella sube por los siglos de los siglos. Apoc.19:4 Y los veinticuatro ancianos y los cuatro seres vivientes se postraron en tierra y adoraron a Dios, que estaba sentado en el trono, y decían: !Amén! !!Aleluya!

Todo ser creado adora a Dios, no importa cuán cercano este a Él Para que esta adoración sea genuina es necesario que previamente haya temor de Dios, es decir una consciencia continua de que Dios nos observa y responde conforme a nuestras actitudes y acciones

(NVI)Apoc. 19:5 Y del trono salió una voz que decía: "¡Alaben ustedes a nuestro Dios, todos sus siervos, grandes y pequeños, que con reverente temor le sirven!"

Apoc. 19:6 Después oí voces como el rumor de una inmensa multitud, como el estruendo de una catarata y como el retumbar de potentes truenos, que exclamaban: "¡Aleluya! Ya ha comenzado a reinar el Señor, nuestro Dios Todopoderoso.

(VRV60)Apoc. 19:5 Y salió del trono una voz que decía: Alabad a nuestro Dios todos sus siervos, y los que le teméis, así pequeños como grandes.Apoc.19:6 Y oí como la voz de una gran multitud, como el estruendo de muchas aguas y como la voz de grandes truenos, que decía: !!Aleluya, porque el Señor nuestro Dios Todopoderoso reina!

Todopoderoso = panto krator = el que controla todo (2 Co. 6:18 y 9 veces en Apocalipsis. Deut. 7:13-14 igual que en los tiempos finales cuando todo el poder satánico se desate contra los hijos de Dios, entonces el Todopoderoso seguirá actuando a favor de sus hijos, porque sigue teniendo absoluto control de todo lo que pasa en toda circunstancia.

Juzgada la Gran Ramera, ahora Dios se ocupará de su verdadera y fiel esposa.

(NVI)Apoc. 19:7 ¡Alegrémonos y regocijémonos y démosle gloria! Ya ha llegado el día de las bodas del Cordero. Su novia se ha preparado,

(VRV60)Apoc. 19:7 Gocémonos y alegrémonos y démosle gloria; porque han llegado las bodas del Cordero, y su esposa se ha preparado.

El matrimonio en la tierra es un símil de la relación entre Dios y sus hijos.

Boda: En todo el AT Dios ha hablado a su pueblo Israel como a la prometida y quien le fue infiel por haber ido tras dioses ajenos, cometió adulterio espiritual (Isa. 54:5-8) En Jer. 3:6-8 se menciona que Dios ante ese adulterio le dio carta de repudio, se divorció de ellos, para buscar otro pueblo (la iglesia), no obstante en Ose 2 les dice que pese a ello, llegará el día en que igualmente se desposará con ella

(1Co. 7 =única razón válida de divorcio ante Dios según la Biblia = el adulterio)

Esta situación está bien explicada en Mat. 22 en la parábola de las bodas donde:

1) el grupo de invitados que no quisieron venir = Israel

2) Vers. 7 sucedió en el 70 dC

3) Vers. 9 llamado a formar la iglesia

(NVI)Apoc. 19:8 y se le ha concedido vestirse de lino fino, limpio y resplandeciente."

(VRV60)Apoc. 19:8 Y a ella se le ha concedido que se vista de lino fino, limpio y resplandeciente; porque el lino fino es las acciones justas de los santos.

Concesión dada por gracia de parte de Dios

Por nuestra nueva naturaleza (al ser hechos hijos) y

Por las acciones justas de los santos (al ser vencedores)

4) invitado vestido indignamente. Se ve que es necesario el vestido de lino fino limpio y brillante porque representa las buenas obras que realizamos por ser salvos (1 Jn.3:3 Hebr. 12) De qué manera hemos demostrado en acciones la salvación que tenemos (Efe. 5:25)

Apoc. 19:10 Me postré a sus pies para adorarlo. Pero él me dijo: "¡No, cuidado! Soy un siervo como tú y como tus hermanos que se mantienen fieles al testimonio de Jesús. ¡Adora sólo a Dios! El testimonio de Jesús es el espíritu que inspira la profecía."

(VRV60)Apoc. 9:10 Yo me postré a sus pies para adorarle. Y él me dijo: Mira, no lo hagas; yo soy consiervo tuyo, y de tus hermanos que retienen el testimonio de Jesús. Adora a Dios; porque el testimonio de Jesús es el espíritu de la profecía.

A partir de este momento se visualiza el instante previo a la Batalla de Armagedón, se nos describe a Jesucristo presto al regreso, no ya como el Cristo sufriente sino como el Guerrero de Dios, el Conquistador y vencedor, el Rey de Reyes y Señor de Señores

(NVI)Apoc. 19:11 Luego vi el cielo abierto, y apareció un caballo blanco. Su jinete se llama Fiel y Verdadero. Con justicia dicta sentencia y hace la guerra.

(VRV60)Apoc. 19:11 Entonces vi el cielo abierto; y he aquí un caballo blanco, y el que lo montaba se llamaba Fiel y Verdadero, y con justicia juzga y pelea.

Vi un cielo abierto. Esta expresión es similar a la Ez. 1 donde se ven a los querubines, recordando que Dios habita el 3r cielo y que desde el 2º cielo hacia abajo el dominio le corresponde a Satanás y sus legiones (recordar la lucha descripta el Dan. 7) es como que ahora se abre una brecha en los cielos (verticalmente hablando) a fin de que el descenso de Cristo y sus legiones de santos y ángeles no tenga ninguna demora o interferencia (imaginar un embudo invertido que apunta hacia al tierra)

Caballo blanco = siempre los conquistadores regresaban victoriosos montando caballos blancos, aquí a Cristo ya se lo ve Vencedor, igual que los santos que lo acompañan también en caballos blancos

Montado por un jinete Fiel y Verdadero, Fiel =digno de

Confianza, Verdadero= que muestra la realidad en contraste

Con la apariencia de todo lo mentiroso (1Co. 4:2 y Jn. 14:6)

Con justicia juzga y pelea = justicia: atributo divino por el que sanciona la conducta moral del hombre dando a c/u conforme a sus obras, santidad moral =infinita bondad por el cual Dios libra al hombre de una situación = fidelidad=misericordia

(NVI)Apoc. 19:12 Sus ojos resplandecen como llamas de fuego, y muchas diademas ciñen su cabeza. Lleva escrito un nombre que nadie conoce sino sólo él.

(VRV60)Apoc. 19:12 Sus ojos eran como llama de fuego, y había en su cabeza muchas diademas; y tenía un nombre escrito que ninguno conocía sino él mismo.

Ojos como llama de fuego: Prov. 5:21; Jer. 17:10; Jer. 23:24; Hebr. 4:13; 1Pe. 1:17

En todos los casos el temor de Dios es saber que Dios nos está viendo en todo momento

En su cabeza muchas diademas (coronas) viene a tomar autoridad sobre todos los reinos

(NVI)Apoc. 19:13 Está vestido de un manto teñido en sangre, y su nombre es "el Verbo de Dios".

(VRV60)Apoc. 19:13 Estaba vestido de una ropa teñida en sangre; y su nombre es: EL VERBO DE DIOS.

Manto empapado con sangre =no ya con su sangre de la crucifixión sino con la sangre de los enemigos que derrotará.

El Verbo de Dios: en toda oración tenemos sujeto y verbo. Dios es el sujeto, Cristo es el Verbo. Dios en su pensamiento planeó pero Cristo es el que le dio acción llevándolos a cabo

(NVI)Apoc. 19:14 Lo siguen los ejércitos del cielo, montados en caballos blancos y vestidos de lino fino, blanco y limpio.

(VRV60)Apoc. 19:14 Y los ejércitos celestiales, vestidos de lino finísimo, blanco y limpio, le seguían en caballos blancos.

Los redimidos, la novia, viene con él en caballos blancos y también le siguen los ángeles pero estos no a caballo. (Mat. 25:31; 1Te. 4:14; 2Tes. 1:7-9; Jud. 14-15; Apoc. 15:20)

(NVI)Apoc. 19:15 De su boca sale una espada afilada, con la que herirá a las naciones. "Las gobernará con puño de hierro". Él mismo exprime uvas en el lagar del furor del castigo que viene de Dios Todopoderoso.

Apoc. 19:16 En su manto y sobre el muslo lleva escrito este nombre: REY DE REYES Y SEÑOR DE SEÑORES.

Apoc. 19:17 Vi a un ángel que, parado sobre el sol, gritaba a todas las aves que vuelan en medio del cielo: "Vengan, reúnanse para la gran cena de Dios,

(VRV60)Apoc. 19:15 De su boca sale una espada aguda, para herir con ella a las naciones, y él las regirá con vara de hierro; y él pisa el lagar del vino del furor y de la ira del Dios Todopoderoso. Apoc. 19:16 Y en su vestidura y en su muslo tiene escrito este nombre: REY DE REYES Y SEÑOR DE SEÑORES. Apoc.19:17 y vi un ángel que esta estaba en pie en el sol, y clamó a gran voz, diciendo a todas las aves que vuelan en medio del cielo: Venid, y congregaos a la gran cena de Dios,

Las leyes naturales no operan en el ámbito espiritual, por esta razón el Cristo resucitado atravesaba las paredes, y los ángeles pueden elevarse por el techo etc. aquí el calor físico del sol no afecta al ángel así serán también los cuerpos celestiales de los creyentes resucitados (estos cuerpos no tienen sangre, no obstante sí pueden comer y beber, recordar que esto hizo Jesús con los apóstoles después de resucitado).

(NVI)Apoc. 19:18 para que coman carne de reyes, de jefes militares y de magnates; carne de caballos y de sus jinetes; carne de toda clase de gente, libres y esclavos, grandes y pequeños."

Apoc. 19:19 Entonces vi a la bestia y a los reyes de la tierra con sus ejércitos, reunidos para hacer guerra contra el jinete de aquel caballo y contra su ejército.

(VRV60)Apoc. 19:18 para que comáis carnes de reyes y de capitanes, y carnes de fuertes, carnes de caballos y de sus jinetes, y carnes de todos, libres y esclavos, pequeños y grandes. Apoc.19:19 Y vi a la bestia, a los reyes de la tierra y a sus ejércitos, reunidos para guerrear contra el que montaba el caballo, y contra su ejército.

Como y porque llegan tantos ejércitos cuando modernamente con el armamento nuclear sería mínima la necesidad de movilización de tropas?

1) El principal objetivo de la lucha en esa región es para apoderarse de las inmensas riquezas existentes tanto en los alrededores del mar caspio (todo tipo de minerales) como el petróleo del subsuelo de la zona del medio oriente, un ataque nuclear dejaría la zona totalmente inhabitable e impediría toda explotación económica por muchos años. Además todas querrán ser parte del botín por ello se agregan a la gran convocatoria del anticristo. Habrá ejércitos procedentes de 4 grandes confederaciones: los reyes del oriente, los reyes del norte, los reyes del sur y los reyes de occidente

2) además en el plano espiritual y según se vio en Apoc.

16:12 habrá espíritus demoníacos que empujarán literalmente a los gobernantes a estar presentes en la gran batalla, a fin de ser incluidos entre los héroes de la gran causa: destruir a Israel

(NVI)Apoc. 19:20 Pero la bestia fue capturada junto con el falso profeta. Éste es el que hacía señales milagrosas en presencia de ella, con las cuales engañaba a los que habían recibido la marca de la bestia y adoraban su imagen. Los dos fueron arrojados vivos al lago de fuego y azufre.

(VRV60)Apoc. 19:20 Y la bestia fue apresada, y con ella el falso profeta que había hecho delante de ella las señales con las cuales había engañado a los que recibieron la marca de la bestia, y habían adorado su imagen. Estos dos fueron lanzados vivos dentro de un lago de fuego que arde con azufre.

Ellos inaugurarán este lugar que también recibirá después al gran dragón y sus seguidores

(NVI)Apoc. 19:21 Los demás fueron exterminados por la espada que salía de la boca del que montaba a caballo, y todas las aves se hartaron de la carne de ellos.

(VRV60)Apoc. 19:21 Y los demás fueron muertos con la espada que salía de la boca del que montaba el caballo, y todas las aves se saciaron de las carnes de ellos.

Pasó el periodo de 30 días posteriores a la Semana 70 ahora siguiendo con aquella revelación de Daniel12 veremos que aún tenemos que analizar acontecimientos que sucederán en un próximo periodo de 45 días.

Períodos descriptos en

(NVI)Dan. 12:11 A partir del momento en que se suspenda el sacrificio diario y se imponga el horrible sacrilegio, transcurrirán mil doscientos noventa días.

Dan. 12:12 ¡Dichoso el que espere a que hayan transcurrido mil trescientos treinta y cinco días!

Dan. 12:13 Pero tú, persevera hasta el fin y descansa, que al final de los tiempos te levantarás para recibir tu recompensa. "

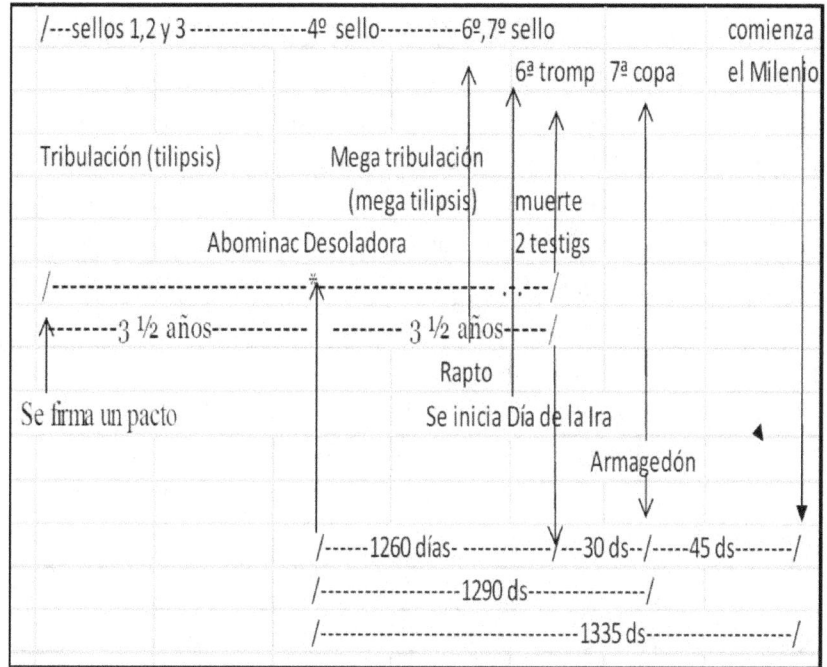

Eventos del periodo de 45 días

a) El Monte de Sion sobre el cual descansaba Jerusalén será restaurado y elevado por sobre los demás (NVI) Eze. 20:40 Porque en mi monte santo, el monte elevado de Israel, me adorará todo el pueblo de Israel; todos los que habitan en el país. Yo, el Señor, lo afirmo. Allí los recibiré, y exigiré sus ofrendas y sus primicias, junto con todo lo que quieran dedicarme. Miq. 4:1 En los últimos días, el monte del templo del Señor será puesto sobre la cumbre de las montañas y elevado por encima de las colinas. Entonces los pueblos marcharán hacia ella, Miq. 4:2 y muchas naciones se acercarán, diciendo: "Vengan, subamos al monte del Señor, a la casa del Dios de Jacob. Dios mismo nos instruirá en sus caminos, y así andaremos en sus sendas." Porque de Sión viene la instrucción; de Jerusalén, la palabra del Señor.

b) Todo Israel redimido (en su encuentro en los primeros días del período de 30 días) vuelve al Monte Santo no ya en rebelión sino en una relación de amor a su Mesías Salvador (NVI) Jer.31:10 "Naciones, escuchen la palabra del Señor, y anuncien en las costas más lejanas: El que dispersó a Israel, lo reunirá; lo cuidará como un pastor a su rebaño. Jer. 31:11 Porque el Señor rescató a Jacob; lo redimió de una mano más poderosa. Quienes son estos?: Los que fueron protegidos en Azal de los juicios durante 24 días (partieron para Azal en el 6º día del periodo anterior) (NVI)Isa. 10:21 Y un remanente volverá; un remanente de Jacob volverá al Dios Poderoso. Isa. 10:22 Israel, aunque tu pueblo sea como la arena del mar, sólo un remanente volverá.

c) El Templo será restaurado en la cumbre del Monte, solo el santuario, ya que no habrá sacrificios y en corto tiempo (en el milenio) será la sala de gobierno de Cristo y base de la Nueva Jerusalén Celestial

d) En uno de los costados del Monte estará la propiedad del príncipe, David que será el futuro gobernante de Israel.

e) El Ungimiento del Santo de los Santos (cuando reciba el gobierno de parte del Padre), marcará el fin de este período y el comienzo del Reino Milenial (Cristo ha recuperado para Dios la tierra, y Éste le otorgará dominio, gloria y reino para que todos los pueblos, naciones y lenguas le sirvan, será un dominio eterno .

En los próximos dos capítulos se registran los eventos del Milenio

Una breve síntesis del Cap. 19

Concluyeron los juicios en la tierra, incluido el Armagedón, pasaron los 30 días posteriores a la culminación de la Semana 70 y ahora en un periodo final de 45 días todo será preparado para que comience el Milenio (Caps. 20 y 21)

Todo el remanente de Israel vuelve de Azal

En el cielo se realizó una gran celebración: Las Bodas de Cristo con su amada (la iglesia redimida y los santos del AT) este evento culminará luego con otro en la tierra: La Cena de las Bodas

El Armagedón ya fue y en la tierra se produce la restauración del Monte Sion, en su cumbre se construirá un templo (que será la sala de gobierno del Nuevo Gobernante de la tierra: Cristo una vez que reciba el Trono de parte del Padre). El descenso de La Nueva Jerusalén Celestial se producirá hasta llegar a la cúspide de este templo. En su ladera se ubicará la mansión del futuro gobernante de Israel: David

El período de 45 días es de restauración (aún se estarán enterrando cadáveres por el Armagedón, y la tierra gradualmente será transformada a su estado de origen (como cuando fue recreada en Ge. 1:3 y siguientes

20 y 21

Se inicia el Reino Milenial

Muchas veces el hombre común se ha preguntado y aún cuestionado porque Dios permite la maldad, el problema es básicamente de tiempos, ya que los tiempos de Dios no son nuestros tiempos, ahora sí Dios ha decidido poner fin a esta situación e iniciar un tiempo de relativa justicia, relativa porque pese a que el diablo estará impedido de actuar por estos mil años, aun así la maldad en el corazón de los hombres que habiten la tierra (los que queden vivo del Armagedón y los que continúen naciendo seguirán con corazones no redimidos y llenos de maldad)

Eventos que siguen

El primer evento del milenio será encadenar a satanás por todo el milenio

(NVI)Apo 20:1 Vi además a un ángel que bajaba del cielo con la llave del abismo y una gran cadena en la mano.

Apo 20:2 Sujetó al dragón, a aquella serpiente antigua que es el diablo y Satanás, y lo encadenó por mil años.

(VRV60)Apo 20:1 Vi a un ángel que descendía del cielo, con la llave del abismo, y una gran cadena en la mano. 20:2 Y prendió al dragón, la serpiente antigua,(A) que es el diablo y Satanás, y lo ató por mil años;

Dragón = drakon = una imagen parecida al monstruo de la película Godzilla. De donde proviene esta imagen?

Originalmente la serpiente tenía un cuerpo con patas de reptil y alas Isa. 30:6 (serpiente que vuela), al ser maldecida por Dios comenzó a arrastrarse y más adelante sus carnes fueron incluidas entre los animales inmundos que el hombre no debía comer. Es notable su eficacia en la caza de sus presas (se habla de un 99% de eficacia) En Isa 27 se menciona al Leviatán = tamir= a los dinosaurios descriptos por Job.

Diablo = diábolos= acusador, calumniador

Satanás = satana = adversario

(NVI)Apoc. 20:3 Lo arrojó al abismo, lo encerró y tapó la salida para que no engañara más a las naciones, hasta que se cumplieran los mil años. Después habrá de ser soltado por algún tiempo.

(VRV60)Apoc. 20:3 y lo arrojó al abismo, y lo encerró, y puso su sello sobre él, para que no engañase más a las naciones, hasta que fuesen cumplidos mil años; y después de esto debe ser desatado por un poco de tiempo.

El próximo evento es el Juicio de las Ovejas y los cabritos, (también conocido como el Juicio de las Naciones) anunciado por Jesús en su discurso en el Monte de los Olivos

La base del juicio es doble: si aceptaron o no la marca de la bestia y además cual fue el trato individual respecto de los israelitas (esto en base a un llamado de Dios pero que no les alcanzó para aceptarle como su Salvador, pero sí para tener misericordia del pueblo de Dios)

Los condenados serán destinados al fuego eterno, los salvos vivirán durante el milenio

(NVI)Mat. 25:31 "Cuando el Hijo del hombre venga en su gloria, con todos sus ángeles, se sentará en su trono glorioso.

Mat. 25:32 Todas las naciones se reunirán delante de él, y él separará a unos de otros, como separa el pastor las ovejas de las cabras.

Mat.25:33 Pondrá las ovejas a su derecha, y las cabras a su izquierda.

Mat. 25:34 "Entonces dirá el Rey a los que estén a su derecha: 'Vengan ustedes, a quienes mi Padre ha bendecido; reciban su herencia, el reino preparado para ustedes desde la creación del mundo.

Mat. 25:35 Porque tuve hambre, y ustedes me dieron de comer; tuve sed, y me dieron de beber; fui forastero, y me dieron alojamiento;

Mat. 25:36 necesité ropa, y me vistieron; estuve enfermo, y me atendieron; estuve en la cárcel, y me visitaron.'

Mat. 25:37 Y le contestarán los justos: 'Señor, ¿cuándo te vimos hambriento y te alimentamos, o sediento y te dimos de beber?

Mat. 25:38 ¿Cuándo te vimos como forastero y te dimos alojamiento, o necesitado de ropa y te vestimos?

Mat. 25:39 ¿Cuándo te vimos enfermo o en la cárcel y te visitamos?'

Mat. 25:40 El Rey les responderá: 'Les aseguro que todo lo que hicieron por uno de mis hermanos, aun por el más pequeño, lo hicieron por mí.'

Mat. 25:41 "Luego dirá a los que estén a su izquierda: Apártense de mí, malditos, al fuego eterno preparado para el diablo y sus ángeles.

Mat. 25:42 Porque tuve hambre, y ustedes no me dieron nada de comer; tuve sed, y no me dieron nada de beber;

Mat. 25:43 fui forastero, y no me dieron alojamiento; necesité ropa, y no me vistieron; estuve enfermo y en la cárcel, y no me atendieron.'

Mat. 25:44 Ellos también le contestarán: 'Señor, ¿cuándo te vimos hambriento o sediento, o como forastero, o necesitado de ropa, o enfermo, o en la cárcel, y no te ayudamos?'

Mat. 25:45 Él les responderá: 'Les aseguro que todo lo que no hicieron por el más pequeño de mis hermanos, tampoco lo hicieron por mí.'

Mat. 25:46 "Aquéllos irán al castigo eterno, y los justos a la vida eterna.

El tercer evento es la resurrección de los mártires decapitados cuyas almas se veían en el 5º sello debajo del altar de Dios a la espera de este momento

(NVI)Apoc. 20:4 Entonces vi tronos donde se sentaron los

que recibieron autoridad para juzgar. Vi también las almas de los que habían sido decapitados por causa del testimonio de Jesús y por la palabra de Dios. No habían adorado a la bestia ni a su imagen, ni se habían dejado poner su marca en la frente ni en la mano. Volvieron a vivir y reinaron con Cristo mil años.

(VRV60)Apoc. 20:4 Y vi tronos, y se sentaron sobre ellos los que recibieron facultad de juzgar; y vi las almas de los decapitados por causa del testimonio de Jesús y por la palabra de Dios, los que no habían adorado a la bestia ni a su imagen, y que no recibieron la marca en sus frentes ni en sus manos; y vivieron y reinaron con Cristo mil años.

Jesucristo en su primera venida, vino a salvar lo que se había perdido, pero en su retorno vendrá como Rey a regir con vara de hierro a las naciones (Isa. 2:23). Juntamente con él a los fieles se les dará autoridad para cogobernar ciudades (Mat. 19:28; Luc. 19:12). En el milenio ya no habrá gobiernos democráticos, será una Teocracia regida por un Rey soberano Jesucristo que desde Jerusalén impartirá la ley (Apoc. 12:5, Apoc. 19:15) y también se nos dice en Jer. 30:8-9; Eze. 34:23-24 y en Sal. 132:13-18 que David será gobernante en Jerusalén

Las características distintivas de este gobierno de Jesucristo serán Justicia y Paz.

Isa. 9:6-7 nos habla del nacimiento y futuro del Mesías, lo que no entendieron en Israel es que entre un versículo y otro había más de 2000 años de intermedio y que antes de ser Dios Fuerte debía ser el siervo sufriente de Isa. 53.

Dios invisible se hizo visible a través de Jesucristo para mostrarnos la existencia de un mundo invisible y hacernos parte de él (por fe) para que aun viviendo en este mundo visible le aguardemos hasta que definitivamente él se haga visible y vivamos con él para siempre. Este reino invisible es tanto o más real que el mundo en que vivimos, aquel es eterno, el nuestro es temporal, así nuestra vida invisible (la del espíritu) debe ser tan real o más que la de nuestra vida visible (cuerpo) al obedecer los principios de Dios. Al que venciere le daré... Vencer el dominio de lo natural dando lugar a lo sobrenatural de Dios. (El justo por la fe vivirá) (Mi espíritu debe ser el rey y mi cuerpo su súbdito)

Isa. 32:17 el efecto (consecuencia) de la justicia será la paz y con ella vienen el reposo y la seguridad; son las características que no pudo tener ningún gobierno humano por ser todos injustos; además aquellos pasos son lo que vive una persona al acercarse a Dios y al serle adjudicada la justicia de Cristo, la que trae paz y descanso y seguridad en el Señor.

(NVI)Apoc.20:5 Ésta es la primera resurrección; los demás muertos no volvieron a vivir hasta que se cumplieron los mil años.

(VRV60)Apoc. 20:5 Pero los otros muertos no volvieron a vivir hasta que se cumplieron mil años. Esta es la primera resurrección.

Habrá 2 resurrecciones:

La primera resurrección está integrada por 3 grupos 1) las primicias que resucitaron con Cristo, 2) los santos del Antiguo Testamento y 3) los creyentes (en el rapto);

la 2ª resurrección será para quienes rechazaron a Cristo incluyendo en este grupo a quienes creyéndose cristianos no lo son conforme al corazón de Dios, estos volverán a la vida para el gran juicio del trono blanco al final del milenio

(NVI)Apoc. 20:6 Dichosos y santos los que tienen parte en la primera resurrección. La segunda muerte no tiene poder sobre ellos, sino que serán sacerdotes de Dios y de Cristo, y reinarán con él mil años.

(VRV60)Apoc. 20:6 Bienaventurado y santo el que tiene parte en la primera resurrección; la segunda muerte no tiene potestad sobre éstos, sino que serán sacerdotes de Dios y de Cristo, y reinarán con él mil años.

Un creyente nace dos veces y tiene una sola muerte, en cambio los no creyentes nacen una sola vez y tienen dos muertes (la segunda muerte será cuando sean condenados al lago de fuego y azufre)

El milenio significará el cumplimiento de todos los pactos de Dios:

1) Ge. 12:2 pacto abrámico. Dios llamó a Abraham y le dijo: Gen. 12:2 Haré de ti una nación grande, y te bendeciré, y engrandeceré tu nombre, y serás bendición.

Gen. 12:3 Bendeciré a los que te bendigan, y al que te maldiga, maldeciré. Y en ti serán benditas todas las familias de la tierra. Gen. 12:7 Y el SEÑOR se apareció a Abram, y le dijo: A tu descendencia daré esta tierra. Entonces él edificó allí un altar al SEÑOR que se le había aparecido.

Descendiente = séra (en hebreo) = esperma, simiente, semilla . Los israelitas son la semilla física (descendientes de Abraham) La Iglesia es la semilla espiritual (Gal 3:7 Por consiguiente, sabed que los que son de fe, éstos son hijos de Abraham.)

Gal. 3:8 Y la Escritura, previendo que Dios justificaría a los gentiles por la fe, anunció de antemano las buenas nuevas a Abraham, diciendo: EN TI SERAN BENDITAS TODAS LAS NACIONES.

Gal. 3:9 Así que, los que son de fe son bendecidos con Abraham, el creyente. Gal. 3:29 Y si sois de Cristo, entonces sois descendencia de Abraham, herederos según la promesa.) La simiente (observar que no dice las simientes) de Abraham es Cristo y a través de Cristo lo somos todos los creyentes.

Resumen: s/Ge. 3:15.... y a tu descendencia...= simiente = Cristo = creyentes

Este pacto abrámico es el padre de todos los pactos

2) pacto con David: Dios a través del profeta Natán 2Sa. 7:8 Ahora pues, así dirás a mi siervo David: "Así dice el SEÑOR de los ejércitos: 'Yo te tomé del pastizal, de seguir las ovejas, para que fueras príncipe sobre mi pueblo Israel. 2Sa. 7:12 'Cuando tus días se cumplan y reposes con tus padres, levantaré a tu descendiente (Salomón) después de ti, el cual saldrá de tus entrañas, y estableceré su reino.

2Sa. 7:13 'El edificará casa a mi nombre, y yo estableceré el trono de su reino para siempre. 2Sa. 7:16 'Tu casa y tu reino permanecerán para siempre delante de mí; tu trono será establecido para siempre.'"

2Sa. 7:17 Conforme a todas estas palabras y conforme a toda esta visión, así habló Natán a David.

Confirmando este pacto: el ángel le dice a María respecto al nacimiento de Jesús (Luc. 1:32) Este será grande y será llamado Hijo del Altísimo; y el Señor Dios le dará el trono de su padre David;

Luc. 1:33 y reinará sobre la casa de Jacob para siempre, y su reino no tendrá fin. (Esto se cumple en el reino Milenial)

3) Nuevo Pacto Eze. 37:21 y diles: "Así dice el Señor DIOS: 'He aquí, tomaré a los hijos de Israel de entre las naciones

adonde han ido, los recogeré de todas partes y los traeré a su propia tierra. (Esto se inició en 1948 con la declaración del Estado de Israel, pero tendrá su culminación en el milenio)

Eze. 37:22 'Y haré de ellos una nación en la tierra, en los montes de Israel; un solo rey será rey de todos ellos; nunca más serán dos naciones, y nunca más serán divididos en dos reinos.

(Esto no se refiere al reino del Sur y del Norte de la antigua palestina, ya que su regreso es posterior, sino a Israel y la Nación Santa convocada por Dios después del adulterio de Israel.

1Pe. 2:9 Pero vosotros sois linaje escogido, real sacerdocio, nación santa, pueblo adquirido para posesión de Dios, a fin de que anunciéis las virtudes de aquel que os llamó de las tinieblas a su luz admirable;

1Pe. 2:10 pues vosotros en otro tiempo no erais pueblo, pero ahora sois el pueblo de Dios; no habíais recibido misericordia, pero ahora habéis recibido misericordia.)

Una sola nación siendo David gobernante de Jerusalén en el milenio

Jer. 31:31 He aquí, vienen días--declara el SEÑOR-- en que haré con la casa de Israel y con la casa de Judá un nuevo pacto,

Jer. 31:32 no como el pacto que hice con sus padres el día que los tomé de la mano para sacarlos de la tierra de Egipto, mi pacto que ellos rompieron, aunque fui un esposo para ellos-- declara el SEÑOR;

Jer. 31:33 porque este es el pacto que haré con la casa de Israel después de aquellos días--declara el SEÑOR--. Pondré mi ley dentro de ellos, y sobre sus corazones la escribiré; y yo seré su Dios y ellos serán mi pueblo. = cumplimiento en Mat 26:28 porque esto es mi sangre del nuevo pacto, que es derramada por muchos para el perdón de los pecados. (al momento de realizar el pacto Jesucristo lo está haciendo con los judíos (los apóstoles, y luego en los relatos del libro de los Hechos de los apóstoles vemos como a Pedro se le revela que también es extendido a los gentiles formado un solo pueblo) Esto se confirma en Hebr. 8:8 Porque reprochándolos, Él dice: MIRAD QUE VIENEN DIAS, DICE EL SEÑOR, EN QUE ESTABLECERE UN NUEVO PACTO CON LA CASA DE ISRAEL Y CON LA CASA DE JUDA;

Hebr. 8:9 NO COMO EL PACTO QUE HICE CON SUS PADRES EL DIA QUE LOS TOME DE LA MANO PARA SACARLOS DE LA TIERRA DE EGIPTO; PORQUE NO PERMANECIERON EN MI PACTO, Y YO ME DESENTENDI DE ELLOS, DICE EL SEÑOR.

Hebr. 8:10 PORQUE ESTE ES EL PACTO QUE YO HARE CON LA CASA DE ISRAEL DESPUES DE AQUELLOS DIAS, DICE EL SEÑOR: PONDRE MIS LEYES EN LA MENTE DE ELLOS, Y LAS ESCRIBIRE SOBRE SUS CORAZONES. Y YO SERE SU DIOS, Y ELLOS SERAN MI PUEBLO.

El cuarto evento La Renovación de la Tierra

Aun se estarán enterrando los cadáveres del Armagedón, todavía estará ardiendo Edom por los castigos recibidos no obstante la tierra se irá transformando milagrosamente

Posiblemente

Así como en el origen había un clima ideal y un vapor humectaba la tierra sin necesidad de lluvia (Ge. 2:5-6) (se producía un efecto invernadero) y podemos suponer que al momento de producirse el diluvio (Ge. 7:11) por una ruptura de la capa de agua que rodeaba la tierra causado por un roce o choque lateral con un astro (lo que también modificó la posición del eje de la tierra y generándose luego las distintas estaciones o climas) ahora también por causa de los efectos de los juicios derramados con las copas, todos estos estremecimientos de la tierra harán que esta recupere la posición del eje de la tierra tal como en sus comienzos

De modo que la tierra a partir del milenio irá recuperando las condiciones ideales que tuvo en su inicio. (Si esto parece exagerado recordemos que con solo los movimientos causados por el tsunami en Japón la tierra modificó la posición de su eje en algunos grados)

(NVI)Apoc. 21:1 Después vi un cielo nuevo y una tierra nueva, porque el primer cielo y la primera tierra habían dejado de existir, lo mismo que el mar.

(VRV60)Apoc. 21:1 Vi un cielo nuevo y una tierra nueva; porque el primer cielo y la primera tierra pasaron, y el mar ya no existía más.

Dos términos que se deben distinguir:

Bara: significa: crear algo de la nada (inexistente) Ge. 1:1; Isa. 65:17 y

Asa: significa: moldear, dar forma o corregir algo ya existente Ge. 1:3 en adelante.

Entre Ge1:1 y Ge 1:3 hubieron muchos años. La tierra no fue creada desolada y vacía. Con antelación a la recreación hubo una civilización pre-adámica y que como consecuencia de la rebelión de Satanás hubo un juicio del cual los espíritus de aquellos habitantes fueron separados de sus cuerpos y quedaron castigados (hoy son los demonios que vagan buscando cuerpos donde habitar) y esto generó el desorden descripto en Ge. 1:2.

Otro dato que confirma esta posición es que antes que Dios reubicara al sol y las estrellas Ge. 1:14-18 ya había luz (Job. 38:19 Dios conoce la morada de la luz)

En el milenio los seres que habremos resucitado para vida eterna recordaremos las cosas de la tierra, en cambio en la nueva tierra ya no habrá memoria.

En la nueva creación ya no habrá mares = porque? El mar siempre ha sido un símbolo de la maldad, en él siempre se describe que habitó el leviatán (Isa. 27:1), además el mar es como los malos nunca se puede quedar quieto. Es interesante observar que el diluvio que terminó formando los mares no solo se produjo por la caída de la capa que rodeaba la tierra, sino que desde lo profundo de la tierra también surgió agua Ge. 7:11

Porque nueva tierra?

Sal. 102:25 Desde antiguo, fundaste tú la tierra, y los cielos son la obra de tus manos; Sal. 102:26 ellos perecen, mas tú quedas, todos ellos como la ropa se desgastan, como un vestido los mudas tú, y se mudan. Sal. 102:27 Pero tú siempre el mismo, no tienen fin tus años.

Isa. 24:3 Devastada será la tierra y del todo saqueada, porque así ha hablado Yahveh. Isa. 24:4 En duelo se marchitó la tierra, se amustia, se marchita el orbe, el cielo con la tierra se marchita. Isa. 24:5 La tierra ha sido profanada bajo sus habitantes, pues traspasaron las leyes, violaron el precepto, rompieron la alianza eterna. Isa. 24:6 Por eso una maldición ha devorado la tierra, y tienen la culpa los que habitan en ella. Por eso han sido consumidos los habitantes de la tierra, y quedan pocos del linaje humano. Mat. 23:37 ¡Jerusalén, Jerusalén, la que mata a los profetas y apedrea a los que son enviados a ella! ¡Cuántas veces quise juntar a tus hijos, como la gallina junta sus pollitos debajo de sus alas, y no quisiste!

Mat. 23:38 He aquí, vuestra casa os es dejada desierta.

El quinto evento: LA NUEVA JERUSALÉN

(NVI)Apo. 21:2 Vi además la ciudad santa, la nueva Jerusalén, que bajaba del cielo, procedente de Dios, preparada como una novia hermosamente vestida para su prometido.

(VRV)Apoc. 21:2 Y yo Juan vi la santa ciudad, la nueva Jerusalén, descender del cielo, de Dios, dispuesta como una esposa ataviada para su marido.

Metafóricamente se la asemeja a una novia adornada para su esposo.

Otro ejemplo:

Gal. 4:21-26 esto es una alegoría (representación simbólica de ideas abstractas por medio de figuras o atributos.)

Agar = esclava= Ismael, según la carne = Monte Sinaí = Jerusalén actual

Sara = libre = Isaac, según la promesa = pacto de sangre = Jerusalén Celestial (Tiempo de gracia)

O ALGO REFERENTE A ELLA

(NVI)Apoc. 21:3 Oí una potente voz que provenía del trono y decía: "¡Aquí, entre los seres humanos, está la morada de Dios! Él acampará en medio de ellos, y ellos serán su pueblo; Dios mismo estará con ellos y será su Dios.

VRV60) Apoc. 21:3 Y oí una gran voz del cielo que decía: He aquí el tabernáculo de Dios con los hombres, y él morará con ellos; y ellos serán su pueblo, y Dios mismo estará con ellos como su Dios.

Las indicaciones que recibió Moisés para construir el

tabernáculo, una vez salidos de Egipto era una imagen visible del tabernáculo celestial invisible que ahora se instala en la Ciudad que habitará Dios junto a su pueblo redimido

(NVI)Apoc. 21:4 Él les enjugará toda lágrima de los ojos. Ya no habrá muerte, ni llanto, ni lamento ni dolor, porque las primeras cosas han dejado de existir."

Apoc. 21:5 El que estaba sentado en el trono dijo: "¡Yo hago nuevas todas las cosas!" Y añadió: "Escribe, porque estas palabras son verdaderas y dignas de confianza."

Apoc. 21:6 También me dijo: "Ya todo está hecho. Yo soy el Alfa y la Omega, el Principio y el Fin. Al que tenga sed le daré a beber gratuitamente de la fuente del agua de la vida.

Apoc. 21:7 El que salga vencedor heredará todo esto, y yo seré su Dios y él será mi hijo.

Apoc. 21:8 Pero los cobardes, los incrédulos, los abominables, los asesinos, los que cometen inmoralidades sexuales, los que practican artes mágicas, los idólatras y todos los mentirosos recibirán como herencia el lago de fuego y azufre. Ésta es la segunda muerte."

(VRV60)Apoc. 21:4 Enjugará Dios toda lágrima de los ojos de ellos; y ya no habrá muerte, ni habrá más llanto, ni clamor, ni dolor; porque las primeras cosas pasaron. Apoc. 21:5 Y el que estaba sentado en el trono dijo: He aquí, yo hago nuevas todas las cosas. Y me dijo: Escribe; porque estas palabras son fieles y verdaderas. Apoc.21:6 Y me dijo: Hecho está. Yo soy el Alfa y la Omega, el principio y el fin. Al que tuviere sed, yo le daré gratuitamente de la fuente del agua de la vida. Apoc.21:7 El que venciere heredará todas las cosas, y yo seré su Dios, y él será mi hijo. Apoc. 21:8 Pero los cobardes e incrédulos, los abominables y homicidas, los fornicarios y hechiceros, los idólatras y todos los mentirosos tendrán su parte en el lago que arde con fuego y azufre, que es la muerte segunda.

La Cena de las Bodas del Cordero

Jesucristo dijo a sus discípulos en Mat. 26:29

(NVI)Mat. 26:29 Les digo que no beberé de este fruto de la vid desde ahora en adelante, hasta el día en que beba con ustedes el vino nuevo en el reino de mi Padre

(VRV60)Mat. 26:29 Y os digo que desde ahora no beberé más de este fruto de la vid, hasta aquel día en que lo beba nuevo con vosotros en el reino de mi Padre.

Ahora llegó la hora de celebrar las bodas ya realizadas en el cielo

(NVI)Apoc. 19:9 El ángel me dijo: "Escribe: '¡Dichosos los que han sido convidados a la cena de las bodas del Cordero!' " Y añadió: "Estas son las palabras verdaderas de Dios."

(VRV60)Apoc. 19:9 Y el ángel me dijo: Escribe: Bienaventurados los que son llamados a la cena de las bodas del Cordero. Y me dijo: Estas son palabras verdaderas de Dios

(Nota en Apoc.19:8 habla de las bodas y en 19:9 de la cena como dos eventos uno a continuación del otro sin embargo el primero se realiza el cielo con los redimidos, el segundo se realiza en la tierra donde participan otros como invitados *, además de la esposa del cordero.)

* los que participaron y fueron aceptados por Cristo en el Juicio de las ovejas y los cabritos y todos los israelitas que reconocieron a Cristo

Culmina el milenio y...

(NVI)Apoc. 20:7 Cuando se cumplan los mil años, Satanás será liberado de su prisión,

Apoc. 20:8 y saldrá para engañar a las naciones que están en los cuatro ángulos de la tierra --a Gog y a Magog--, a fin de reunirlas para la batalla. Su número será como el de las arenas del mar.

(VRV)Apoc. 20:7 Cuando los mil años se cumplan, Satanás será suelto de su prisión, Apoc.20:8 y saldrá a engañar a las naciones que están en los cuatro ángulos de la tierra, a Gog y a Magog, a fin de reunirlos para la batalla; el número de los cuales es como la arena del mar.

Durante los mil años no hubo tentador e igualmente los seres humanos fueron pecadores y estarán prestos a la rebelión tan pronto se les aliente a ello y pese a toda la justicia del milenio, esto será la razón por la cual merecerán el juicio y castigo final (es normal echarle la culpa al diablo de nuestras caídas, aquí no podrán)

(NVI)Apoc. 20:9 Marcharán a lo largo y a lo ancho de la tierra, y rodearán el campamento del pueblo de Dios, la ciudad que él ama. Pero caerá fuego del cielo y los consumirá por completo.

Apoc. 20:10 El diablo, que los había engañado, será arrojado al lago de fuego y azufre, donde también habrán sido arrojados la bestia y el falso profeta. Allí serán atormentados día y noche por los siglos de los siglos.

(VRV60)Apoc. 20:9 Y subieron sobre la anchura de la tierra, y rodearon el campamento de los santos y la ciudad amada; y de Dios descendió fuego del cielo, y los consumió. Apoc.20:10 Y el diablo que los engañaba fue lanzado en el lago de fuego y azufre, donde estaban la bestia y el falso profeta; y serán atormentados día y noche por los siglos de los siglos.

A partir del último juicio de Dios sobre Satanás y los que le siguieron de las naciones existentes en el milenio la tierra dejará de ser y será la habitación de Dios la nueva Jerusalén celestial con nuevo cielo y nueva tierra, donde no habrá memoria de lo pasado (Isa. 65:17) (Isa. 66:22) (2Pe. 3:6-10) y con él todos los seres resucitados en la primera resurrección para vida eterna, en este lugar tendrá lugar el juicio final de todos los muertos de todos los tiempos que no creyeron. (Esto es la segunda resurrección)

Los juicios de Apoc. 16:17-21 con todos los desastres naturales y que concluyen en el Armagedón no significarán el fin del mundo o de la tierra, ya que en el milenio seguirá la vida solo que en esta época muchas maldiciones de la caída del Edén dejarán de existir, ya no habrá dolores de partos, espinos, enfermedades , la ferocidad de las bestias desaparecerá etc. con lo que la vida humana se extenderá en años (tendiendo a la longevidad de los primeros tiempos después de la creación del hombre) y aún en este tiempo habrá seres que se puedan volver a Dios (Jer. 33:22) y todos lo seres y las naciones formadas por los que sobrevivieron y los que nacieren vendrán a Jerusalén a adorar, y a celebrar las fiestas, y a escuchar sobre las leyes vigentes y la Palabra de Dios, así también los que no vinieren serán castigados (Zac. 16-19) (Isa. 66:18-19) (Isa. 11:3-5)

El juicio del gran trono blanco

(NVI)Apoc. 20:11 Luego vi un gran trono blanco y a alguien que estaba sentado en él. De su presencia huyeron la tierra y el cielo, sin dejar rastro alguno.

Apoc. 20:12 Vi también a los muertos, grandes y pequeños, de pie delante del trono. Se abrieron unos libros, y luego otro, que es el libro de la vida. Los muertos fueron juzgados según lo que habían hecho, conforme a lo que estaba escrito en los libros.

(VRV60)Apoc. 20:11 Y vi un gran trono blanco y al que estaba sentado en él, de delante del cual huyeron la tierra y el cielo, y ningún lugar se encontró para ellos. Apoc. 20:12 Y vi a los muertos, grandes y pequeños, de pie ante Dios; y los libros fueron abiertos, y otro libro fue abierto, el cual es el libro de la vida; y fueron juzgados los muertos por las cosas que estaban escritas en los libros, según sus obras.

Quien ocupa el trono?

Hebr. 12:22- 23 Dios Padre y el Hijo (Hch. 10:42) (2Tim. 4:1)

Quienes serán juzgados?

Todos los que rechazaron a Dios y a su Redentor, puesto que desde siempre estuvieron condenados y al rechazar a Cristo no pudieron ser excluidos del juicio (Jn. 3:18-21) La razón de este juicio es por amar más el pecado (las tinieblas) que la luz, el problema es moral y no intelectual (no es que no entendieron sino que amaron más el pecado que volverse a la santidad) (Marc. 8:35-37)

Grandes y pequeños seres importantes (ricos, gobernantes etc.) del mundo como también los simples los que no tuvieron trascendencia

Cuál será el resultado del Juicio?

No es un juicio para determinar salvos, todos será

condenados ya que no figuran en el libro de la vida, pero sí sus obras determinarán el grado o nivel de castigo que recibirán (En el lago de fuego y azufre habrá distintos niveles de sufrimiento (Ro 2...amontonan ira para el día del juicio) (Mat. 11:21-23) (Stgo. 5:1) (Luc. 12:47-48)

Estarán los santos?

Sí, colaborando como enjuiciadores (1Co. 6:2) al juzgar a los ángeles (2Pe.2:4) (Jud. 6,7)

Cuando será?

Al final del milenio y después de la condenación final del diablo

Los libros fueron abiertos... que libros?

Dos clases de libros:

Libro de la Vida Ge 5 libro (sepher) de las generaciones, se lleva en el cielo

(Los que rechazan a Dios son borrados de este libro (Ex. 32:31-33 Moisés le decía a Dios que le borrara a él a cambio de salvar al pueblo por sus permanentes rebeliones) Ro.3:23 todos merecíamos ser borrados (el alma que pecare morirá) pero por causa de la justicia de Cristo no somos borrados

Sal. 69:28 chay = vivientes; sadic = justos

Dan. 12:1 en tiempos de la Gran Tribulación serán salvos los que estén inscriptos en el Libro de los vivientes

Luc. 10:20 gozaos de que vuestros nombres estén escritos en los cielos

Fil. 4:3 menciona colaboradores que están escritos en el

libro de la vida

Apoc. 3:5 no borrare... a quienes? a los vencedores (1 Jn, 5:4-5 = los que son nacidos de Dios, los que creen en el Hijo) vencer = Nike = sobre la carne, el mundo y Satanás (Ro. 8 por el Espíritu vencemos la carne)

Apoc .13 adoraron la bestia los que no están escritos en el libro de la vida

Apoc. 17:8 los moradores de la tierra = los que no están escritos...

Apoc. 21:27 a la nueva Jerusalén entrarán solo los escritos en el Libro de la Vida

Apoc. 22:19 si se quita parte de la Palabra será borrado del...

Apoc 20:12 Otros Libros

Libros que reflejan las obras de cada uno, estas determinarán el nivel o grado de castigo, también de todas las palabras necias y pensamientos. Dios dará a cada uno según el fruto de sus obras (Sal. 62:12; Jer. 17:10; Mat. 10: 14-15; Mat. 11: 22-24; Mat. 23:14; 1 Pe. 1:17)

(NVI)Apoc.20:13 El mar devolvió sus muertos; la muerte y el infierno devolvieron los suyos; y cada uno fue juzgado según lo que había hecho.

(VRV60)Apoc. 20:13 Y el mar entregó los muertos que había en él; y la muerte y el Hades entregaron los muertos que había en ellos; y fueron juzgados cada uno según sus obras.

No importa el modo de haber muerto, así como hubo 1ª resurrección para vida, habrá 2ª resurrección para muerte

(NVI)Apoc. 20:14 La muerte y el infierno fueron arrojados

al lago de fuego.

Este lago de fuego es la muerte segunda.

(VRV60)Apoc. 20:14 Y la muerte y el Hades fueron lanzados al lago de fuego. Esta es la muerte segunda.

Orden de quienes serán condenados: Dios es el único que puede asignarles un orden

1) cobardes = deilos = temerosos

Los que tuvieron miedo de seguir a Jesús (Mat. 16:24 Entonces Jesús dijo a sus discípulos: Si alguno quiere venir en pos de mí, niéguese a sí mismo, tome su cruz y sígame. Mat. 10:32 Por tanto, todo el que me confiese delante de los hombres, yo también le confesaré delante de mi Padre que está en los cielos. Mat. 10:33 Pero cualquiera que me niegue delante de los hombres, yo también lo negaré delante de mi Padre que está en los cielos.)

Los que siguieron el camino de la conveniencia.

Lo opuesto a los cobardes es no tener vergüenza de confesar el evangelio Rom.1:16 Porque no me avergüenzo del evangelio, pues es el poder de Dios para la salvación de todo el que cree; del judío primeramente y también del griego. 2Ti 1:7 Porque no nos ha dado Dios espíritu de cobardía, sino de poder, de amor y de dominio propio.

2) Incrédulos (apistos = no fueron dignos de confianza, de allí se deriva pistos= dignos de confianza y pistis = fe, Dios es digno de confianza y tenemos pistis en él.)

Se refiere a los que no quisieron creer en Jesús (casi siempre las vidas de estas personas son inmorales y no quieren que se les revele su estado, prefieren las tinieblas a la luz. Es grave porque pese a todas las evidencias (todo lo creado, los milagros, las revelaciones de la Palabra) de la existencia de Dios se niegan a recibirle

3) Abominables = teleduso

Los que permitieron que la maldad del mundo les contamine y los haga igual a los demás (2Pe.1:3 Pues su divino poder nos ha concedido todo cuanto concierne a la vida y a la piedad, mediante el verdadero conocimiento de aquel que nos llamó por su gloria y excelencia, 2Pe. 1:4 por medio de las cuales nos ha concedido sus preciosas y maravillosas promesas, a fin de que por ellas lleguéis a ser partícipes de la naturaleza divina, habiendo escapado de la corrupción que hay en el mundo por causa de la concupiscencia.

4) Homicidas = poneus = asesinos.

En los originales se distingue asesinar de matar.

Cuando se actúa en defensa propia, o por obediencia (en caso de las guerras se piensa en matar. Cuando Dios dice no matarás se piensa en no asesinaras. Ratza = matar con alevosía o premeditación. Odiar a alguien es igual que ratza

5) Fornicarios = pornos = uso del sexo ilícitamente o indiscriminadamente (solteros antes de casarse, adúlteros (fuera del matrimonio), homosexuales,

Bestialidad (con bestias), Pedófilos (con niños)

6) Hechiceros = farmaqueus = se deriva farmacia, tienda de drogas etc. identifica también a magos, adivinos, encantadores, sortílegos, etc. (Deut. 18:10- 13; Lev. 19:31; Lev. 20:27)

7) Idólatras.

Quienes entregan energía, sabiduría, salud, mente etc. a otro que no sea Dios y le dan preeminencia.

8) Mentirosos = pseudos = no sinceros u honestos consigo mismos y con los demás. Todo el que vive en pecado se vuelve mentiroso

(NVI)Apoc. 21:9 Se acercó uno de los siete ángeles que tenían las siete copas llenas con las últimas siete plagas. Me habló así: "Ven, que te voy a presentar a la novia, la esposa del Cordero."

(VRV60)Apoc.21:9 Vino entonces a mí uno de los siete ángeles que tenían las siete copas llenas de las siete plagas postreras, y habló conmigo, diciendo: Ven acá, yo te mostraré la desposada, la esposa del Cordero

Los mismos ángeles que habían tenido las siete copas.

La Jerusalén Celestial se la compara a la esposa de Cristo, la Iglesia.

(NVI)Apoc. 21:10 Me llevó en el Espíritu a una montaña grande y elevada, y me mostró la ciudad santa, Jerusalén, que bajaba del cielo, procedente de Dios.

(VRV60)Apoc. 21:10 Y me llevó en el Espíritu a un monte grande y alto, y me mostró la gran ciudad santa de Jerusalén, que descendía del cielo, de Dios,

Y tenía la Gloria (doxa = shekina) está indicando la presencia misma de Dios allí. El jaspe es una piedra que refleja muchos colores

(NVI)Apoc. 21:12 Tenía una muralla grande y alta, y doce puertas custodiadas por doce ángeles, en las que estaban escritos los nombres de las doce tribus de Israel.

Apoc. 21:13 Tres puertas daban al este, tres al norte, tres al sur y tres al oeste.

Apoc. 21:14 La muralla de la ciudad tenía doce cimientos, en los que estaban los nombres de los doce apóstoles del Cordero.

Apoc. 21:15 El ángel que hablaba conmigo llevaba una caña de oro para medir la ciudad, sus puertas y su muralla.

Apoc. 21:16 La ciudad era cuadrada; medía lo mismo de largo que de ancho. El ángel midió la ciudad con la caña, y tenía como dos mil doscientos kilómetros: su longitud, su anchura y su altura eran iguales.

(VRV60)Apoc. 21:12 Tenía un muro grande y alto con doce puertas; y en las puertas, doce ángeles, y nombres inscritos, que son los de las doce tribus de los hijos de Israel; Apoc. 21:13 al oriente tres puertas; al norte tres puertas; al sur tres puertas; al occidente tres puertas. Apoc.21:14 Y el muro de la ciudad tenía doce cimientos, y sobre ellos los doce nombres de los doce apóstoles del Cordero. Apoc.21:15 El que hablaba conmigo tenía una caña de medir, de oro, para medir la ciudad, sus puertas y su muro. Apoc.21:16 La ciudad se halla establecida en cuadro, y su longitud es igual a su anchura; y él midió la ciudad con la caña, doce mil estadios; la longitud, la altura y la anchura de ella son iguales.

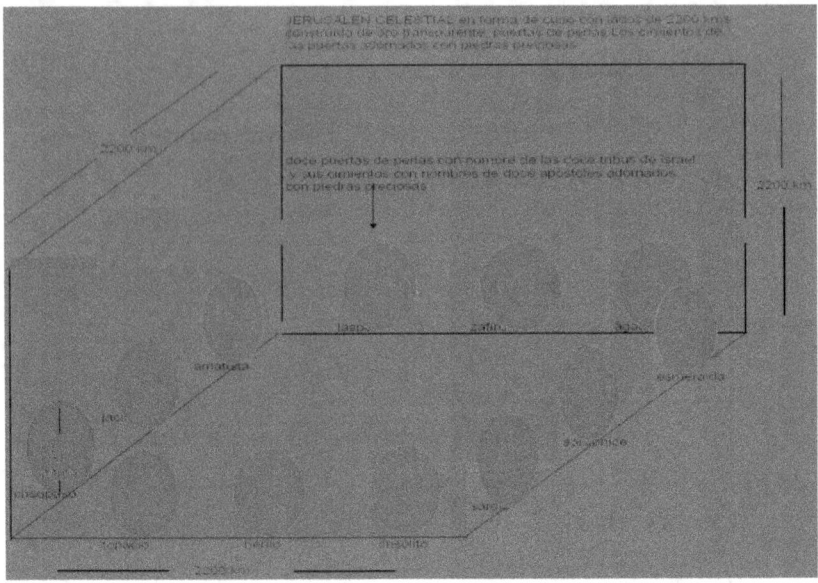

En forma de cuadro = Tetrágonos = 4 ángulos = cuadrilátero

(NVI)Apoc. 21:17 Midió también la muralla, y tenía como sesenta y cinco metros, según las medidas humanas que el ángel empleaba.

Apoc. 21:18 La muralla estaba hecha de jaspe, y la ciudad era de oro puro, semejante a cristal pulido.

Apoc. 21:19 Los cimientos de la muralla de la ciudad estaban decorados con toda clase de piedras preciosas: el primero con jaspe, el segundo con zafiro, el tercero con ágata, el cuarto con esmeralda,

Apoc. 21:20 el quinto con ónice, el sexto con cornalina, el séptimo con crisólito, el octavo con berilo, el noveno con topacio, el décimo con crisoprasa, el undécimo con jacinto y el duodécimo con amatista.

(VRV60)Apoc. 21:17 Y midió su muro, ciento cuarenta y

cuatro codos, de medida de hombre, la cual es de ángel. Apoc. 21:18 El material de su muro era de jaspe; pero la ciudad era de oro puro, semejante al vidrio limpio; Apoc.21:19 y los cimientos del muro de la ciudad estaban adornados con toda piedra preciosa. El primer cimiento era jaspe; el segundo, zafiro; el tercero, ágata; el cuarto, esmeralda; Apoc.21:20 el quinto, ónice; el sexto, cornalina; el séptimo, crisólito; el octavo, berilo; el noveno, topacio; el décimo, crisoprasa; el undécimo, jacinto; el duodécimo, amatista.

Estaban adornados = kosmeo = decorar, poner en orden, de esta palabra deriva cosméticos

Todas estas piedras preciosas resplandecen con distintos colores, pero básicamente se destacan 4 colores

Azul = zafiro, jacinto y amatista

Verde = jaspe, ágata y esmeralda, berilo, topacio y crisoprasa

Rojo = sardónice, sardio

Amarillo = crisólito

(NVI)Apoc. 21:21 Las doce puertas eran doce perlas, y cada puerta estaba hecha de una sola perla. La calle principal de la ciudad era de oro puro, como cristal transparente.

Apoc. 21:22 No vi ningún templo en la ciudad, porque el Señor Dios Todopoderoso y el Cordero son su templo.

(VRV60)Apoc. 21:21 Las doce puertas eran doce perlas; cada una de las puertas era una perla. Y la calle de la ciudad era de oro puro, transparente como vidrio. Apoc. 21:22 Y no vi en ella templo; porque el Señor Dios Todopoderoso es el templo de ella, y el Cordero.

(NVI)Apoc. 21:23 La ciudad no necesita ni sol ni luna que la alumbren, porque la gloria de Dios la ilumina, y el Cordero es su lumbrera.

Apoc. 21:24 Las naciones caminarán a la luz de la ciudad, y los reyes de la tierra le entregarán sus espléndidas riquezas.

(VRV60)Apoc. 21:23 La ciudad no tiene necesidad de sol ni de luna que brille en ella; porque la gloria de Dios la ilumina, y el Cordero es su lumbrera. Apoc.21:24 Y las naciones que hubieren sido salvas andarán a la luz de ella; y los reyes de la tierra traerán su gloria y honor a ella.

Naciones = se refiere más a Etnos = pueblos

(NVI)Apoc. 21:25 Sus puertas estarán abiertas todo el día, pues allí no habrá noche.

Apoc. 21:26 Y llevarán a ella todas las riquezas y el honor de las naciones.

Apoc. 21:27 Nunca entrará en ella nada impuro, ni los idólatras ni los farsantes, sino sólo aquellos que tienen su nombre escrito en el libro de la vida, el libro del Cordero.

(VRV60)Apoc. 21:25 Sus puertas nunca serán cerradas de día, pues allí no habrá noche. Apoc. 21:26 Y llevarán la gloria y la honra de las naciones a ella.Apoc. 21:27 No entrará en ella ninguna cosa inmunda o que hace abominación y mentira, sino solamente los que están inscritos en el libro de la vida del Cordero.

(Ver Síntesis al final del Cap. 22)

22

(NVI)Apoc. 22:1 Luego el ángel me mostró un río de agua de vida, claro como el cristal, que salía del trono de Dios y del Cordero,

Apoc. 22:2 y corría por el centro de la calle principal de la ciudad. A cada lado del río estaba el árbol de la vida, que produce doce cosechas al año, una por mes; y las hojas del árbol son para la salud de las naciones.

(VRV60)Apoc. 22:1 Después me mostró un río limpio de agua de vida, resplandeciente como cristal, que salía del trono de Dios y del Cordero. Apoc. 22:2 En medio de la calle de la ciudad, y a uno y otro lado del río, estaba el árbol de la vida, que produce doce frutos, dando cada mes su fruto; y las hojas del árbol eran para la sanidad de las naciones.

Su fruto cada mes = si bien estamos en estado de eternidad, habrá un cronos para medir las cosas. Sanidad = terapeyan = terapia = terapeuta = para los etnos que acudan ante Dios (algo similar al Edén donde el hombre (antes de la caída) no era eterno pero podía comer del árbol de la vida y vivir eternamente) aquí se nos da a entender que estos etnos tendrán una dependencia absoluta de Dios para continuar viviendo, ya que el río sale del trono de Dios y del Cordero

(NVI)Apoc. 22:3 Ya no habrá maldición. El trono de Dios y del Cordero estará en la ciudad. Sus siervos lo adorarán;

Apoc. 22:4 lo verán cara a cara, y llevarán su nombre en la frente.

Apoc. 22:5 Ya no habrá noche; no necesitarán luz de lámpara ni de sol, porque el Señor Dios los alumbrará. Y reinarán por los siglos de los siglos.

Apoc. 22:6 El ángel me dijo: "Estas palabras son verdaderas y dignas de confianza. El Señor, el Dios que inspira a los profetas,* ha enviado a su ángel para mostrar a sus siervos lo que tiene que suceder sin demora."

Apoc. 22:7 "¡Miren que vengo pronto! Dichoso el que cumple las palabras del mensaje profético de este libro."

Apoc. 22:8 Yo, Juan, soy el que vio y oyó esto. Y cuando lo vi y oí, me postré para adorar al ángel que me había estado mostrando todo esto.

Apoc. 22:9 Pero él me dijo: "¡No, cuidado! Soy un siervo como tú, como tus hermanos los profetas y como todos los que cumplen las palabras de este libro. ¡Adora sólo a Dios!"

Apoc. 22:10 También me dijo: "No guardes en secreto las palabras del mensaje profético de este libro, porque el tiempo de su cumplimiento está cerca.

(VRV60)Apoc. 22:3 Y no habrá más maldición; y el trono de Dios y del Cordero estará en ella, y sus siervos le servirán,

22:4 y verán su rostro, y su nombre estará en sus frentes. Apoc.22:5 No habrá allí más noche; y no tienen necesidad de luz de lámpara, ni de luz del sol, porque Dios el Señor los iluminará; y reinarán por los siglos de los siglos. Apoc.22:6 Y me dijo: Estas palabras son fieles y verdaderas. Y el Señor, el Dios de los espíritus de los profetas, ha enviado su ángel, para mostrar a sus siervos las cosas que deben suceder pronto. Apoc. 22:7 ¡He aquí, vengo pronto! Bienaventurado el que guarda las palabras de la profecía de este libro. Apoc. 22:8 Yo Juan soy el que oyó y vio estas cosas. Y después que las hube oído y visto, me postré para adorar a los pies del ángel que me mostraba estas cosas. Apoc.22:9 Pero él me dijo: Mira, no lo hagas; porque yo soy consiervo tuyo, de tus hermanos los profetas, y de los que guardan las palabras de este libro. Adora a Dios. Apoc. 22:10 Y me dijo: No selles las palabras de la profecía de este libro, porque el tiempo está cerca.

Notar la diferencia con las revelaciones a Daniel (semana setenta) al que se le pidió sellar las revelaciones que le fueron dadas (Dan. 12:4 y 12:9) ya que faltaba mucho tiempo, ahora en cambio se nos dice que el tiempo esta cerca y que estas revelaciones deben ser leídas en las iglesias, para ser guardadas

(NVI)Apoc. 22:11 Deja que el malo siga haciendo el mal y que el vil siga envileciéndose; deja que el justo siga practicando la justicia y que el santo siga santificándose."

(VRV60)Apoc. 22:11 El que es injusto, sea injusto todavía; y el que es inmundo, sea inmundo todavía; y el que es justo, practique la justicia todavía; y el que es santo, santifíquese todavía,

Dios permite que según nuestro libre albedrío sigamos escogiendo lo que nos parece bien y siga siendo responsable de sus actos (no funcionará delante de Él, el síndrome de Adán =

echarle a otro la culpa de nuestros actos)

(NVI)Apoc. 22:12 "¡Miren que vengo pronto! Traigo conmigo mi recompensa, y le pagaré a cada uno según lo que haya hecho.

Apoc. 22:13 Yo soy el Alfa y la Omega, el Primero y el 'Ultimo, el Principio y el Fin.

(VRV60)Apoc. 22:12 He aquí yo vengo pronto, y mi galardón conmigo, para recompensar a cada uno según sea su obra. Apoc.22:13 Yo soy el Alfa y la Omega, el principio y el fin, el primero y el último.

Sabiendo que Él es principio y fin y que nuestra existencia se desarrolla durante su permanencia esto nos infunde aliento y seguridad ya que siempre estará cuando le necesitemos

(NVI)Apoc. 22:14 "Dichosos los que lavan sus ropas para tener derecho al árbol de la vida y para poder entrar por las puertas de la ciudad.

Apoc. 22:15 Pero afuera se quedarán los perros, los que practican las artes mágicas, los que cometen inmoralidades sexuales, los asesinos, los idólatras y todos los que aman y practican la mentira.

Apoc. 22:16 "Yo, Jesús, he enviado a mi ángel para darles a ustedes testimonio de estas cosas que conciernen a las iglesias. Yo soy la raíz y la descendencia de David, la brillante estrella de la mañana."

(VRV)Apoc. 22:14 Bienaventurados los que lavan sus ropas, para tener derecho al árbol de la vida, y para entrar por las puertas en la ciudad. Apoc. 22:15 Mas los perros estarán fuera, y los hechiceros, los fornicarios, los homicidas, los idólatras, y todo aquel que ama y hace mentira. Apoc.22:16 Yo Jesús he enviado mi ángel para daros testimonio de estas cosas en las iglesias. Yo soy la raíz y el linaje de David, la estrella resplandeciente de la mañana.

Núm. 24:17 es como Venus, es lo primero que vemos en el firmamento cada día Isa. 11:1 Es la simiente de David, prometida por Dios

(NVI)Apoc. 22:17 El Espíritu y la novia dicen: "¡Ven!"; y el que escuche diga: "¡Ven!" El que tenga sed, venga; y el que quiera, tome gratuitamente del agua de la vida.

(VRV)Apoc. 22:17 Y el Espíritu y la Esposa dicen: Ven. Y el que oye, diga: Ven. Y el que tiene sed, venga; y el que quiera, tome del agua de la vida gratuitamente.

Pese a lo que digan las religiones humanas, nada hay para hacer o pagar para venir a Él y ser satisfechos de nuestra sed; la sed de Dios.

(NVI)Apoc. 22:18 A todo el que escuche las palabras del mensaje profético de este libro le advierto esto: Si alguno le añade algo, Dios le añadirá a él las plagas descritas en este libro.

Apoc. 22:19 Y si alguno quita palabras de este libro de profecía, Dios le quitará su parte del árbol de la vida y de la ciudad santa, descritos en este libro.

Apoc. 22:20 El que da testimonio de estas cosas, dice: "Sí, vengo pronto." Amén. ¡Ven, Señor Jesús!

Apoc. 22:21 Que la gracia del Señor Jesús sea con todos. Amén.

(VRV60)Apoc. 22:18 Yo testifico a todo aquel que oye las palabras de la profecía de este libro: Si alguno añadiere a estas cosas, Dios traerá sobre él las plagas que están escritas en este libro. Apoc.22:19 Y si alguno quitare de las palabras del libro de esta profecía, Dios quitará su parte del libro de la vida, y de la santa ciudad y de las cosas que están escritas en este libro. Apoc. 22:20 El que da testimonio de estas cosas dice: Ciertamente vengo en breve. Amén; sí, ven, Señor Jesús. Apoc. 22:21 La gracia de nuestro Señor Jesucristo sea con todos vosotros. Amén.

Una breve síntesis de los Cap. 20, 21y 22

Al inicio del período Milenial, varios eventos deben suceder:

1) Satanás es encadenado por 1000 años

2) Se lleva a cabo el Juicio de las ovejas y los cabritos

3) Se produce la resurrección de los mártires decapitados (cuyas almas eran vistas debajo del altar de Dios durante la apertura del 5º sello)

4) Se habrán cumplido todos los pactos de Dios con su pueblo, la tierra será habitable en paz y salud, reinará la justicia y se recuperará la longevidad de los vivientes

5) Descenderá del cielo La Nueva Jerusalén, la morada de Dios que se ubicará en la cima del Templo en el Monte de Sion

6) Se realizará la Cena de las Bodas del Cordero, a la que asistirán además de la Esposa del Cordero, como invitados los israelitas que se reconciliaron con Cristo y quienes sobrevivan al juicio de las ovejas y los cabritos

Al culminar el milenio, Satanás que es liberado por poco tiempo y luego de una pretendida revuelta junto a quienes habitando la tierra en paz igualmente mantuvieron en sus corazones actitudes de rebelión (que será resuelta por Dios con fuego) será echado a su destino final, el lago de fuego y azufre y junto a él todos los condenados en el Gran Juicio del Trono Blanco que juzgará a todos los que vivieron y/o murieron sin Dios en todos los tiempos

Los dos últimos capítulos cubren en enorme espacio de tiempo y solo se mencionan algunos eventos al inicio de este período y luego otros de su final.

EPÍLOGO

Hemos analizado el plan de Dios para completar la obra iniciada por Dios mismo en la persona de Jesucristo en su primera venida, es decir completar la redención del hombre y de la tierra

Jesucristo nos dejó un mandamiento antes de subir al cielo en

(NVI)Mat. 28:18 Jesús se acercó entonces a ellos y les dijo: --Se me ha dado toda autoridad en el cielo y en la tierra.

Mat. 28:19 Por tanto, vayan y hagan discípulos de todas las naciones, bautizándolos en el nombre del Padre y del Hijo y del Espíritu Santo,

Mat. 28:20 enseñándoles a obedecer todo lo que les he mandado a ustedes. Y les aseguro que estaré con ustedes siempre, hasta el fin del mundo.

(VRV60)Mat. 28:18 Y Jesús se acercó y les habló diciendo: Toda potestad me es dada en el cielo y en la tierra. Mat. 28:19

Por tanto, id, y haced discípulos a todas las naciones, bautizándolos en el nombre del Padre, y del Hijo, y del Espíritu Santo; Mat. 28:20 enseñándoles que guarden todas las cosas que os he mandado; y he aquí yo estoy con vosotros todos los días, hasta el fin del mundo. Amén.

Es la prosecución de lo que él inició con el propósito de que a la hora de su segunda venida encuentre un reino establecido en la tierra y que sus miembros todos reyes y sacerdotes anhelen que asuma el reinado definitivo

El plan de Dios se cumplirá y dependiendo de nuestra obediencia mayor o menor serán las dificultades que nos esperan, no olvidemos que estamos viviendo el tiempo de Laodicea y cuanto riesgo corremos si nuestro amor por Él decae, si nuestra entrega se vuelve tibia en lugar de caliente

Es vital nuestra comprensión de estas revelaciones del plan final de Dios, solo así podremos dimensionar que nos espera lejos de Dios y una vez que hayamos tomado conciencia de esto, hacer todo lo posible para extender el reino, llevar el Apocalipsis al conocimiento de todo ser vivo, para que se arrepienta y se acerque a la Gracia y Amor de Dios y le libre de su Ira venidera. (Recordar que su difusión nos bendice conforme a las promesas dadas por el mismo Señor al iniciar las revelaciones)

Mucho se ha dicho respecto de los tiempos de la 2da venida del Señor, Él nos ha dejado señales, indicaciones precisas del acontecer de los tiempos, y si tomamos en cuenta que en la primera venida dio fiel cumplimiento a todos los anuncios profetizados, en cumplimento a los tiempos, especialmente de las fiestas anunciadas para Israel ya que esas fiestas son imágenes proféticas de eventos a cumplirse. Así el Señor cumplió con las fiestas de la primavera en su primera venida (como el Cordero Pascual, representó al ser Primicia de los resucitados la fiesta de la Cosecha de los primeros frutos y también celebró su Pentecostés al subir al cielo a los 50 días de su resurrección, del mismo modo cumplirá con las fiestas del otoño en su segunda venida cuando suene la última trompeta, la de la gran convocación (su segunda venida) y cumplir también con la Expiación de su pueblo y cumplir la fiesta de los Tabernáculos al llevarnos a habitar con él en la Santa Ciudad, la Nueva Jerusalén.

Lev. 23:1 El Señor le ordenó a Moisés

Lev. 23:2 que les dijera a los israelitas: "Éstas son las fiestas que yo he establecido, y a las que ustedes han de convocar como fiestas solemnes en mi honor. Yo, el Señor, las establecí.

Lev. 23:4 "Éstas son las fiestas que el Señor ha establecido, las fiestas solemnes en su honor que ustedes deberán convocar en las fechas señaladas para ellas:

Fiestas de la Primavera (entre Marzo-Abril)

Lev. 23:5 "La Pascua del Señor comienza el día catorce del mes primero, a la hora del crepúsculo.

Lev. 23:6 El día quince del mismo mes comienza la fiesta de los Panes sin levadura en honor al Señor. Durante siete días comerán pan sin levadura.

Lev. 23:7 El primer día celebrarán una fiesta solemne en su honor; ese día no harán ningún trabajo.

Lev. 23:8 Durante siete días presentarán al Señor ofrendas por fuego, y el séptimo día celebrarán una fiesta solemne en su honor; ese día no harán ningún trabajo."

Lev. 23:9 El Señor le ordenó a Moisés

Lev. 23:10 que les dijera a los israelitas: "Cuando ustedes

hayan entrado en la tierra que les voy a dar, y sieguen la mies, deberán llevar al sacerdote una gavilla de las primeras espigas que cosechen.

Lev. 23:11 El sacerdote mecerá la gavilla ante el Señor para que les sea aceptada. La mecerá a la mañana siguiente del sábado.

Lev. 23:12 Ese mismo día sacrificarán ustedes un cordero de un año, sin defecto, como holocausto al Señor.

Lev. 23:13 También presentarán cuatro kilos de harina fina mezclada con aceite, como ofrenda de cereal, ofrenda por fuego, de aroma grato al Señor, y un litro de vino como ofrenda de libación.

Lev. 23:14 No comerán pan, ni grano tostado o nuevo, hasta el día en que traigan esta ofrenda a su Dios. Éste será un estatuto perpetuo para todos tus descendientes, dondequiera que habiten.

Lev. 23:15 "A partir del día siguiente al sábado, es decir, a partir del día en que traigan la gavilla de la ofrenda mecida, contarán siete semanas completas.

Lev. 23:16 En otras palabras, contarán cincuenta días incluyendo la mañana siguiente al séptimo sábado; entonces presentarán al Señor una ofrenda de grano nuevo.

Lev. 23:17 Desde su lugar de residencia le llevarán al Señor, como ofrenda mecida de las primicias, dos panes hechos con cuatro kilos de flor de harina, cocidos con levadura.

Lev. 23:18 Junto con el pan deberán presentar siete corderos de un año, sin defecto, un novillo y dos carneros. Serán, junto con sus ofrendas de cereal y sus ofrendas de libación, un holocausto al Señor, una ofrenda presentada por fuego, de aroma grato al Señor.

Lev. 23:19 Luego sacrificarán un macho cabrío como ofrenda por el pecado, y dos corderos de un año como sacrificio de comunión.

Lev. 23:20 El sacerdote mecerá los dos corderos, junto con el pan de las primicias. Son una ofrenda mecida ante el Señor, una ofrenda consagrada al Señor y reservada para el sacerdote.

Lev. 23:21 Ese mismo día convocarán ustedes a una fiesta solemne en honor al Señor, y en ese día no harán ningún trabajo. Éste será un estatuto perpetuo para todos tus descendientes, dondequiera que habiten.

Lev. 23:22 "Cuando llegue el tiempo de la cosecha, no sieguen hasta el último rincón del campo ni recojan todas las espigas que queden de la mies. Déjenlas para los pobres y los extranjeros. Yo soy el Señor su Dios."

Fiestas del Otoño (entre Sept-Oct)

Lev. 23:23 El Señor le ordenó a Moisés

Lev.23:24 que les dijera a los israelitas: "El primer día del mes séptimo será para ustedes un día de reposo, una conmemoración con toques de trompeta, una fiesta solemne en honor al Señor.

Lev. 23:25 Ese día no harán ningún trabajo, sino que presentarán al Señor ofrendas por fuego."

Lev. 23:27 "El día diez del mes séptimo es el día del Perdón. Celebrarán una fiesta solemne en honor al Señor, y ayunarán y le presentarán ofrendas por fuego.

Lev. 23:28 En ese día no harán ningún tipo de trabajo, porque es el día del Perdón, cuando se hace expiación por ustedes ante el Señor su Dios.

Lev. 23:29 Cualquiera que no observe el ayuno será eliminado de su pueblo.

Lev. 23:30 Si alguien hace algún trabajo en ese día, yo mismo lo eliminaré de su pueblo.

Lev. 23:31 Por tanto, no harán ustedes ningún trabajo. Éste será un estatuto perpetuo para todos sus descendientes, dondequiera que habiten.

Lev. 23:32 Será para ustedes un sábado de solemne reposo, y deberán observar el ayuno. Este sábado lo observarán desde la tarde del día nueve del mes hasta la tarde siguiente."

Lev. 23:34 que les dijera a los israelitas: "El día quince del mes séptimo comienza la fiesta de las Enramadas en honor al Señor, la cual durará siete días.

Lev. 23:35 El primer día se celebrará una fiesta solemne en honor al Señor. Ese día no harán ningún trabajo.

Lev. 23:36 Durante siete días le presentarán al Señor ofrendas por fuego. Al octavo día celebrarán una fiesta solemne en honor al Señor y volverán a presentarle ofrendas por fuego. Es una fiesta solemne; ese día no harán ningún trabajo.

Lev. 23:37 "Éstas son las fiestas que el Señor ha establecido, y a las que ustedes habrán de convocar como fiestas solemnes en su honor, para presentarle ofrendas por fuego, holocaustos, ofrendas de cereal, y sacrificios y ofrendas de libación, tal como está prescrito para cada día.

Lev 23:38 Todas estas fiestas son adicionales a los sábados del Señor y a los tributos y ofrendas votivas o voluntarias que ustedes le presenten.

Lev. 23:39 "A partir del día quince del mes séptimo, luego

de que hayan recogido los frutos de la tierra, celebrarán durante siete días la fiesta del Señor. El primer día y el octavo serán de descanso especial.

Lev. 23:40 El primer día tomarán frutos de los mejores árboles, ramas de palmera, de árboles frondosos y de sauces de los arroyos, y durante siete días se regocijarán en presencia del Señor su Dios.

Lev. 23:41 Cada año, durante siete días, celebrarán esta fiesta en honor al Señor. La celebrarán en el mes séptimo. Éste será un estatuto perpetuo para las generaciones venideras.

Lev. 23:42 Durante siete días vivirán bajo enramadas. Todos los israelitas nativos vivirán bajo enramadas,

Lev. 23:43 para que sus descendientes sepan que yo hice vivir así a los israelitas cuando los saqué de Egipto. Yo soy el Señor su Dios."

Lev. 23:44 Así anunció Moisés a los israelitas las fiestas establecidas por el Señor.

Por lo tanto nuestro deber es estar alertas

1Tes. 5:1 Ahora bien, hermanos, ustedes no necesitan que se les escriba acerca de tiempos y fechas,

1Tes. 5:2 porque ya saben que el día del Señor llegará como ladrón en la noche.

1Tes. 5:3 Cuando estén diciendo: "Paz y seguridad", vendrá de improviso sobre ellos la destrucción, como le llegan a la mujer encinta los dolores de parto. De ninguna manera podrán escapar.

1Tes. 5:4 Ustedes, en cambio, hermanos, no están en la oscuridad para que ese día los sorprenda como un ladrón.

1Tes. 5:5 Todos ustedes son hijos de la luz y del día. No somos de la noche ni de la oscuridad.

1Tes. 5:6 No debemos, pues, dormirnos como los demás, sino mantenernos alerta y en nuestro sano juicio.

1Tes. 5:7 Los que duermen, de noche duermen, y los que se emborrachan, de noche se emborrachan.

1Tes. 5:8 Nosotros que somos del día, por el contrario, estemos siempre en nuestro sano juicio, protegidos por la coraza de la fe y del amor, y por el casco de la esperanza de salvación;

1Tes. 5:9 pues Dios no nos destinó a sufrir el castigo sino a recibir la salvación por medio de nuestro Señor Jesucristo.

1Tes. 5:10 Él murió por nosotros para que, en la vida o en la muerte, vivamos junto con él.

1Tes. 5:11 Por eso, anímense y edifíquense unos a otros, tal como lo vienen haciendo.

Dios bendiga a Ud. Estimado Lector

Descripción Grafica Principales Eventos del Apocalipsis:

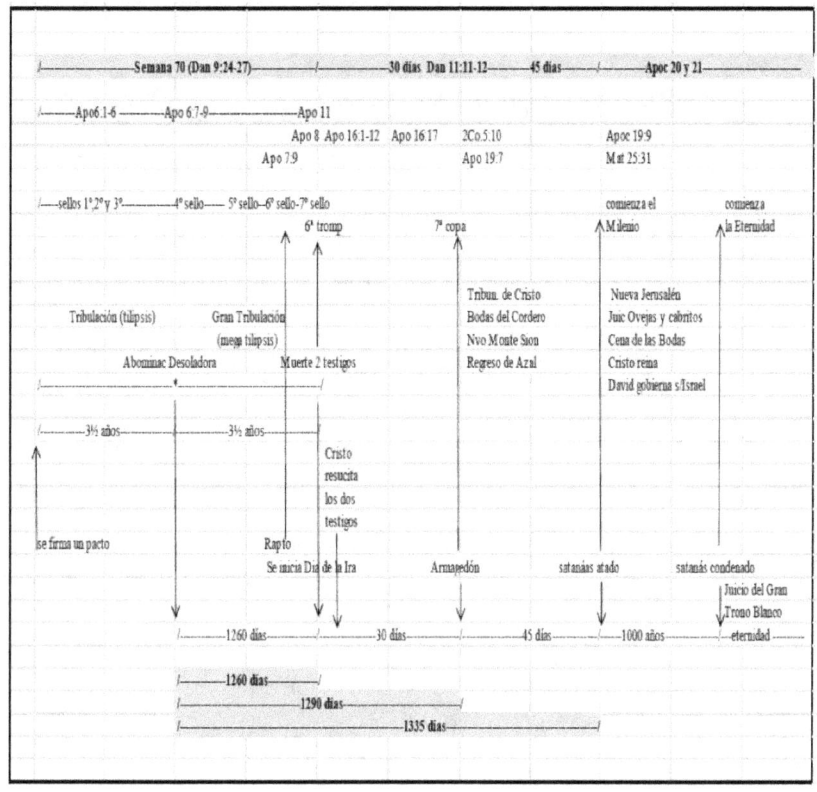

AGRADECIMIENTO

Como se mencionó al comienzo de esta obra: es poco lo original que se puede ser al hablar de las Revelaciones excepto procurar presentarlas de un modo que nos facilite su comprensión

Muchos son los autores que con mucho esfuerzo han procurado exponerlas con la mayor claridad a través del tiempo. Todos han sido y serán de bendición, partiendo de la honestidad con que han procurado traer luz a aquellas citas difíciles de entender.

De todos se aprende y a la vez se discierne lo que aparentemente no conforma a la luz de los tiempos que se viven, es decir con el avance de los tiempos se ha facilitado entender pasajes que antes se mantenían como difíciles

Mi agradecimiento especial a todos quienes ayudaron a mi formación que sumada a la luz de la propia Palabra permite que hoy tengamos esta nueva presentación del libro de las revelaciones El Apocalipsis

Son muchos a quienes debo agradecer y reconocer la sabiduría y discernimiento que les fue dado de parte del Señor y que sin quererlo contribuyeron en mi auxilio en aquellos pasajes que aún hoy presentan diferentes interpretaciones, a todos mi deseo de especial bendición de parte de nuestro amado Dios y Señor Jesucristo para:

Autores Obras:

Abraâo de Almeida Israel, Gog y El Anticristo

Alducin, Armando Dr. Conferencias, mensajes, videos sobre el tema

Anderson, Robert Sir El Príncipe que ha de venir

Barchuk, Iván Explicación del Libro de Apocalipsis

Barclay, Williams Apocalipsis

Blackstone, W.E. Jesús Viene

Bloomfield Arthur E El futuro glorioso del planeta tierra y Antes de la última batalla: El Armagedón

Iafrancesco, Gino Aproximación al Apocalipsis

Jong, P.C. Estudios del Apocalipsis

Kraak, W Los últimos tiempos

Ladd, George Eldon El Apocalipsis de Juan: Un comentario

Mac Arthur John F La Segunda Venida y Porque el tiempo Sí esta cerca

Roman, Frank El Apocalipsis al descubierto

Van Kampen, Robert La Señal

Wilkerson, David Jesucristo La Roca firme

Zapico, José El tiempo del fin o El Fin del mundo

Finalmente una mención muy especial para quien tuvo la hermosa visión de la Nueva Jerusalén descendiendo del cielo, la mejor imagen del lugar que todo creyente anhela habitar

Estimado Lector

Nos interesa mucho sus comentarios y opiniones sobre esta obra. Por favor ayúdenos comentando sobre este libro. Puede hacerlo dejando una reseña en la tienda donde lo ha adquirido.

Puede también escribirnos por correo electrónico a la dirección info@editorialimagen.com

Si desea más libros como éste puedes visitar el sitio de **Editorialimagen.com** para ver los nuevos títulos disponibles y aprovechar los descuentos y precios especiales que publicamos cada semana.

Allí mismo puede contactarnos directamente si tiene dudas, preguntas o cualquier sugerencia. ¡Esperamos saber de usted!

Más libros de interés

Ángeles en la Tierra - Historias reales de personas que han tenido experiencias sobrenaturales con un ángel

Este libro no pretende ser un estudio bíblico exhaustivo de los ángeles según la Biblia – hay muchos libros que tratan ese tema. Los ángeles son tan reales y la mayoría de las personas han tenido por lo menos una experiencia sobrenatural o inexplicable. En este libro de ángeles comparto mi experiencia, como así también la de muchas otras personas.

Dios está en Control - Descubre cómo librarte de tus temores y disfrutar la paz de Dios

En este libro, el pastor Jorge Lozano, quien nació en México y vive en Argentina desde hace más de 20 años, nos enseña cómo librarnos de los temores para que podamos experimentar la paz de Dios.

La Ley Dietética - La clave de Dios para la salud y la felicidad

Es hora de que rompamos la miserable barrera nutricional y empecemos a disfrutar de la buena salud y el bienestar que Dios quiere que tengamos. Al leer este libro descubrirás los fundamentos para edificar un cuerpo fuerte y sano que dure mucho tiempo, para que disfrutes la vida y para que sirvas al Señor y a su pueblo por muchos años.

Gracia para Vivir - Descubre cómo vivir la vida cristiana y ser parte de los planes de Dios

Martin Field, teólogo del Moore Theological College en Sidney, Australia, nos comparte en este libro sobre la gracia que proviene de Dios. La misma gracia que trae salvación también nos enseña cómo vivir mientras esperamos la venida de Jesús.

Vida Cristiana Victoriosa - Fortalece tu fe para caminar más cerca de Dios

En este libro descubrirás cómo vivir la vida victoriosa, Cómo ser amigo de Dios y ganarse Su favor, Lo que hace la diferencia, Cómo te ve Dios, Cómo ser un guerrero de Dios, La grandeza de nuestro Dios, La verdadera adoración, Cómo vencer la tentación y Por qué Dios permite el sufrimiento, entre muchos otros temas.

www.ingramcontent.com/pod-product-compliance
Lightning Source LLC
LaVergne TN
LVHW021653060526
838200LV00050B/2331